HISTOIRE
D'UNE FORÊT COMMUNALE

LA

FORÊT DES CROCHÈRES

À LA VILLE D'AUXONNE

PAR

ETIENNE PICARD

INSPECTEUR DES FORÊTS

A DIJON

CHEZ DARANTIERE, IMPRIMEUR

65, RUE CHABOT-CHARNY. 65

M DCCC XCVIII.

LA

FORÊT DES CROCHÈRES

Extrait des Mémoires de l'Académie des Sciences, Arts et Belles-Lettres de Dijon,

IVe série, tome VI, année 1898.

HISTOIRE
D'UNE FORÊT COMMUNALE

LA

FORÊT DES CROCHÈRES

A LA VILLE D'AUXONNE

PAR

ETIENNE PICARD

INSPECTEUR DES FORÊTS

A DIJON

CHEZ DARANTIERE, IMPRIMEUR

65, RUE CHABOT-CHARNY. 65

M DCCC XCVIII

AVANT-PROPOS

Invité à faciliter la tournée d'études que les élèves de l'École forestière de Nancy devaient faire, en 1893, sous la conduite de leurs professeurs, dans la forêt communale d'Auxonne, j'avais cherché à recueillir quelques renseignements historiques et statistiques. Le temps me manquant, j'avais dû me contenter de parcourir l'inventaire des archives municipales, en constatant toutefois que ces archives devaient être riches en documents relatifs aux bois patrimoniaux.

Bien rares sont les communes propriétaires de bois dont les titres, les plans, les papiers et les registres ont échappé au désordre ou à la destruction ; les sacs avec l'étiquette « Bois des Crochères » étaient assez nombreux dans les armoires municipales d'Auxonne, mais le classement des pièces était loin d'être parfait.

Grâce à la bienveillance de **M. Gruet**, *maire de la ville, j'ai pu, pendant mes loisirs d'un été, dépouiller les archives d'Auxonne au fur et à mesure de leur classement par mon vénérable ami,* M. Joseph Garnier.

Les encouragements de ce savant archiviste ne m'ont

jamais manqué, depuis qu'à ma sortie de l'École forestière, j'essayais, dans son dépôt, de satisfaire au goût des recherches historiques que je tiens sans doute de mon bisaïeul Jacob-Nicolas Moreau (1) ; je le prie de vouloir bien accepter l'hommage de mon affectueuse et respectueuse reconnaissance.

Je m'étais proposé d'utiliser mes notes pour répondre à une des questions du programme du Congrès des Sociétés savantes, section de Géographie historique et descriptive : « Délimiter comparativement une forêt de France au moyen âge et à l'époque actuelle », mais je me suis laissé entraîner au delà des limites fixées. J'ai voulu fournir les preuves de tout ce que j'avance et j'ai, sans doute, embarrassé mon récit de citations justificatives ; je ne me dissimule pas que mon travail donne prise à de justes critiques, mais j'ai pensé qu'un document contemporain éclairait un fait, expliquait une mesure et présentait les hommes et les mœurs d'une époque bien mieux que ne pourrait le faire un récit analytique.

Je me suis complu à suivre pendant six siècles les transformations de la forêt communale d'Auxonne, mes recherches ont satisfait ma curiosité historique, elles m'ont aussi beaucoup facilité la gestion de cet important massif.

----

(1) Garde du dépôt de législation et rédacteur des Ordonnances du Louvre.

Puisse mon travail inspirer à quelques-uns de mes jeunes camarades qui ont visité la forêt d'Auxonne en 1893 la résolution de faire, dans d'autres régions de la France, des recherches semblables et je me trouverai récompensé s'ils pensent comme moi qu'une forêt peut avoir son histoire et que les données de cette histoire ne sont point inutiles au forestier.

E. PICARD.

Dijon, janvier 1898.

LE BOIS DES CROCHIÈRES D'AUXONNE (1542)

HISTOIRE
D'UNE FORÊT COMMUNALE

—

LA FORÊT DES CROCHÈRES
A LA VILLE D'AUXONNE

———

LIVRE Ier

LA FORÊT DES CROCHÈRES DE 1298 A 1669.

Reconnaissance au profit des habitants d'Auxonne de la propriété
de la forêt des Crochères. — Extension de la forêt communale par
acquisitions. — Procès avec le prieur de Jouhe ; le seigneur et
les habitants de Chevigny ; les habitants de Billey ; les habitants de
Villers-Rotin. — Arrêt du grand conseil de Bourgogne réglant les
droits respectifs du duc et de la commune d'Auxonne dans la forêt. — Nouvelles acquisitions. — Limites. — Plan visuel de 1542. —
Jouissance des habitants. — Concessions. — Réglementation du
mode de construction des maisons. — Dons de bois dans les forêts
ducales. — Achats de bois pour l'entretien des ponts, des moulins
et des fortifications. — Incendies. — Paisson et glandée. —
Chasse. — Délits. — Surveillance.

Auxonne apparaît pour la première fois en 600
parmi les localités concédées par Amalgaire, duc
de la Basse-Bourgogne, pour la dotation de l'abbaye
qu'il fondait à la source de la rivière de Bèze. Toutefois il semble que les religieux de Bèze ne la con-
servèrent pas longtemps puisqu'à la fin du IXe siècle,
on voit le territoire d'Auxonne donné aux moines

de Saint-Vivant (1), par Agilmar, évêque de Clermont, fils du comte d'Amaous.

« L'acte d'établissement, écrit le chroniqueur de Saint-Vivant, contient que ce monastère fut érigé en une terre appartenante à l'évesque Algimarus, de son héritage paternel, en la province de Bourgogne, en la contrée du conté d'Amaous, à six mil de rivière de Saône, en lieu commode abondant d'eau, forest, preys, terres, vignes, sans indigence d'aller rien chercher ailleurs. » Courtépée ajoute : « Les moines achevèrent de défricher ce terrain et y formèrent des habitations pour des pêcheurs et des pâtres. »

En 1135, Guillaume, comte de Mâcon, reprit en fief, du grand prieur de Saint-Vivant, la bourgade encore inconnue d'Auxonne, afin de l'agrandir et de la fortifier. Auxonne devint alors la principale place de ses possessions d'outre-Saône et donna son nom au comté d'Auxonne, qui séparait les comtes de Bourgogne, sujets de l'empire, des ducs de Bourgogne, vassaux des rois de France, et qui eut une existence presque indépendante jusqu'en 1197, époque à laquelle Etienne II reconnut le duc Eudes III comme son suzerain.

Dans la charte de commune octroyée aux habitants d'Auxonne en 1229, par Etienne, comte de Bourgogne, Jean, comte de Chalon, son fils, et la comtesse Agnès sa femme, il n'est pas question de la forêt, comme dans la charte de commune octroyée deux ans auparavant aux habitants de Saint-Jean-de-Losne par Alix de Vergy, duchesse régente de Bourgogne,

(1) Canton de Biarne, arrondissement de Dôle (Jura).

on n'y trouve pas non plus de réglementation des amendes pour les délits de pâturage au bois.

En 1237, Jean de Chalon échangea le comté d'Auxonne avec Hugues IV, duc de Bourgogne, qui le réunit au duché dont il suivit dès lors toutes les destinées.

Le premier titre, faisant mention de la forêt, date de 1298, c'est une sentence du bailli du Dijonnais au profit des habitants d'Auxonne, qui ont invoqué la prescription trentenaire pour établir leurs droits de possession et de justice.

« Cum cause fuist pardevant nos Baillif de digenois entre Joffroy Tornay escuier d'une part et les procureur des habitanz d'auxone en non de procureur pour les diz habitanz dautre, sur ce que lidiz escuiers ensamble Odot dou chastele havoient faite lor demande contre lesdiz procureur en nom comme desus, sur ce que il disoient et proposoient contre les diz procureur en nom comme desus, que li dit habitanz trainchoient et portoient du bois et ou bois de la troichere qui fuit ou fenaige de bille et contourne sus le finaige de Viler rotain dune part et sus le finaige de biarne dautre part liquelx bois apartenoit es devant diz Joffroi et Odot par droit de soignerie ou auxi et comme li diz habitanz ni heussent droit de trainchier ne de porter doudit bois. — demandent lidiz escuiers es diz procureur en nom comme desus que li habitanz cessissent de trainchier et de porter doudit bois dors et en havant et quil donassent caucion de nan trainchier ne de porter doudit bois, les diz procureur en nom de procureur disanz encontre qu'il estoient saisis et ont esté par trante anz et plux de trianchier, prandre, porter, vendre et doner doudit bois et de lever amandes par eux ou par lors forestiers de celx qui estoient trovés meffaçant oudit bois et de faire doudit bois touz esploiz comme cilz esquelx lidiz bois appertenoit par droit de soignerie ou auxi, le plaie leaulement encauvre dune part et dautre sur les choses proposées deca et delae plusieurs tesmoinz traiz et amenez dune part et dautre a la parfin le lundi devant pasques fluries presenz, pardevant nos en jugement a nos assises de saint Juhan les diz procureur en non de procureur dune part et ledit Joffroy dautre. Renucea lidiz Joffroy de sa pure velonté à la cause desus dite et au plait desus dit, et es esploiz hanz sur la cause et sur le plait desus dit, lesdiz procureur en non comme desus presens et recivans ladite renunciacion. Done a saint Juhan le jour desus dit lan grace m cc iiii[xx] et dix huict. »

Ce titre est la base des revendications d'autonomie de la municipalité d'Auxonne en matière forestière, autonomie encore reconnue en août 1778 dans les lettres de confirmation des privilèges de la ville d'Auxonne par le roi Louis XVI.

Mais avant de rappeler ces différentes revendications qui forment toute l'histoire administrative de la forêt communale d'Auxonne antérieurement à la Révolution, il convient de montrer comment s'est constituée la forêt.

Chaque territoire se divisait à l'origine en trois parties distinctes : le domaine seigneurial, les terres des serfs et le ban. C'est généralement dans le ban que se trouvaient les forêts dont jouissaient en commun le seigneur et les serfs. Or le ban du territoire d'Auxonne s'étendait à l'est de la ville à la limite du comté ; c'était, comme l'indique le nom de la forêt « bois de troichère », une grande étendue de terres vaines propres au parcours et entremêlées de trochées de bois, qui ne (réussiront à former un véritable massif qu'au milieu du XIXe siècle). On le constate sur un magnifique plan de la forêt d'Auxonne, installé à la muraille dans le cabinet du maire. Dans ce ban du territoire d'Auxonne, le seigneur a su, comme partout ailleurs, s'attribuer en propre et à l'exclusion des serfs une partie des étendues boisées et concéder l'usage dans l'autre partie. Cette partie concédée s'étendait au sud du massif, jusqu'aux territoires de Villers-Rotin, Billey et Biarne et avait pour limites : au nord le chemin d'Auxonne à Rainans, c'est ce qu'on a appelé le canton de la Ville. A la suite venait la part du seigneur qui a été longtemps connue sous le nom de canton du Roy, mais à laquelle le seigneur, qui résidait à Mâcon, ne semble pas avoir attaché grande importance, du moment où il ne s'y livrait pas au plaisir de la chasse.

Comme nous avons pu le constater dans différents procès-verbaux de réformation, l'état de la forêt d'Auxonne devait être le même que celui de beaucoup de massifs forestiers en Bourgogne à cette époque. Les parties périphériques étaient traitées en bois revenant, taillis simples à courte révolution, généralement de 12 à 14 ans, où les habitants allaient couper le bois de chauffage et les perches nécessaires à la réfection de leurs toitures en chaume, à la

clôture de leurs meix et de leurs courtils et aux différents usages auxquels on emploie encore aujour-
d'hui le bois d'affouage dans nombre de communes
rurales. La partie centrale était jardinée, on y trouvait des arbres de futaie au-dessus des taillis provenant des exploitations d'arbres précédemment faites.
Mais ces arbres étaient rares et bien insuffisants pour
parer aux besoins des habitants.

Dès les premières années du XIVe siècle, l'importance de la propriété forestière commence à se ma-
nifester ; les ducs de Bourgogne augmentent leur
domaine de bois et forêts par des acquisitions (1) ; les
abbayes ne se contentent plus des concessions et des
donations primitives (2), elles achètent également
les cantons de bois enclavés dans leurs massifs, les
communautés d'habitants ne tardent pas à suivre
l'exemple.

« Par contract du mois de febvrier mil trois cens six,
Girard de Chevigny, escuier, vendit aux habitans
d'Auxonne tout le droit et action qu'il pouvoit avoir
es bois qui sont assis en Brize devers Flamerans
comme ils se comportent du long et de large dès la
pierre jusques au droit de la grange Perrin de Germigny et dès le poirier qui estoit sur le chemin par
lequel on alloit à Paintre jusques à la mare de l'estang qui fut Guillaume Garedé et se porte ledit bois
de touchant jusqu'au bief de Brize laditte portion

(1) E. Picard, *Compte de la Gruerie des bailliages d'Autun et de
Montcenis*, dans les *Mémoires de la Société Eduenne*, nouv. série,
tome VI.

(2) E. Picard, *les Forêts de l'abbaye de Citeaux*, dans les *Mémoires
de la Société Eduenne*, nouv. série, tomes XI, XII, XIII.

vendue consistant en la moitié des trois parts des cinq
parties qui sont es dits bois, estant laditte moitié des
dictes trois parts de la justice et seigneurie dudict
sieur vendeur et de son franc alleud, laquelle justice et seigneurie et franc alleud icelluy sieur avoit
aussy vendu ausdicts d'Auxonne, pour laditte moitié
ensemble au sieur de Flamerans soubs l'obligation
de toute conduitte et garantie de trancher, coupper
à charrette, à col, à chart et à toutes gens par tout
ledit bois. Ladicte vente faicte pour le prix et somme
de six vingts livres tournois, sauf touteffois es habitans dudict Flamerans le droit qu'ils dient et affir-
ment qu'ils dient avoir usage esdicts bois. »

Cette analyse du contrat d'acquisition extraite du
registre inventaire des archives de la ville d'Auxonne
fait par Esmilland Ramaille, secrétaire ordinaire de
la chambre du conseil de la dite ville en l'année
mil six cens cinquante trois, est suivie de l'analyse
d'un second contrat.

« Par autre contract du mois de mars mil trois cens
sept, après Pasques, lesdicts d'Auxonne acquierent
de Guillaume dict du Chastel, dudict Auxonne, damoi-
seau, partie des bois qui sont assis sur Brize devers
Flamerans, les deux parts ainsy comme lesdicts bois
se comportent... les dictes deux parts de cinq parties esdicts bois estant de la justice, seigneurie et
franc alleud, il auroit aussy vendu avec promesse de
conduitte et garentie du tout et de trancher, coupper
à charrette, à col et à chart à toutes gens par tous
lesdicts bois es dictes deux parts et d'exploiter les
gaiges et de lever les amandes, ladicte vente pour
la somme de deux cens livres tournois, lequel con-

tract fut ratiffié et appreuvé par la femme et par les sœurs dudict sieur vendeur. »

Les habitants d'Auxonne semblent donc avoir joui dès 1307 de toute la bande de terrain boisé située à l'est de leur territoire et joignant les finages de Villers-Rotin, Billey, Biarne, Rainans, Chevigny, Peintre et Flammerans, c'est-à-dire de ce qui constitue aujourd'hui la forêt communale d'Auxonne.

Cette jouissance ne devait pas être paisible, ainsi qu'en témoignent les comptes conservés aux archives de la ville d'Auxonne, dans lesquels nous avons relevé nombre de dépenses pour soutenir des procès contre les voisins.

« 1381. A examiner les tesmoignages sur les pasturages dont debat est entre les seigneurs et habitans de Chevigny et les habitans d'Auxonne. »

« 1384. A Perrenot le maire et a Perrenot de Maxilley et a pluseurs aultres de la ville d'Auxone pour plusieurs danrées prinses deulx, missions et despens faiz par les chastellains de Pontoiller et de Braisey qui venirent a Auxone le mecredi, juedi, vendri et sambadi après la S. Nycholas diver lan m ccc iiii[xx] iiii pour cognoistre du droit que li habitans d'Auxone et ceux de Flamarans hont es bois de Rueme et de la Foillie, amiablement. . . . x frans dor.

« Ou chastellain de Braisey et à son fils qui li fust donné pour sa pene et selaire de vauquer en la cognoisse desdis bois avec le chastellain de Pontoiller ledit sambadi. . . . . iiii frans

« 1387. Furent à Dijon vers le consoil de Monseigneur ou madame avoit mandé par ses lettres closes le maire et deus eschevins pour oir ce que lon leur vouldroit dire le jour de la Sainct Michiel et leur fut dit quil esleissient II commissaires qui cognoistront du debast de la vaine pature devers monseigneur Guy de Cicon. »

«It. que maistre Jehan Moingin, gouverneur du bailliaige de Diion, fut à Auxone tenir ses essises le mercredy devant Noel et y furent avec li maistre Jehan de Verrainges et Perre Morel pour la journée amiable que nous haissens pour eslire nos arbitres et bailler nostre compromis à Monseigneur Guy de Cicon.»

«A monseigneur Jehan de Champdivers qui fut a le juedi après la sainct Vincent a la journée amiable quil avoit acceptée pour valer le compromis entre les seigneurs et habitans de Chevigney et nous sur le faict du vain pasturaige et des perrieres et dit que il havict tant à faire à présent tant pour locceque de sa dame de Chevigney comme aultrement que y ne poussict entendre oudit compromis, si li envoye ou de par la ville cimarre de iiii pintes. »

«Journée à la grange de boquerans avec li priour de Jouhe... pluseurs personnes de labergement, Villers rotain, billey pour leur monstrer la distingacion de notre finaige et de ladicte grange affin que quand il en seront appellés que il en scussent respondre plus clarement. »

«1392. Qui firent linformacion sur ce que li chariete de richar de Flamerans avoit amenez bois des Cruches a miz au four dudict Richart, la main estant de monseigneur et du maire en icelle. »

«Audit maire pour despans de lui des eschevins et de pluseurs aultres de la ville qui furent visiter le bois communal de la ville près de Rousere ouquel Hugon de Mailley a gaige pluseurs personnes de la ville. Et y a lou mener XV des plus ancians de labergement pour veoir le droit de la ville, de examiner les tesmoings pour les habitans de la ville dAuxone encontre ceux de Billey pour le faict du vain pasturaige... et fut dit par ledit monseigneur le bailli lesdicts de billey non havoir droit de vain pasturaige, pour le compromis et la sentance escript et scelle soubs les seaulx de la cour monseigneur le duc de bourgoigne et accort du priour de Jouhe a cause de sa grange appellée la grange de bouquerans assise au finaige dauxone et les habitans dudict Auxone de lusaige des bois communaulx quil a a cause de la-dicte grange. »

« 1395. Au maire et ung vallet quils furent aux jours de monseigneur le gruey a la perriere le lundy après la saint martin destey lan que dessus pour le fait des bois communaulx dauxonne. »

« Qui lacompaignent au visite li bois qui est es prees de rousere qui sont bois communaulx de la ville dauxonne »

« Parler à madame de Bourgoingne qui les avoit mandes par devers li fait de monseigneur de chandivers devers les bestes de Chevigney que lon avoit prinses ou vain pasturaige dauxonne et au furent devant le consoil de monseigneur et fut faicte recreance des ii ᶜᶜ vaiches que lon tenoit a Auxonne pour lamande et pour le dommaige, parmi ce que monseigneur Jehan les promit de randre en la fin de la cause et san obligea en la main dudict maire dauxonne. »

« 1400. A monseigneur le bailli de Diion quil fust a Auxonne tenir ses essises le sambedi apres la feste Dieu et lors fust l'accort des habitans dauxonne et de messire Jehan de Champdivers et les habitans de Chevigney du proces que nous avient devant li de la vaine pasture dauxonne. »

« Et li fut donné et presenté de part la ville cest aisavoir le sambedi au digner : i broichot, i broyme, ii perches, ii barbeau et iii carpes. »

Voilà donc quatre procès que les habitants d'Auxonne ont à soutenir soit simultanément soit successivement avec les habitants des communautés voisines et avec un voisin ecclésiastique qui n'est rien moins que le cardinal de Neufchatel, prieur de Jouhe.

C'est ce dernier procès qui est le plus promptement réglé; commencé en 1387, il se termine effectivement dès le mardi avant la nativité de Notre-Seigneur 1388, par une transaction portant que :

« Ladite grange de Bouquerans est cituée es mettes du duchié de Bourgoingne ou territoire d'Auxonne et que le bief qui sépare le duchié et conté de Bourgoingne sen va et courre par derrière ladite grange par devers Jouhe et qua icelle grange appartenit le pacturaige des chevaux, bœufs, vaches, brebis, porcs et aultres bestes grosses et menues qui seront et appartiendront aladite grange par tout le territoire et finaige d'Auxonne des ledit bief et ladite grange jusques à ladite ville d'Auxonne et à la rivière de Saone et aussy que ladite grange et les gens qui y demoureront auront usaige et copperont bois environ ladite grange et ou bois que l'on dit es Crocheres d'Auxonne pour laffouaige et pour faire toutes né-

cessités de ladite granges et des appertenances di-
celles et non autre part, et sil font dommaige en
bled, et en preys il en payeront lamende et le dommaige ainsi que le feraient les habitans de la ville
d'Auxonne. Item que ceux de la grange touttefois
quil voudront parer bois de chesne pour ediffier ladite
grange il le demanderont ausdit d'Auxonne liquelx
leur en donneront licence, c'est assavoir au tems
quils seront en bois, item que le grangier de ladite
grange sera assermenté de garderlesditsbois et tous
mesusans quil trouvera, il rapportera audits d'Auxonne pour en prendre lamende. Item ledit prieur
de Jouhe present et avenir pourra faire cueillir et
essarter les bois venus es courvees de ladite grange
pour les faire arables. Et parmi ce les prieur et
couvent dudit lieu de Jouhe present et avenir sont
et seront tenus doresnavant celebrer chascun an perpetuellement en la chapelle Nostre Dame de Mont-
roland au grand autel une fois lan le jour du lendemain de la nativité N.D une messe de requiem
solennellement avec diacre et sous diacre pour le
remede des ames de tous les trespasses de la ville
d'Auxonne qui oncques y furent, qui y sont a present
et qui seront par tous les tems à venir. »

Cette transaction ne nous est parvenue qu'en copie, comme on peut s'en rendre compte ; mais elle
est intéressante dans ses clauses puisqu'elle consacre
la reconnaissance d'un droit d'usage au bois à bâtir,
au bois d'affouage et au pâturage. Elle fut homologuée à la cour du duc de Bourgogne en 1392.

Moins rapide fut la solution des difficultés entre
les habitants d'Auxonne et le seigneur et les habi-

tants de Chevigny. Commencé en 1381, le procès ne fut terminé par un accord devant le bailli de Dijon, qu'en 1403. Il aurait été intéressant de retrouver les écritures faites par un « licencié en loix pour mectre en court par devant monseigneur le bailli », malheureusement le mémoire a disparu des archives d'Auxonne, dont l'utilité n'était cependant pas méconnue dès 1400, puisqu'on lit dans les comptes au sujet de ce procès que le maire, les échevins et plusieurs habitants cherchèrent « es papiers de la mairie » et en trouvèrent plusieurs qu'on montra au conseil. A côté de la preuve écrite, on ne négligeait pas la preuve testimoniale, ainsi, en 1403, au moment où le procès va prendre fin, nous voyons « adiourner pluseurs tesmoings a Auxonne des Soissons, Viez Verg et Flamerans par devant le commissaire de monseigneur le bailli du procez de la ville contre ceulx de Chevigney ».

Le 18 juin 1403 comparaissait devant le bailli de Dijon, tenant ses assises à Auxonne, Messire Jean de Champdivers tant pour lui comme lui touché et prenant en mains et faisant fort quant à la dite dame, Jeanne de Cicon, sa femme, et aussi pour les habitants de Chevigny, d'une part, le maire et les échevins d'Auxonne, d'autre part, du consentement des habitants dont cent soixante quinze noms figurent à l'acte et il fut convenu :

Premierement. Les seigneur, dame et habitants de Chevigny et leurs successeurs pourront dorénavant amener toutes leurs bêtes dudit Chevigny, grosses et menues, en tout temps quand il leur plaira pâturer en vaine pâture au territoire dudit Auxonne dans les confins et limites qui s'ensuivent de la raie de la

Croix Varmet jusqu'aux joncs Jasmac tirant tout droit
dès le bas desdits joncs jusqu'à la planche du bief de
Peintre appelé bief du Fay qui est au chemin dudit
Peintre, ladite planche tirant a ladite croix Varmet
devers ledit Champagney et de ladite croix tirant
tout droit jusqu'à la grange Bouquerans et de ladite
grange tirant au bas des joncs et non outre.

Et pour que dans lesdits confins ne soit aucun dé-
bat entre les parties au temps à venir il est accordé
que le bailli enverra sur les lieux des commissaires
qui en présence des parties ou de leurs procureurs
vérifieront, confineront et feront mettre bornes et
entresignes à perpetuité pour borner et limiter les
confins et lieux dessusdits.

Les seigneur, dame et habitants de Chevigny ne
pourront couper bois dans ces confins ni autrement
au territoire d'Auxonne, ni essarter, ni bouter feu
ni chasser au territoire d'Auxonne sous peine d'a-
mende au profit du Duc et de dommage au profit
des habitants d'Auxonne. Ces dommages devaient
être évalués à dire d'amis pour les deux années
échues et si les habitants de Chevigny refusaient ou
différaient de choisir ces amis, les maire et échevins
d'Auxonne se réservaient de taxer le dommage. Il
fut également accordé que les habitants de Chevigny
ne pouvaient ni ne devaient, quand les habitants
d'Auxonne voulaient chasser dans les confins désignés, contrarier la chasse ni amener leurs bêtes pâturer le jour de la chasse dans les lieux où les habitants d'Auxonne auront fait leurs hayes ni près de
ces hayes sous peine d'amende au profit du duc,
à la condition que les habitants d'Auxonne aient

notifié leur chasse aux habitants de Chevigny dès l'avant-veille.

Les habitants de Chevigny ne pourront amener leurs bêtes dans les héritages particuliers qui se trouveraient dans les confins ci-dessus spécifiés, jusqu'à ce que les fruits de ces héritages fussent perçus et levés.

Si les bêtes de Chevigny sont trouvées par échappée et sans garde au territoire d'Auxonne outre les confins, les habitants de Chevigny paieront le dommage à ceux d'Auxonne comme il est dit plus haut pour les délits qui ne seront pas prescrits par deux ans. En ce qui concerne l'amende au profit du duc, il est réservé que les habitants de Chevigny le supplieront de les en décharger.

Au cas où les bêtes seraient trouvées outre les confins à garde faite, les habitants de Chevigny paieront le dommage à ceux d'Auxonne comme dessus et ils supplieront le duc qu'il lui plaise modérer l'amende à trois sols pour toutes les bêtes qui pour chacune fois seraient trouvées.

En échange les habitants d'Auxonne pourront mener leurs bêtes grosses et menues pâturer en tout temps de vain pâturage sur le territoire de Chevigny; ils pourront généralement et particulièrement prendre pierres dans les pierrières de Chevigny qui sont ouvertes sans rien payer pour leur découvert. Dans le cas où les habitants de Chevigny voudraient se réserver les carrières ouvertes, ils devraient indiquer et bailler places pour faire de nouvelles pierrières profitables aux habitants d'Auxonne à dire d'expert. Si ces pierrières ouvertes par les habitants d'Auxonne ne leur sont pas profitables, ils seront tenus de remplir les découverts et ceux de Chevigny devront leur montrer d'autres places. Si les habitants d'Auxonne causent à l'occasion de ces pierrières des dommages à aucun héritage, ils seront tenus d'en payer le dommage.

Si les habitants de Chevigny ouvrent de nouvelles pierrières ceux d'Auxonne pourront y prendre pierre en payant leur part et portion de la dépense faite pour le découvert à la taxation de la commune année, il en sera de même pour les habitants de Chevigny dans les pierrières ouvertes par ceux d'Auxonne.

Si pour aller aux places désignées pour faire des pierrières il n'y a pas de chemin, le seigneur de Chevigny sera tenu de bailler un chemin aux habitants d'Auxonne pour tirer au grand chemin le plus profitablement possible et avec le moins de dommage pour les héritages des habitants de Chevigny.

En cas de dommage par innocence causé par les bêtes, chars et charrettes des habitants d'Auxonne tant en allant au vain pâturage qu'aux pierrières, les propriétaires paieront le dommage à l'estimation de la justice de Chevigny ; si ceux d'Auxonne (faulhement) font dommage, outre le paiement du dommage, ils seront tenus à l'amende accoutumée.

Quant aux trente sols que le seigneur et la dame de Chevigny prétendaient dus par les habitants d'Auxonne à cause des pierrières, ceux-ci en demeurent quittes. Le seigneur de Chevigny est tenu de procurer la ratification de cet accord et de rapporter l'approbation du duc aux habitants d'Auxonne. L'accord n'aura d'ailleurs son effet qu'après l'approbation.

Au moyen de cet accord toutes les obligations résultant des contraventions antérieures sont mises à néant et les parties conviennent de régler amiablement les dépens.

Le seigneur de Chevigny fournira pour la fête de la Madeleine bonnes et suffisantes lettres contresignées de sa femme et des habitants de Chevigny qui ratifieront et approuveront le traité.

Après serment sur les Saints Evangiles et obligation des biens des parties contractantes, le bailli fit mettre le grand sceau de la cour du bailliage à ces lettres, qui furent soumises à l'approbation du duc, lequel y apposa également son sceau le 12 janvier suivant. Si les habitants de Chevigny tenaient à conserver leurs droits de parcours dans une partie de la forêt des Crochères, les habitants d'Auxonne, dont tout le territoire ne comprend que des alluvions, tenaient de leur côté essentiellement à pouvoir se procurer dans les carrières les plus voisines la pierre nécessaire pour construire leurs fortifications et remplacer les maisons à pans de bois si facilement inflammables. On peut donc avancer que l'importance de la ville d'Auxonne et son développement au xvᵉ siècle sont dus à la forêt communale. Notons d'autre part en passant que l'expression de « bois communaux » apparaît pour la première fois dans les comptes en 1387. Les lettres patentes de Jean, roi de France, constituant la mairie d'Auxonne sont en date du 28 septembre 1362. Ainsi à Auxonne, avant la fin du xivᵉ siècle, nous trouvons une forêt communale avec un maire élu, assisté d'un conseil également élu. L'histoire de la forêt des Crochères peut donc à juste raison porter le titre d'histoire d'une forêt communale.

En 1392 nous voyons le maire et son conseil se transporter dans la forêt communale où des témoins avaient été convoqués « pour les habitans de la ville dauxone encontre ceux de Billey pour le faict du vain pasturaige » et le vendredi après l'Ascension 1393, les habitants d'Auxonne furent, par décision du bailli de Dijon, maintenus dans la possession d'avoir le droit de pouvoir prendre et faire prendre les bêtes des habitants de Billey toutes les fois qu'elles seraient trouvées pâturant en la vaine pâture du finage d'Auxonne, pouvoir gager ou faire gager le pâtre et aussi de pouvoir contraindre les habitants de Billey à payer toutes amendes pour ce dues à Monseigneur le duc, ensemble les restitutions et les dommages.

Les habitants de Billey ne se tiennent pas pour battus, ils invoquent la petitesse de leur finage et ils supplient ceux d'Auxonne de vouloir leur octroyer la vaine pâture sur certains cantons de leur territoire. Le 23 juin 1410 un accord intervint entre les parties : « Les mayeur et eschevin d'Auxonne, de la volonté des habitants de la ville, donnent, octroyent et consentent que les habitans de Billey et leurs successeurs puissent doresnavant perpétuellement amener et faire amener toutes les bêtes dudit Billey, grosses et menues, en tout temps qu'il leur plaira pâturer en vaine pâture au territoire dudit Auxonne dans les confins et limites qui s'ensuivent savoir : Des le bois de Villers-Rotain et tirant de illec au chemin de Comté par lequel chemin on a coustume de charroyer les foins de la prairie de Rousière du-

dit Villers-Rotain à Jouhe en revenant au bas de Bouquerans. » Cette concession était faite à la charge
par les habitants de Billey de donner chaque année
à la fabrique Notre-Dame d'Auxonne quarante livres de cire neuve, de faire deux ponts et un chemin nécessaires pour lors, de souffrir que les bois
de la ville fussent mis en défends si cela était jugé
par la suite convenable aux intérêts de la ville. Les
habitants de Billey étaient également tenus de veiller à la conservation du bois d'Auxonne, «loyaument
et diligemment, à l'effet de quoi ils jureront chascun
an une fois, toutes fois que requis en seront, es
mains desdict mayeur et eschevins, par devant lesquels ils ameneront les mesusans, au plutôt que faire
le pourront bonnement. » Aussi les mayeur et échevins d'Auxonne «commettent et donnent puissance et
autorité ausdits de Billey de gaiger, amener et raporter tous delinquans et en ce les instituent leurs
forestiers et commis, tant comme il leur plaira et
jusqu'à leur rapel ».

Ce traité fut ratifié, approuvé et confirmé le 12
juillet 1411 par le duc Jeans sans Peur.

L'original de ce traité manque aux archives ; l'a-
nalyse de l'inventaire est loin de suppléer au titre ;
c'est ainsi qu'en ce qui concerne les droits d'usage
des habitants de Villers-Rotin dans la forêt des Crochères, nous savons seulement qu'ils exerçaient leur
droit d'affouage sur tout bois excepté le chêne et
les arbres portant fruit, et qu'ils jouissaient de la
vaine pâture sur le finage d'Auxonne dans les mêmes conditions que les habitants de Billey. Ils devaient comme ceux-ci la garde des bois et la rede-

vance de quarante livres de cire neuve à la fabrique
de l'église Notre-Dame. Le payement de la redevance devait s'effectuer le 1er septembre sous peine
de 60 sols d'amende. Le traité est en date du 26
août 1424.

Il semblerait que les habitants d'Auxonne avaient
ainsi réglé, par les quatre traités que nous venons
d'analyser, toutes les questions relatives aux droits
d'usage dans la forêt des Crochères. On avait omis
de définir la durée du temps de la vaine pâture ;
aussi le 24 décembre 1454 intervient une sentence
arbitrale « entre noble et puissant seigneur messire
Guillaume, sieur de Champdivers et de Chevigny,
tant en son nom que se faisant fort pour les habitans
dudit Chevigny d'une part, les maire et échevins de
la ville d'Auxonne d'autre part, à l'occasion du
tems et saison que doit durer le vain pâturage. Par
laquelle presente sentence arbitrale et deffinitive a
été sentencié que le vain paturage commencera au
jour de feste Saint-Michel archange et durera jusqu'à
la veille de Saint-Thomas apostre inclusivement et
que pendant ledit temps lesdits d'Auxonne pourront
et devront tenir en ban et deffences contre lesdits
habitans de Chevigny et leurs successeurs lesdits bois
dans les limites et confins mentionnés toutes fois
que bon leur semblera et en faire leur profit ledit
temps durant sans ce que cependant icelui tems lesdits seigneur et habitans dudit Chevigny ni leurs successeurs y puissent ou doivent faire paturer leurs
dites betes sur peine de l'amende et le demeurant de
tems, c'est à savoir, des ledit jour de S. Thomas
apotres jusqu'à la veille S. Michel inclusivement,

lesdits seigneur et habitans de Chevigny pourront
mener pasturer leurs dites betes esdits lieux et places. Le tout comme les parties ont déclaré dont
elles sont contentes. Ladite sentence passée à Mont-
roland par devers Pierre Lambert, notaire. »

Le duc de Bourgogne en intervenant pour approuver les accords et traités conclus entre les habitants
d'Auxonne et les seigneurs des communautés voisines
maintenait son droit de suzeraineté, mais la propriété même de la forêt ne semblait plus devoir être
revendiquée. Cependant le procureur du duc au
bailliage de Dijon contesta la propriété du bois des
Crochères, qu'il prétendait appartenir à ce prince.
Les habitants d'Auxonne auraient pu être inquiets
d'une telle prétention, mais le pouvoir ducal ména-
geait déjà la commune d'Auxonne, comme le pouvoir royal la ménagera aussi, en raison même de
l'importance de sa situation outre Saône, à la limite
du duché et du comté, et un arrêt du grand conseil
de Bourgogne, tenu à Bruxelles le 27 mai 1459, régla
les débats survenus entre le procureur ducal au
bailliage de Dijon et les maire et échevins d'Auxonne au sujet des droits respectifs du duc et de la
commune.

« Phelippe, par la grâce de Dieu, duc de Bourgoingne, de Lothier, de Brabant et de Lembourg,
comte de Flandres, d'Artois, de Bourgoingne, palatin de Haynnau, de Hollande, de Zellande et de
Namur, marquis du Sainct Empire, seigneur de Frise,
de Salins et de Malines. A tous ceulx que ces présentes lettres verront, salut. Comme à la requeste et
au pourchas de nostre procureur au bailliage de

Dijon, nos bien amez les maïeur, eschevins, habitans
et communauté de nostre ville d'Auxonne oultre
Saône eussent esté adjournez et traiz en cause par
devant nos amez et feaulx conseillers les commissaires
par nous ordonnez derrenièrement en noz pays de
Bourgoingne, Charollais, Masconnais, Aucerrois et
autres nos pays a l'environ, par devant lesquelz se
fust meuz et introduiz procès, entre nostre dict
procureur, pour nous demandeur d'une part, et les
diz maïeur, eschevins, habitans et communaulté de
nostre dicte ville d'Auxonne, deffendeurs, d'autre
part. Sur ce que nostre dict procureur maintenoit
les dicts deffendeurs avoir fait et commis plusieurs
faultes, abuz et entreprinses, soubz umbre de leurs
privileges et autrement, à l'encontre de nous et de
noz droiz, justice, haulteur et seigneurie. Ouquel procès, tant et si avant eust esté procédé que les dictes
parties oyes en tout qu'elles ont voulu dire, proposer
et conclure, d'une part et d'autre. Cest assavoir
nostre dict procureur en demandant et les dessus
diz de nostre dicte ville d'Auxonne en deffendant, et
icelles parties ont produit et exhibé privileges, lectres, enquestes, tiltres et tous enseignemens dont
ilz se sont voulu aider, icelui procès a esté instruit,
mis en droit et en estat de juger, et ce fait, nos diz
commissaires considerans que ledit procès touchoit
grandement à noz droiz, haulteur, justice, préémi-
nence, seigneurie et nostre demaine et aussi les
droiz franchises et libertez de nostre dicte ville d'Auxonne, oient ledit procès avecques leur advis sur
icelui, joinct certaine requeste baillée de la partie
desdiz deffendeurs, ensemble les dictes parties ren-

voyé par devers nous et les gens de nostre grand
conseil estans lez nous, en assignant jour à icelles
parties, mesmement ausdiz deffendeurs à estre et
comparoir par devant nous ou nostre dict conseil
quelque part que nous soyons, au vendredi après
le dimanche que l'on chante en saincte eglise Jubilate,
dernierement passé pour sur icelui procès oyr droit
ou autrement, icelles parties appoinctées ainsi qu'il
plairoit à nous et à nostre dit conseil et que raison
dovroit. Savoir faisons que comparées audit jour ou
autre deppendant d'icelui par devant nostre dit conseil, nous estans en ceste nostre ville de Brousselles,
nostre procureur général pour nous, d'une part,
Amiot Regnart, mayeur ; Gerart Robot, bourgeois,
Peirenot Friaut, notaire publicque et Jehan Chaigne,
procureur, suffisamment fondé comme il est apparu, des eschevins, bourgeois, manans et communauté de nostre dicte ville d'Auxonne, d'autre part,
et veu et visité ledit procès et rapport sur icelui en
nostre dit conseil, avons, par delibération d'icelui
nostre conseil et pour aucunes considérations à ce
nous mouvans, sans plus avant proceder au jugement ou decision d'icelui procès, ordonez et deputez
aucuns de nostre dict conseil pour parler et commu-
niquer avec les diz maïeur, procureur et autres dessus
nommez de nostre dicte ville, envoiez et estans par
deça pour ceste cause, sur les poins contenuz et
declairez au dit procès et pour lesquelz ils avoient
esté traiz en cause par devant nos diz commissaires
en noz pays par delà, comme dit est dessus. Par lesquelz nos conseillers et deputez, de par nous, oyez
les dessus nommez de nostre dicte ville d'Auxonne

et tout ce qu'ilz ont voulu dire sur les poins et articles
proposez et mis en auant contre eulx par nostre dict
procureur. Et les choses debatues d'une part et d'autre
et de tout fait rapport à nous et à nostre dict conseil.
Avons, par grant advis et meure deliberation, sur les
poïns et articles dessus diz, ordené et declairé, ordonnons et declairons les choses qui s'en suivent. »

. . . .

« Et au regart de l'article faisant mencion de la
moderation des amendes, par lequel article nostre
dict procureur maintenoit que lesdiz mayeur et eschevins ne povoient ne devoient limiter les amendes pour
forfaictures commises ou bois de Trochieres, tauxées
à soixante cinq solz, ne aussi autres quelxconques
amendes tauxées et declairées par lesdiz privileiges
et statuz de ladicte ville; nous voulons et declairons
que ilz ne pourront moderer les dictes amendes, mais
ilz pourront toutes autres amendes non limitées et
tauxées, moderer selon l'exigence des cas et la qualité
des personnes. »

« Et au regart de la propriété dudit bois de Trochieres, de laquelle proprieté nostre dict procureur
a fait demande, nous avons absolz et absolvons lesdiz d'Auxonne d'icelle demande et sur ce imposons
silence perpetuel à nostre dict procureur. »

« Et en tant que touche l'institution des messiers
et forestiers et des seremens qu'ilz doivent faire,
nous ordonnons et declairons qu'il en soit fait doresnavant comme il a esté acoustumé d'ancienneté, lesquelz messiers et forestiers feront leurs rappors au
clerc de la maierie dudit lieu d'Auxonne pour les
enregistrer et valoir contrerole contre ledit prevost.

Auquel prevost ledit clerc de la maierie laissera les diz rappors par escript et par declaration toutes et quanteffoiz qu'il les requerra afin de lever les amendes à nostre prouffit. »

. . . .

« et parmy que les dessus diz de nostre dicte ville d'Auxonne seront tenuz rendre et paier pour nous, pour une fois, la somme de douze cens francs monnoie royale à nostre amé et feal conseiller et receveur géneral de toutes noz finances Guiot Duchamp, qui en fera recepte à nostre prouffit et en baillera sa lettre aux dessus diz de nostre dicte ville d'Auxonne et sans ce que nous entendons par ce que dit est en autre chose prejudicier aux privileiges et chartres de nostre dicte ville d'Auxonne dont cy devant est faicte mention, ni à leurs autres chartres, privileiges, franchises, libertez, coustumes et usances raisonnables, lesquelles nous avons ratiffiez, approuvé et confermé et en tant que les diz de nostre dicte ville d'Auxonne en ont deuement usé, ratifions, approuvons et confermons, par ces présentes, ausquelles en tesmoing de ce nous avons fait mectre nostre scel secret. Donné en nostre ville de Brouxelles, le XXVIIe jour de may, l'an de grace mil quatre cens cinquante neuf.

« Ainsi signé : par Monseigneur le Duc, en son conseil ou l'evesque de Toul, le sire de Goux, le juge de Besançon, l'arcediacre d'Avalon et autres dudict conseil etoient. J. Millet. »

Ces lettres patentes ne parurent pas satisfaisantes en tous points aux députés de la ville d'Auxonne qui reprochaient aux gens du conseil de n'avoir point fidelement reproduit les pourparlers et prétendaient que « pour ce ne les povoient recevoir ne accepter ». Ils demandaient « avoir appoinctement ainsi qu'ilz avoient accorde ou que ledit proces fust mis en delay jusque a la saint Michiel prochainement venant pendant lequel temps les dictz deputez de nostre dicte ville pourroient parler et avoir advis avecques les autres habitans d'icelle nostre ville d'Auxonne et savoir à eulx se ilz vouldroient accepter ou non le dict appoinctement ainsi qu'il est escript en nos dictes autres lectres. » C'est donc un referendum à la population que demandent les députés de la ville d'Auxonne, et comme nous l'avons déjà fait remarquer, le duc, qui veut les ménager, accorde le délai demandé et décide que les difficultés seront portées cette fois par devant les gens du conseil et des comptes à Dijon. Les remontrances des habitants d'Auxonne sont baillées par écrit pour « les dictz poins et articles obscurs estre plus amplement declairez selon les advis de nos dictz gens de conseil et des comptes et pour les causes qui s'ensuivent. »

Le maire et les échevins, qui avaient fait reconnaître pour toujours la propriété de la forêt communale, n'étaient point absolument tranquilles sur la libre jouissance de cette forêt, ils craignaient un retour offensif du procureur ducal, qui aurait pu sinon rendre cette jouissance illusoire, tout au moins accabler les habitants sous les coups des amendes pour les délits commis au bois.

« ... nostre dict procureur maintenoit que les dictz mayeur et eschevins ne povoient ne devoient limiter es amendes pour les forfaictures commises ou bois de Crocheres, tauxées à soixante-cinq sols, ne aussi autres amendes quelxconques tauxées et declairées par les privileiges et statuz de nostre dicte ville, et pour ce avons voulu et declairé que les dictz mayeur et eschevins ne pourront moderer les dictez amendes ; mais ilz pourront toutes autres amendes non limitées ne tauxées, moderer selon l'exigence des cas et qualité des personnes. »

Le procureur reprochait au maire et aux échevins d'avoir « par plusieurs foiz moderées et ramenées apres ladicte sentence donnée les amendes par eulx adjugées sans en parler au prevost ne autres officiers » autrement dit, en style administratif, d'avoir consenti des transactions après jugement. Le maire et les échevins prétendent qu'après avoir rendu leurs sentences « ils ne s'en sont voulu ne vouldroient entre-mectre » et déclarent qu'ils demandent seulement « pouvoir et auctorité de moderer toutes amendes en proferant leurs sentences comme font tous autres juges au pays de Bourgoingne » « car autrement se on vouloit forclorre les dictz maieur et eschevins de ladicte moderation ce seroit leur oster la puissance et auctorité qu'ilz ont par les moyens dessusdicts » . Ils veulent pouvoir « ne condempner une personne à plus grant somme que sa faculté ne pourroit bonnement supporter ».

Après discussion au conseil en la ville de Dijon des « articles sur lezquelz les dits exposans » de la ville d'Auxonne ont fait difficultés et remontrances, le duc, par lettres données à Bruxelles le 27 septembre 1459 déclare « que ilz joyront d'iceulx articles ainsi que cy apres est contenu :

« Et quant à ce qui touche l'article faisant mencion de la moderacion des amendes, les diz mayeur et eschevins en joyront selon ce qu'il est contenu en nos dictez autres lectres au regart des amendes tauxées et declairees par les dicts previlleges anciens de nostre dicte ville d'Auxonne. Mais au regart des amendes pour les forfaictures commises ou bois des Crocheires et de toutes autres amendes non limitées ne tauxées par les dictz privilleiges, les dessus dicts de nostre dicte ville d'Auxonne les pourront arbitrer et limiter selon l'exigence des cas et la qualité et faculté des personnes. »

« Et pour ce que les prevotz et forestiers de nostre dicte ville d'Auxonne se sont plusieurs foiz dolus et complains des grans fraiz et despens qu'il leur convient souventes foiz faire pour la prinse des délinquans et mesusans es dictz bois de Crochières et pour les exécucions des amendes des dictz bois, pour la prinse et exécucion desquelles choses, leur convient souvent avoir menés gens en grant nombre pour leur seurté et pour éviter les oultraiges que leur pourroient faire les estrangiers des seigneuries voisines et autres y estre les plus forts, lesquelles choses se faisoient à nos fraiz. Nous ces choses considérées avons octroyé et delaissés, octroions et delaissons aux dessus dictz de nostre dicte ville d'Auxonne prendre et avoir le tiers des dictes amendes des forfaictures es dicts bois des Crochieres qui nous appartenoient entierement. Parmy ce que ilz supporteront tous fraiz, missions et despens des prinses et execucions dessus dictes, nos dictes autres lectres et tout le contenu en icelles. »

La propriété de la forêt étant ainsi indiscutablement établie par les lettres patentes du 29 mai 1459 et par les actes d'acquisition de 1306 et de 1307, le maire va donner toute son attention à la fixation des limites et à l'acquisition des enclaves.

« Par traitté faict entre les habitans d'Auxonne et ceux du village de Flammerans au faict du bois de la Feuillée homologué par le bailly de Dijon et d'Auxonne le seiziesme de juin mil quatre cens soixante et un, sur les difficultés des parties et portions qui appartenaient à chacune desdites parties es bois de Riveure et de la Feuillée qui estoit auparavant en commun entre icelles parties, partage et division en fut faict par le susdict traitté entre Jacob de Flamerans escuier seigneur de Baun et de Flamerans en partie et les habitans dudit Flamerans d'une part et lesdits habitans d'Auxonne d'autre part, iceux bois de Riveure et la Feuillée assis au long du bief de Brize d'une part et les finages dudict Auxonne et Flamerans et le grant chemin ferré tout du long d'autre part tirant du bout devers Auxonne sur certain lieu appellé en Bayart et de l'autre bout devers Flamerans sur les bois communaux et banaux dudict Flamerans nommés les Gens Morts, auquel bois de la Feuillée lesdicts d'Auxonne ont de cinq partyes les trois et demye par le moien des deux acquests cy devant mentionnes de l'an mil trois cens et six au mois de febvrier, de Girardot de Chevigny, escuier, desdites cinq parties la moitié de trois et en l'an mil trois cens sept au mois de mais de Guillaume du Chastel dudict Auxonne, escuier, de deux autres parties dudict bois, ensemble la justice et seigneurie esdicts bois, et lesdicts de Flamerans avoient en icellui bois de la Feuillée le demeurant qui est une partie et demye. »

« Par lequel partage advint ausdicts d'Auxonne desdicts bois de Riveure et de la Feuillée, c'est assavoir dudict bois de la Feuillée tout ce qui en est à la partie dudict Auxonne tant au finage dudict Auxonne que de Flamerans dès le bois par commancement d'icelluy bois de la partie dudict Auxonne des la Brize de Bayard devers ledict Auxonne tirant au grand chemin ferré tout du long d'icelluy ainsi qu'il se comporte jusqu'aux bornes de pierre qui seront mises et plantées en présence des parties en travers dudict bois tirant dez certains champts et places vuydes à la partie de Flamerans nommé le champ de Louches tirant selon ledict grant chemin jusques au bief de Brize et selon lesdictes bornes de pierre ainsy que ladicte portion dudict bois se comporte de long et du large ensemble tous autres droits et prérogatives et possessoires qu'ils avoient, pouvoient et devoient avoir en icelluy bois de la Feuillée selon les susdictes limittes tant à cause desdicts acquests que autrement. »

« Et lesdicts escuier et habitans de Flamerans avoient à leur part et partage desdicts deux bois tout le demeurant dudict bois de la Feuillée à la partie dudict Flamerans des lesdictes bornes de pierre jusqu'au dict bois de Riveure ainsy comme se comporte tout du long et du large. »

« Nonobstant lequel partage ainsy faict est accordé entre lesdictes parties qu'elles jouiront et useront du vain pasturage pour les grosses et menues bestes, l'un sur l'autre en tous lesdits deux bois de Riveure et de la Feuillée, comme elles faisoient auparavant ledict présent partage. »

« Et au regard du vif pasturage chacune desdictes parties le pourra mectre et tenir en ban et deffence en sa portion des le jour de sainct Michel archange jusques au jour de saint Luc. Et moyennant ledict partage lesdictes parties se départent de tous procès l'une contre l'autre, tous despens compensés. »

« Et le vingt cinquiesme dudict mois de juin meme année mil quatre cens soixante un ledict traitté et partage fut ratiffié et approuvé par les deux communaultés d'Auxonne et de Flamerans et les bornes plantées, tranchée faitte entre lesdicts partages. »

Ce traité permet de constater, au sujet de la propriété et de la jouissance des forêts communales, la reconnaissance de droits indivis entre le seigneur et les habitants ; indivision qui donnera plus tard motif à cette indigne spoliation qu'on a appelée le droit de triage. Plus heureux que leurs voisins de la seigneurie de Flammerans, les habitants d'Auxonne étaient seuls propriétaires de leur forêt communale et le 29 janvier 1473, Charles le Téméraire confirmait par serment, en l'église paroissiale d'Auxonne, les privilèges de la ville.

Mais bientôt le duc de Bourgogne allait disparaître dans les marais Saint-Jean devant Nancy et Charles d'Amboise, gouverneur et lieutenant général pour le roi du duché et comté de Bourgogne et de Champagne, mettait le siège devant la ville d'Auxonne, qui, privée de son gouverneur, n'osa soutenir l'attaque et signa le 4 juin 1479 une capitulation. Le 12 juin suivant, les gens d'église, nobles, maire, échevins, bourgeois, manants et habitants assemblés en l'église Notre-Dame, devant Charles d'Amboise, prêtèrent serment de fidélité au roi et le reconnurent comme leur naturel et souverain seigneur. La capitulation qui reconnaissait « toutes les franchises, libertez, privilèges et usances données ausdiz d'Auxonne et toutes lectres de don fait à eulx jusques à ores » fut confirmée par le roi Louis XI, par lettres données à Dijon au mois d'août 1479.

Les franchises de la ville d'Auxonne furent également confirmées par Louis XII en juin 1498 et par François Ier en février 1514. Les rois de France se souvenaient que dans l'ordonnance du 11 septembre 1477 remettant aux habitants d'Auxonne la garde de leur ville, Maximilien, archiduc d'Autriche et Marie, duchesse de Bourgogne, sa femme, avaient déclaré Auxonne « chief ville de noste conté dudit Auxonne, clef et principal passaige de noz duchié et conté de Bourgoingne ». Du moment où la clé du duché était entre les mains du maire et des échevins d'Auxonne, on comprendra facilement que ceux-ci n'aient jamais négligé l'occasion de faire reconnaître les privilèges de la ville par le pouvoir royal.

Une enclave subsistait dans le massif de la Crochère et de la Feuillée, c'était le bois, le moulin, la motte et la corvée de Germigny.

« Par contrat du 28 septembre 1543, Jean de Chissey l'aîné, écuyer, et Jean de Chissey, puîné, chevalier, frères, seigneurs de Fangy, tant en leur nom

qu'au nom de demoiselle Charlotte de Chissey, leur
sœur, vendent au maire et aux échevins d'Auxonne
un moulin appelé le moulin de Germigney lez ledict
Auxonne, les rivières servant à ce moulin ainsi que
le droit de pêche dans ces rivières, une pièce de pré,
une place et pièce de bois dict et appelé le bois de Germigney contenant quatre vingt journaux ou environ
avec le fonds, le long et le large dicelle pièce selon
qu'elle se comporte touchant d'une part au bois de
la communauté dudict Peintre et d'autre part au bief
de Brize et du bout dessoubs sur ledict bois de Germigney venant de Chevigney, deux censes et enfin
toute la justice haute, moyenne et basse sur toutes
les choses dessus dictes et sur tout ledict finage et
territoire de Germigney que tout ce qui est enclos,
compris et estendu entre les confins et limittes cy-
après déclarées ; c'est assavoir : dès le long dessoubs
du bois de la communauté dudict Paintre ferant sur
les prez dudict lieu de Paintre devers ledict Germigney tirant tout droit la lisière d'entre lesdicts
bois de Paintre et de Germigney jusques au bois de
Brize et des ledict bois de Brize jusques au bois de
la Feuillée tirant le contremont dudict bois de la
Feuillée jusques au bois des Cruchères dudict Auxonne à l'endroit du lieu auquel s'assemblent les
biefs de la Feuillée et le bief au dessoubs dudict bois
de Germigney et des illec tout le contremont de la lizière d'icellui bois des Cruchères jusques au dessus
dudict prey de la cure de Chevigney revenant le contremont du bief venant dudict Chevigney jusques au
bois de Germigney et retournant le contremont la
lisière dudict bois de Germigney jusques au coing

dessoubs les bois de Paintre ferant sur les prez ; enfin une pièce de terre appellée « la courvée de Germigney contenant quarente journaux ou plus du long et du large ainsi qu'elle se comporte, scize audict lieu des Cruchères et estant à icelluy de tous costés laquelle courvée est la première que l'on treuve en allant dez ledict Germigney audict lieu d'Auxonne. »

Le contrat de vente fut fait pour le prix de cinq livres tournois, cent livres d'œuvres de lin, avec décharge de toutes servitudes sauf le fief du Roi.

La réalisation du contrat, en ce qui concerne la corvée et le bois de Germigny, n'alla pas sans difficultés. Guy de la Tournelle, chevalier, vendit, le 18 juillet 1568, à cense annuelle et perpétuelle à Jean Camuset et Jacques Girardot une pièce de terre contenant environ quarante journaux assise en sa seigneurie de Germigny « appellée la courvée de Germigney seant au bois des Cruchères » à la charge de payer chaque année quatre blancs par journal et de bâtir dans un délai de six ans une maison et une grange pour y faire résidence. Le 13 juin 1571, le contrat fut résolu à cause des difficultés qu'aurait eues le sieur de la Tournelle avec les habitants d'Auxonne, difficultés qui empêchaient Camuset et Girardot de jouir librement de leur acquisition.

Un procès s'ensuivit et un arrêt rendu au parlement de Dijon le 17 juillet 1572 maintint, contre les prétentions de la ville d'Auxonne, le sieur de la Tournelle « en la possession de ladicte courvée de Germigney déclarée par ledict arrest estre de l'étendue de seize journaulx estans a présent en vuides,

revenues, et buissons et oultre ce en dix journaux
en bois joignant audict vuide du costé de midy et
trois journaulx du costé de septentrion selon les bornes et limittes qui seroient plantées pour séparation
de ladicte courvée dans les bois des Cruchères appertenans auxdicts habitans et faisant droict sur les
conclusions prises par le procureur général a adiugé
la justice haute, moyenne et basse au Roy en icelle
corvée selon l'extendue fins et limittes d'icelle, tout
ainsy que es bois des Cruchères ». Guy de la Tournelle est qualifié dans cet arrêt de seigneur de Fangy,
Athée et Germigny et c'est en qualité de coseigneur
qu'il avait revendiqué la propriété de la corvée de
Germigny.

Enhardi par le succès de sa première revendica-
tion, il vend, le 13 septembre 1581, à Jacques de Lavanusse, marchand à Auxonne, la coupe de vingt-
neuf journaux de bois de haute futaie, ensemble le
fonds et le treffonds avec droits et propriétés « ainsi
qu'ils s'entendoient et se comportoient, à les prendre
es bois de la Cruchère appartenans auxdicts d'Auxonne et selon qu'ils avoient esté desbornés par arrest du parlement de Dijon, lesdicts bois dépendans
de la seigneurie d'Athée et moyennant le prix et
somme de deux cens dix escus d'or et cinquante
escus par forme d'augmentation dudict prix d'achapt».
Ce sont bien les vingt-neuf journaux décrits dans
l'arrêt de 1572 ; mais il y a lieu de remarquer que
de 1572 à 1581 les revenues et buissons sont devenus, pour les besoins de la cause, bois de haute
futaie.

Par contrat du même jour le sieur de la Tournelle

vend au même de Lavanusse une pièce en nature de bois contenant environ quatre-vingt journaux appellés le bois de Germigny dépendant de la seigneurie d'Athée et ensemble la coupe dudit bois, fonds, treffonds, droits et propriétés selon que la pièce s'étendait et se comportait « assise entre les vicomté dudict Auxonne et le comté de Bourgogne devers vent et soleil levant sur les bois communaulx de Paintre d'une part, devers bise sur les terres de Brize, devers soleil couchant sur le bief et prairie dudit Germigny ». La vente est faite au prix de cent écus d'or, plus cinq écus de rente perpétuelle portant lods et retenue au jour de la fête de la Saint-Martin d'hiver et aussi cinquante écus pour augmentation d'achat.

Le marchand de Lanusse semble n'avoir été qu'un compère ou tout au moins un complaisant. Les habitants d'Auxonne désiraient posséder ces bois enclavés dans la forêt des Crochêres, puisqu'ils les avaient déjà achetés une première fois des frères de Chissey et Guy de la Tournelle allait en arriver à ses fins. La corvée et le bois de Germigny ayant été retirés à de Lanusse par droit de retraite lignagère, sont vendus aux habitants d'Auxonne par contrat passé à Autun le 27 septembre 1582 pour le prix de six cens cinquante écus par devant M⁰ Louis Desplace, notaire royal audit Autun, à la charge de rembourser de Lanusse du prix de son achat. Par contrat du 25 octobre 1582 de Lanusse reçut des habitants d'Auxonne la somme de quatre cent soixante écus.

François I⁰ʳ avait bien, le 11 septembre 1521, confirmé le droit de franc fief primitivement accordé aux officiers municipaux d'Auxonne (juin 1498) et étendu ce droit à tous les habitants de la ville en ces termes « avons aux ditz mayeur, eschevins, bourgeois, manans et habitans de nostre ville d'Auxonne tant en général que particulier et à leurs dictz successeurs qui cy après demoureront et résideront en icelle, donné et octroyé, donnons et octroyons de nostre grace et autorité congé, licence et permission qu'ilz puissent et leur loix acquérir et achetter tous et chacun heritaiges, cens, rentes et revenues, seigneuries, justices haultes, moyennes et basses, mixtes et autres droictures et iceux tenir et posseder tant par eulx que leurs heritiers et successeurs, tout ainsy que font et pevent faire les gens nobles de nostre royaume vivans noblement et que ce semblable avons puis naguère octroyés à ceulx de nostre bonne ville de Dijon, sans prendre toutes voies les droitz et devoirs deuz aux seigneurs féodaulx, desquels seront tenus les choses qu'ilz acquerront et sans que en ce leur soit donné cy après aucun destourbier ou empeschement au contraire, en quelque manière que ce soit ou puisse estre » et cependant nous venons de voir que le seigneur féodal Guy de la Tournelle ne s'était guère gêné pour les « destourbier ».

Quoi qu'il en soit, la forêt communale d'Auxonne est définitivement constituée en 1582, elle ne comprend plus d'enclaves et si nous relevons quelques procès au XVIe siècle et au XVIIe siècle avant la promulgation de l'Ordonnance de 1669 sur le fait des eaux et forêts, ces procès n'intéresseront plus la propriété en elle-même ; mais ce seront surtout des questions de fixation de limites, d'interprétation de droits d'usage et de droits de justice dont nous trouverons la trace.

C'est ainsi que dans son inventaire de 1653, Emiland Ramaille nous décrit les limites du bois de la Feuillée « Au quarente huictiesme feuillet verso d'un vieil livre de délibérations de la chambre de ville commençant au vingt quatriesme de juillet mille cinq cens treize, les confins dudict bois de la Feuillée sont telz :

« Ledict bois se prend au moulin de Bayard appertenant à la ville d'Auxonne et de là il tire à un champt appertenant à Odinet Barbedet estant sur le grand chemin de Pesmes du long des royes jusques à une croix appelée la croix Bouthier et d'avec ladicte croix tirant droit à un grand chemin appelé le chemin ferre tirant au bas de Montuiches et de la tout au long de la Feuillée du bois de Flamerans et dès le carré dudict bois de Flamerans tout du long du bief de Brize jusqu'à Bayard. »

Ces limites telles qu'elles étaient décrites en 1513 n'étaient pas cependant encore bien nettement définies.

Le 13 mai 1531, noble seigneur Etienne de Montrichard, écuyer, seigneur de Flammerans cède, quitte et remet perpétuellement aux maire, échevins et habitants de la ville d'Auxonne tout le droit et action qu'il avait et pouvait avoir à cause de sa seigneurie de Flammerans dans le bief qui sépare les finages d'Auxonne et de Flammerans.

Le 6 juillet 1551 ou rédige un procès-verbal de vue de lieux par lequel les habitants d'Auxonne et ceux de Flammerans sont demeurés d'accord que

la fosse Guy autrement Montrichard ou Montanchet
fait la séparation des finages, encore que ceux d'Auxonne « passent plus avant que ladite fosse pour le
regard de leur bois de la Feuillée ».

Les relations de voisinage avec les habitants de
Flammerans n'étaient pas précisement faciles, les habitants d'Auxonne avaient sans cesse à se défendre
contre leurs prétentions et nous allons assister à
un nouveau procès, avec appel au Parlement, qui se
terminera par la reconnaissance du droit pour les
gardiens de bestiaux de cueillir à la main des cerises et des fruits sauvages pour les manger en faisant la garde.

Par sentence rendue au bailliage de Dijon le 3
août 1554, les habitants d'Auxonne « furent maintenus et gardés précisément et deffinitivement en
la possession, saisine et jouissance et aussi du droit
négatif qu'il n'est loisible auxdits de Flamerans de
cuillir ou prendre cerise ny autres fruits croissans
es bois de la Feuillée et de Riveure en la portion
appartenant auxdits d'Auxonne aux paynes accous-
tumées sauf touteffois ausdits de Flamerans le droit
de vain pasturage pour leurs grosses et menues bestes
en ladicte portion suivant le consentement desdicts
d'Auxonne, en la possession aussy duquel droit lesdits de Flamerans furent maintenus et gardés preci-
sement et deffinitivement, ostans et levans tous troubles et iceux de Flamerans condamnés aux despens,
dommages, interest envers lesdicts d'Auxonne,
lesquels interests furent arbitrés à soixante sols tournois, de laquelle sentence lesdits de Flamerans
furent appellants en ce qui faisoit au proffict des-

dicts d'Auxonne et iceux d'Auxonne aussy appellants en ce qui faisoit proffict desdits de Flamerans. »

« L'appellation desdicts de Flamerans relevée au Parlement et exécutée par son arrest du quatorzieme d'Aoust mil cinq cens cinquante six, la susdicte sentence fut confirmée en tous ses poincts suivant et conformement au partage fait entre les parties le seiziesme de juin mil quatre cens soixante un et sauf aux pasteurs et gardes des bestes grosses et menues desdictes parties respectivement de pouvoir estans esdicts bois sur les portions l'une de l'autre cuillir à la main quelques cerises et fruicts croissans pour en manger sur les lieux en faisant la garde desdictes bestes sans qu'il soit loisible ausdictes parties les vendre ou transpourter hors le lieu ny y commectre aucun abuz ou fraude ny faire aucun degast et lesdicts de Flamerans condemnés es despens de la cause principalle dommages et interests arbitres à soixante solz. Ledict arrest exécuté par sieur commissaire de ladicte cour ledict jour. »

Aujourd'hui il n'est pas rare de voir un petit pâtre de Flammerans manger du chocolat avec son pain en gardant au bois les vaches de ses parents ; au XVIᵉ siècle il parait qu'on tenait à croquer quelques cerises ou quelques pommes sauvages avec son morceau de pain noir ; c'était bien naturel ; il est également intéressant de noter ce procès en passant.

A l'autre extrémité de la forêt, les habitants d'Auxonne avaient aussi un procès à soutenir contre

Antoinette de Châteauneuf, dame de Billey, au sujet
de l'exercice de la justice.

Une sentence du bailli de Dijon du 25 avril 1539
ayant maintenu les habitants d'Auxonne contre la
dame de Billey dans la faculté de pouvoir exercer
tous actes de justice « dès le bief des Poiabiefs tirant
contre ledict Auxonne a commencer depuis le pont
de Biarne jusqu'au pont de la Vignotte » il y eut appel au parlement. L'arrêt rendu le 28 juin 1542
maintient et garde « iceulx opposans précisement et
deffinitivement au droict et faculté de pouvoir exercer tous actes de justice, tant de prinse de mesusans
qu'aultres doiz le bief des Pabiefz aultrement dict
le bief de l'estang à commancer doiz la bonde de
l'estang de Biarne jusques au premier pont du molin
de la Vignotte ».

Entre autres pièces versées aux débats, il convient de signaler, car c'est sans doute un des plus
anciens plans qu'on retrouve dans un dossier de procès, un plan sur parchemin de 0^m,83 de largeur sur
0^m,53 de hauteur, au dos duquel est écrit :

« Carte et discription faicte en platte painture en
forme geometrique sur du parchemin de tous les limites et finaiges circonvoisins du finaige et territoire
de la ville d'Auxonne, tant du Duchié que Conté de
Bourgoingne, Par laquelle appert que le bief des
pabiefs separe les finaiges et territoire dudict Auxonne avec celluy de Biarne audict conté de Bourgoingne et aultres. Et que les preez estans deca ledict bief
sont du finaige dudict Auxonne. »

« Pour le Procureur sindicq de laditte ville demandeur en mesuz faicts esdictz preez des pabiefs. »

Contre

« Claude Joly dudict Biarne. Pour lequel les habitans dudict lieu ont prins le faict en mains. »

Ce plan qui donne la limite du bois des Crochères, avec l'ermitage et la croix de Saint-Remy et l'indication du chemin qui est devenu l'amorce de la grande sommière des bois communaux d'Auxonne, paraît avoir été dressé avec le plus grand soin et sans insister sur la représentation des vieux troncs d'arbre, du moulin avec sa roue, du village de Billey avec son église à clocher et ses palissades, de la pelle de l'étang avec sa maisonnette, nous tenons à faire remarquer les deux bornes armoriées aux armes de la ville d'Auxonne et les deux ponts de la Vignotte figurés en bois.

En effet un nouveau procès s'étant produit entre les habitants d'Auxonne et ceux de Billey au sujet du temps de la vive et vaine pàture, une transaction intervint le 26 novembre 1560, aux termes de laquelle le vif pâturage devait commencer le dimanche avant la Nativité de Notre Dame Vierge et durer jusqu'au dernier jour de janvier ; pendant ce temps les habitants de Billey ne pourront envoyer leur bétail dans les Crochères.

Ils doivent entretenir les deux ponts et même faire celui de la Vignotte en pierre de bonne largeur telle que deux chariots l'un auprès de l'autre puissent aisément passer et au delà un bon chemin rempli de moellons de pierres sur huit toises du côté de Sampans. Les habitants d'Auxonne ne fourniront plus dorénavant de bois pour l'entretien de ce pont, comme ils y étaient tenus. Sur le second pont, quand il y aura des inondations, les habitants de Billey devront établir une passerelle sur chevalets pour qu'on puisse passer sans se mouiller les pieds ; mais les planches seront prises dans la forêt des Crochères.

Trois ans plus tard, en 1563, on plante huit bornes de 2 pieds 1/2 de long, 1 pied 1/2 de large, et 1/2 pied d'épaisseur, la première est plantée au commencement du chemin en bas de Villers-Rotin joignant par le dessus au bois des Crochères, et la huitième borne se trouve au bas de Bouquerans.

En rendant l'arrêt ci-dessus relaté à la date du 28 juin 1542, au profit de la ville d'Auxonne contre la dame de Billey, le parlement n'avait fait qu'obéir au mandement du roi François Ier de lever tout empêchement apporté à l'exercice des droits de justice de la mairie d'Auxonne et de son procureur syndic. Les privilèges d'Auxonne avaient été confirmés par Henri II en février 1547 et par François II, en mars 1559.

Cependant, nous rapporte un mémoire imprimé que nous aurons l'occasion d'analyser plus tard, « les delinquants et mesusans dans les Bois et Forets de la Crochère et de la Feuillée s'avisèrent de soutenir qu'ils en devoient etre quittes pour sept sols d'amende, à moins que les raports des sergens ne fussent attestés par des témoins. Cette pretention n'etait étayée que sur ce que les amendes s'adjugeoient par les maire et echevins d'Auxonne, qui instituoient aussi les Sergens et gardes forestiers.

« Pour remédier à ces abus, les maire, échevins et habitans d'Auxonne se pourvurent au roi Charles IX et lui exposèrent par leur supplique, qui est raportée dans le preambule des Lettres Patentes dont il s'agit, qu'ils etoient seigneurs propriétaires de deux bois et forêts, l'une apellée la Feuillée, en laquelle ils avoient droit de justice, haute, moyenne et basse, et l'autre apellée les Crochères, dont la justice apartenoit au roi ; mais que pour la garde desdits bois, ils avoient droit de commettre gardes et forestiers, pour raporter en justice les mefaits, mesus et abus qui s'y commettoient, sur lesquels raport les mayeur et échevins avoient droit de juger les amendes et condamnations suivant l'exigence des cas. Ils ajoutent que si la pretention des délinquants avoit lieu, les forets seroient bientôt degradées au préjudice du bien public et de la ville, qui n'avoit d'autres moyens de subvenir aux réparations des ponts et autres dont ils étoient chargés. Sur ces représentations, il fut ordonné, pour obvier aux degradations et maintenir les droits, autorités et privileges de la ville sur ses bois, que les amendes, condamnations, forfaitures et interêts, seroient jugés par les maire et échevins, sur le raport des gardes et forestiers, tout ainsi qu'il avoit été ci-devant fait et que les maitres des eaux et forèts avoient accoutumé faire suivant les ordonnances, sur le raport des sergens et gardes, sans qu'il fut besoin d'autres plus amples temoignages, dont les maire et échevins demeuroient en tant que besoin dechargés. »

Ces lettres patentes du roi Charles IX sont du 23 août 1561 ; mais l'édit d'Amboise de janvier 1572

allait de nouveau remettre en question l'exercice de
la juridiction et de la police par les maire et échevins d'Auxonne ; ces magistrats s'en émeuvent, ils
font de très humbles remontrances au roi qui par
lettres données à Saint-Germain-en-Laye, le 14 janvier 1574, déclare « que par ledit reglement fait à
Amboise nous n'avons entendu comprendre nostre
dite ville d'Auxonne ne innover aucune chose en
l'exercice de la police, juridiction d'icelle appartenant aux mayeur et échevins ».

Henri III, quelque temps après son avénement,
« considerans que ladite ville est sur l'entrée du
royaume et l'une des principales clefs ou boulevart
d'icellui » s'empressa de confirmer les priviléges des
habitants d'Auxonne (septembre 1575) ; c'est aussi
ce que se hâta de faire le bon roi Henri IV quand en
avril 1595 il accorda des lettres d'abolition à Claude
de Beauffremont, baron de Senecey, gouverneur,
aux maire, échevins et habitants d'Auxonne pour
la part qu'ils avaient prise aux troubles de la Ligue.
« Et en ce qui touche les maire, échevins, manans
et habitans de nostre dicte ville d'Auxonne, nous
leur avons, par ces mesmes présentes, confirmé et
confirmons tous et chacun leurs privileges, franchises, libertez et immunitez, pour en jouir ansin qu'ilz
ont bien et deuement faict par le passé, sans aucune diminution. » Les magistrats d'Auxonne étaient
jaloux de leur droit de justice et ils ne manquaient
aucune occasion de prendre des mesures conserva-
toires.

« Le vingt cinquiesme de may mil cinq cens quatre vingt dix-neuf les jours de la mairie dudict Au-

xonne furent tenus par le magistrat audict bois de la Feuillée pour en conserver la possession. »

Ils consultaient aussi les avocats au parlement sur l'étendue de leurs droits :

« Par advis des sieurs de Villers et de Frazans advocats au parlement du vingt-troisième d'octobre mil six cens et deux au faict des amandes des mesus au bois de la Feuillée appartenant à la ville, ils deslibérèrent qu'encour que le roy à cause de la prévosté d'Auxonne ayt les deux tiers des amandes es bois des Cruchères il ne s'ensuit pourtant qu'il ayt droit es amandes des bois de la Feuillée comme estant une acquisition particulière faitte par lesdicts d'Auxonne et qu'il est séparé tant par denommination qu'autrement de celuy des Cruchères. »

Si les magistrats d'Auxonne avaient juridiction sur le territoire d'Auxonne, il importait d'assurer la fixité des limites. C'est ainsi qu'aux dates de 1613, 1616 et 1624 on trouve trois procès-verbaux de tranchées séparatives faisant limites entre les bois des Crochères et les bois de Chevigny.

D'autre part au mois d'août 1619 on fait une reconnaissance de bornes et une nouvelle tranchée entre les bois de Germigny et les bois de Peintre, et comme les anciennes bornes étaient fort usées par le temps on planta de nouvelles bornes le 20 mai 1620 « aux mesmes lieux que les premières estoient ». Cette plantation de bornes avait été occasionnée par « l'instance de trouble intentée au bailliage dudict Auxonne par les dicts de Paintre contre lesdicts d'Auxonne... lesquels de Paintre furent maintenus et gardes en la possession et jouissance du droit de parcours hors grenier et après la quarte feuille au boys et finage de Germigney avec deffence ausdicts d'Auxonne et tous autres de les y troubler ou empescher à peyne de garde enfreinte et de l'amende arbitrairement, iceux d'Auxonne condamnés aux interests du trouble liquides à vingt sols et aux despens de l'instance. »

L'entretien des périmètres laissait fort à désirer et pour ne pas exiger de leurs forestiers qu'une tranchée constamment élaguée permît de voir de borne en borne, les Magistrats d'Auxonne devaient à intervalles assez rapprochés procéder contradictoirement avec les voisins à la reconnaissance des limites. C'est ainsi que « le deuxiesme novembre mil six cens vingt six fut faicte une nouvelle tranchée des bois de la Feuillée appertenans à la ville d'Auxonne avec ceux de Flamerans ».

Après avoir montré avec quel soin et quelle persévérance les magistrats d'Auxonne ont soutenu tous les procès qui devaient tendre à défendre ou à établir leurs droits de propriété et de juridiction, il convient d'examiner maintenant comment était réglée la jouissance de la forêt communale.

Comme nous l'avons vu dans le titre de 1298, les habitants d'Auxonne avaient l'habitude de trancher bois dans la forêt des Crochères et d'emporter ce bois ; mais ils devaient respecter les chênes et les arbres portant fruits et ne prendre que le bois nécessaire à l'affouage et à toutes leurs nécessités. Pour le chauffage ils commençaient par prendre le bois sec « soit cheu soit sec sur son piedz » et ce der-

nier ils le coupaient avec « coignée, serpe, ou goys »
et ils liaient leurs faix avec « roortes » faites de
« mansenne, charme et encore sausse ». Ces essences leur servaient également à faire des liens pour
« loier leurs blez, avoines et autres grains ». Le frêne
était employé pour « les ridelles et les bornes de
leurs charrettes, les fourches et les râteaux » et aussi
« pour chevilles es chars, charrettes et charrues ». Le
coudrier était utilisé pour soutenir les clôtures d'é-
pines autour des champs, il servait aussi à faire les
« brochons », sortes de corbeilles en usage pour transporter le fumier, la terre, les matériaux à bâtir. Les
jeunes gens allaient également « dans li bois le jour
de mai cuillir rameaux et feullage ». On ne réser-
vait que les « chasnes et autres arbres pour les bastimens de ladicte ville eloignée de perrieres de plus
de deux grandes lieues et pour les ponts, barrieres,
grandes reparacions et fortificacions qu'il convient
faire en ladicte ville assise sur la riviere de Soone ».
Et ces arbres étaient loin d'être en quantité suffisante pour ces différents besoins ; les forêts ducales
et plus tard royales de la châtellenie de Pontailler
durent en maintes circonstances être mises à contribution. Avec le régime de la libre jouissance du
taillis par les habitants, une forêt, fût-elle, comme
celle des Crochères, située sur un sol frais, profond
et fertile, ne saurait résister longtemps. Aussi dès
1481, trouvons-nous à la date du 29 décembre des
lettres patentes du roi Louis XI défendant « à toutes
personnes de quelque qualité et condition qu'elles
soient de prendre et coupper bois es bois des Cruchères et alentour de la grande levée et chaussée du-

dict Auxonne ». Un règlement de police de l'année 1488 défend :

« A tous habitans d'aller cuillir ny faire cuillir dans les bois de la ville aucuns coudres, ny faire cercles, ny coupper, ny amener chaisnes vifs ou morts, pommiers ny poiriers ou autres arbres fruicts portans.

Et aux fourniers, boulangiers et thuilliers de prendre esdicts bois aucuns bois dans lesdicts bois ny aux communaux de ladicte ville, comme de tous temps ils en ont esté forclos.

Et à tous de faire et apporter ou amener fagots desdicts bois de la ville.

Ny amener les estelles qui proviennent des bois gobelés, escarris ou façonnés. »

Cette défense générale ne devait pas tenir long-temps contre les exigences de la population et il semble qu'on en arriva bientôt au système de ne livrer aux habitants qu'une partie de la forêt, pour permettre aux autres cantons de se reconstituer. « Par deliberation de la chambre de ville du trézième de febvrier mil cinq cens trente quatre, le bois de la Feuillée ayant precedemment esté mis en ban et deffence le temps de six ans fut abandonné aux habitans de ladicte ville et non autres pour y coupper, cuillir, abattre et amener en ladicte ville à la reserve des fourniers et thuilliers ausquels la couppe des bois communaux estoit deffendue par les anciennes ordonnances, aux conditions suivantes :

Assavoir que l'on deffend de coupper en iceux bois ceux portans fruicts qui sont le chaisne, le pommier, le poirier, le cerizier, aussi ne seront mis en fagots sinon ceux que les habitans porteront sur leur col.

Et pour user du reste dudict bois les habitans ne pourront envoyer audict bois qu'une charrette et un serviteur ou un chariot avec un serviteur ou deux et non plus qui pourront faire dudict bois à mesure qu'il l'ameneront sans en faire amas ny morceaux, sans aussi le pouvoir vendre ailleurs que dans la ville et seront tenuz les maistres d'y respondre du mesus de leurs dicts serviteurs, le tout à peyne de l'amande de soixante cinq sols, interests et confiscation dudict bois, ladicte amande de soixante cinq sols applicable à la fabrique de l'église dudict Auxonne, excepté les cinq sols qui appartiendront aux messiers et forestiers.

Et moyennant ladicte permission toutes les aiges et autres bois de ladicte ville furent mis en ban et deffence aux peynes que dessus, excepté bois de cloison et lyens. »

La faculté de prendre le bois mort des essences précieuses pour en faire des fagots à porter à dos, et d'exploiter les essences secondaires pour en faire des charges de charrettes et de chariots, comme aussi de prendre dans toute la forêt des épines pour clôture et des liens ne devait pas pouvoir être exercée sans de graves abus ; aussi les magistrats sollicitent-ils de nouveau l'intervention royale qui se manifeste par des « lettres du Roy Charles neufviesme données à Blois le quatorzieme d'octobre mil cinq cens soixante et onze par lesquelles pour la grande commodité que ladicte ville d'Auxonne a de la grande levée et chaussée et du bois des Cruchères, inhibitions et deffences sont faittes à toutes personnes de quelque qualité et condition qu'elles soient d'aller ou envoyer soit par eux et leurs serviteurs domestiques ou autres directement ou indirectement prendre, coupper, abattre ny enmener aucun bois tant desdictes forests des Cruchères et de la Feuillée que de ceux qui sont et seront plantés pour l'entretenement de la dicte chaussée soit qu'ils soient debout ou par terre, ny pareillement prendre ny transporter les pierres et matières desquelles ladicte levée est baptie et à peyne de punition corporelle, confiscation de chevaux, chariots, harnois, armes ; amendes, interests et autres peynes arbitraires, et affin que personne n'en puisse prétendre cause d'ignorance, sadicte Majesté veut lesdictes lettres estre publiées à cris publics es jours de marché et es lieux accoustumez en ladicte ville d'Auxonne, après laquelle publication elle ordonne estre procédé contre les contrevenans comme contre larons, transgresseurs et infauteurs des edicts, voulloir et intention du Roy, sans user de longueur ny conivence nonobstant oppositions ny appellations quelconques et sans préjudice d'icelles pour lesquelles ne sera différé. »

Cette mise en défends prononcée par le Roi pouvait-elle atteindre les habitants de Villers-Rotin, usagers dans la forêt des Crochères ? le bailli d'Auxonne ne le pensait pas et par sentence du 1er décembre 1573, rendue sur l'opposition des habitants de Villers-Rotin, les habitants d'Auxonne furent déboutés de l'entérinement des lettres patentes en ce qui regardait Villers-Rotin. Sur appel et nouveau pourvoi au Roi, sa Majesté, par lettres données à Saint-Germain-en-Laye, le 1er février 1574, ordonna au bailli d'entériner les premières lettres. C'était reconnaître ce principe réglementaire du droit d'usage, que la jouissance de l'usager doit céder devant la dégradation de la forêt. Mais n'était-ce pas outrer les mesures préservatrices que d'interdire le ramassage du bois mort? d'autant plus que le conseil de ville allait être obligé de faire des exceptions.

« Par délibération du douziesme de febvrier mil cinq cens soixante et dix-neuf fut permis à M. de Pellessier, lieutenant de M. le vicomte de Tavane, gouverneur des ville et château d'Auxonne, de prendre du bois mort aux Crochères pour son chauffage et cependant le temps de trois mois avec une charrette seullement et lequel bois mon ledict sieur de Pellessier feroit faire et charier à ses fraiz et non à ceux de la ville.

Par autre délibération du dixiesme d'apvril audict an fut donnée mesme permission à maistre Laurent Borthon attendu son nombre d'enffans, sans tirer à conséquence. »

Malheureusement toute concession en dehors du droit commun tire à conséquence ; Borthon trouvait bon de continuer à jouir de sa situation privilégiée, mais il doit rentrer dans la règle commune.

« Par autre deliberation du quatorziesme d'apvril audict an (1581) Mᵉ Laurent Borthon ayant demandé la continuation de sa permission de prendre du bois mort aux bois de la ville pour son chauffage comme ayant treize enffans, sa femme enceinte, il lui fut reffusé et faict deffense d'en prendre davantage à peyne de l'amende et de n'en user que comme les autres habitants.

Par arrest du trentiesme de mars audict an (1582) sur ce que Me Laurent Borthon demandoit que la permission à luy concédée par les maire et eschevins de la ville d'Auxonne de prendre du bois mort pour son chauffage es bois de la Cruchère et Feuillée tiendroit pour l'advenir, icelluy en fut debouté. »

Le lieutenant du capitaine du château aurait aussi voulu abuser de sa situation, mais le procureur syndic sait défendre l'intérêt de la ville.

« Par arrest du quatriesme d'aoust mil cinq cens quatre vingt deux entre le procureur syndic de la ville d'Auxonne contre le sieur Henry de Vercey lieutenant du cappitaine du chasteau dudict Auxonne, il luy fut faict deffense de coupper ou faire coupper bois es bois des Cruchères sans la permission des maire et eschevins dudict Auxonne, jusques autrement soit ordonné sur peyne de l'amende arbitrairement. »

Les magistrats devaient en effet prendre incessamment des mesures pour réprimer les abus provenant des permissions :

« Par delibération du sixiesme d'apvril mil cinq cens quatre vingt quatorze sur la requeste des abesse et religieuses de sainte Claire du couvent de ce lieu de continuer la permission d'aller prendre des bois morts es bois de la ville pour leur chauffage, fut résolu que lon leur fera remonstrance du grand abus commis par leur vallet couppant indifferement les jeunes chasnes. Pour le corriger et neantmoins par forme d'aulmone et charité leur fut continuée ladite permission jusques au dernier de decembre prochain avec deffence d'en abuser à peyne de decheoir de

ladite permission pour tousiours, pour rafraîchir ladicte permission d'année à autre pour leur etre accordée ou refusée selon la nécessité et occurancedes
affaires. »

Les Capucins furent moins bien traités en 1618 :

« Sur requeste des pères Capucins du couvent de ce
lieu d'Auxonne fut octroyé des bois morts dans les
bois de cette ville pour leur nécessité et chauffage,
il fut appoincté le dix septieme de juin audict an que
l'on ne leur pourroit accorder le contenu en ladicte
requeste, attendu la conséquence. »

Par contre, en 1621, on accorde du bois mort pour
cuire un fourneau de chaux destiné à la construction
du nouvel hôpital :

« Par deliberation du trentiesme de juillet sur la
requeste des directeurs de l'hospital dudict Auxonne
il leur fut permis de prendre du bois mort dans les
bois de la ville pour faire un fourneau de chaux hors
ledict bois pour la construction du nouveau hopital. »

Le conseil doit aussi prendre des mesures protec-
trices contre les voisins de la forêt et contre les soldats de la garnison.

« En l'année mil six cens vingt quatre par délibération du conseil fut résolu qu'il ne seroit donné
permission à aucuns d'essarter proche les bois
de la ville pour esvitter aux abus.

« Sur la requeste présentée par les maire et eschevins et procureur syndic de la ville d'Auxonne
le septiesme de may mil six cens quarante six à Monsieur de Machaut, intendant de la justice, pollice et
finance en Bourgógne et Bresse, fut faicte deffence
aux soldats de la garnison dudict Auxonne de coupper

ny emmener aucuns bois de chasnes ny autres des
forests dudict Auxonne sur telles peynes qu'il appartiendra et en cas de contravention qu'il en sera informé par le premier juge royal ou gradué sur ce
requis. »

Les chênes et les autres arbres étaient en effet
réservés pour les ouvrages d'intérêt commun et pour
les bâtiments des particuliers dans la ville.

Pour avoir droit à des délivrances de bois d'œuvre,
il fallait justifier de la possession d'une maison dans
la ville ; le concessionnaire devait payer un droit de
marque et une redevance.

On lit dans le compte de 1494 :

« Autre recepte pour la marque des bois des Crochieres appartenant à la ville delivrés aux habitans
et aux autres ayans maison en ladite ville : xxxx pics
de bois — vi gros viii d — cc pics de bois xxxiii gros
4. d. »

Quant aux redevances nous en trouvons l'énumé-
ration dans l'inventaire de Ramaille, sous le titre :

DROITS QUI SE PAYENT POUR CHASCUN PIED
DE BOIS POUR BASTIR.

L'an mil quatre cens quatre vingt l'on paieroit
deux niquets pour chascun pied de bois qui estoit
accordé pour bastir.

L'an mil cinq cens un pour douze pieds de bois
deux gros.

L'an mil cinq cens dix huict, autant.

Par deliberation du sixiesme d'apvril mil cinq cens

quatre vingt quatorze fut résolu que pour esvitter le degast des bois de la ville et donner moyen à la fabrique de fournir et supporter les grandes despences qu'elle est contraincte de faire journellement que doresnavant tous les habitans qui voudront avoir bois pour bastir en ladicte ville payeront au proffit de ladite fabrique dix sols par pied de chasne tant de la Cruchère que de la Feuillée et ne pourroit le garde du marteau les marquer ny delivrer que premierement il ne luy fut apparu la quittance des fabriciens et les estrangers vingt sols par pied.

Par délibération du dix neufviesme de febvrier mil six cens trente un fut resolu que les dix sols par pied de bois pour bastir qui se recepvoient par la fabrique le seroient pendant trois ans pour l'hospital pour aidier à la construction de son bastiment.

Par autre deliberation du dix huictiesme de may mil six cens trente quatre il fut résolu que le recepveur de l'hospital continueroit la levée desdicts dix sols par pied de bois pour bastir attendant que les recepveurs de la fabrique ayent rendu leurs comptes dont ils seroient poursuivys.

Depuis ayant esté remis à leur dict droict par fabrique, par deliberation du huictiesme de mars mil six cens quarante quatre, attendu la pauvreté d'icelle fabrique, et pour esvitter les desgats et abus desdicts bois fut resolu qu'au lieu de dix sols par pied de bois pour bastir il seroit paié vingt sols. »

Le versement préalable de la redevance et l'augmentation de cette redevance ne paraissant pas encore être des moyens assez sûrs pour épargner le bois d'œuvre de la forêt communale, une délibération du 27 mars 1581 avait réglé le mode de construction des maisons d'Auxonne : « fut résolu pour la considération des bois de la ville que les premiers estages des baptimens seroient de pierres, de briques et que lesdits baptimens seroient couverts de thuilles à peyne que autrement faits d'estre abattus aux fraiz des proprietaires et que desdicts bois ne seroient faict marches et degres, assones, clavin, palisses, manteaux de cheminées ny aix et que lesdicts baptiments qui sont faicts de bois venant à tomber ils seroient redressés en la forme susditte pour esvitter le danger de feu. »

Ces prescriptions se trouvent renouvelées dans un document reproduit dans l'inventaire entre les deux dates 1653-1656 et intitulé :

Reglement

Pour la conservation des bois des Cruchères et Feuillée appartenant à la ville d'Auxonne affin d'esvitter les abus qui s'y commettent

« Premierement qu'il ne sera permis ni loisible à qui que ce soit de faire faire desdicts bois des Crucheres et Feuillée aix, planches, marches de degrés, channites, manteaux de cheminée, bandieres, palisses, assones ni autres choses deffendues par les anciens reglemens pour le faict desdits bois.

« Qu'il ne sera permis ny loisible à qui que ce soit de prendre, coupper ny amener aucuns bois de chesnes mort soit à chart, charrette, sur le col ou aultrement à peyne de dix livres d'amende pour esvitter les abus qu'à ce suject se commettent en ladicte ville et à la ruyne desdicts bois.

« Qu'il ne sera donné aucun bois pour bastir aux habitans et autres soit dedans ou dehors la ville qu'au préalable le premier estage des baptimens qu'on voudra construire ne soit faict de pierres, briques ou carreaux et que lesdicts premiers estages ne soient elevés auparavant la concession desdicts bois nécessaires.

« Qu'il ne sera donné aucun bois à quelque habitant qúe ce soit pour faire volliere et colombier ou dedans ou dehors ladicte ville.

« Pour esvitter les abus qui se commettent esdicts bois par les maistres du marteau, il est résolu que le marteau demeurera es mains des sieurs eschevins qui iront par tour marquer les bois qui seront nécessaires tant pour la ville que pour les particuliers habitans à qui l'on concedera et accordera des bois pour bastir en ladicte ville ou hors et seront marqués lesdicts bois le mercredy de chacune sepmaine.

« Que sy quelques habitans ou autres mect ou faict mettre par terre autres bois que celuy qui luy sera marqué au marteau et armoiries de la ville, ledict bois sera confisqué au proffit de ladicte ville et le delinquant condamné en dix livres d'amende et à l'interest du bois tel qu'il sera liquidé par lesdicts sieurs mayeur et eschevins.

« Qu'il ne sera permis aux magistrats pendant l'année de leurs charges de faire abattre aucuns bois à bastir pour leur particulier quelques ordonnances qu'ils en puissent avoir, attendu les abus qui ont esté commis du passé à peyne de confiscation desdicts

bois et de l'amende, si ce n'est pour quelques nécessaires réparations.

« Sy les bois qui seront amenés pour bastir ne sont
mis en œuvre dans six mois, la ville s'en pourra
saisir pour les reparations d'icelle. »

Le règlement se termine par le rappel des dispositions de la police de 1488 que nous avons relatées
plus haut.

La seule mention que nous ayons rencontrée dans
les comptes pour la période antérieure au XVIe siècle,
relativement à la délivrance de bois à bâtir, figure à
l'année 1449.

« A Berthelomey Barbier dudict Auxonne commis
à la délivrance du bois des Croichieres dudict Auxonne pour avoir soigné au bois des Croichieres IX^{xx}
et X piez de chaine. »

Mais pour la période qui s'étend de 1571 jusqu'en
1669 les documents consignés à l'inventaire sont
beaucoup plus nombreux.

C'est tout d'abord une lettre adressée par M. de
Saulx aux magistrats d'Auxonne.

« Messieurs, parce que madame de Torpes ma mère
ma fait entendre quelle avoit fait achapt de quelque
maison au lieu de Labergement proche de ce lieu et
qui lui convient faire quelques reparacions, je vous
prie en ma faveur luy subvenir de quelques pieds de
bois a prandre en voz bois et foretz des Crochieres
de vostre ville d'Auxonne et me ferez plaisir. Faict
le vingt cinquiesme apvril mil V^c soixante et unze. »

Le personnage était de marque et on ne pouvait
refuser de lui faire plaisir, aussi en bas de la lettre
est écrit l'ordre au garde marteau et marqueur du

bois, de marquer dix pieds de bois à prendre au lieu le moins dommageable que possible et en payant pour chaque pied IIII miquets à la fabrique. L'ordre est daté du 28 avril.

S'agissait-il de la demande d'un simple particulier voulant réparer une construction sur le territoire même d'Auxonne dans la banlieue, on s'empressait de refuser en invoquant les anciens règlements.

« Par délibération du quinziesme de mars mil cinq cens soixante et quinze sur la requeste de Anthoine Camus demandant du bois pour la refection de sa grange de Champmol, il luy fut reffusé suivant les précédentes délibérations pour mesme faict par lesquelles il n'estoit permis aux magistrats de donner aucun bois pour bastir aux granges. »

Les habitants de Villers-Rotin, qui avaient essayé de s'opposer à l'entérinement à leur égard des lettres patentes de 1571 se voient également refuser du bois pour rebâtir une maison incendiée.

« Par delibération du vingt cinquiesme de mars mil cins cens soixante seize Jean Cuillerey de Villers-Rotin ayant demandé du bois à la ville pour rebastir audict lieu de Villiers-Rotin qui avoit esté brulée par accident de feu, il luy en fut faict plainement reffus et qu'il en devoit prandre dans les communaux de leur village. »

M. de Flammerans n'était sans doute pas un personnage à ménager comme M. de Saulx ou comme le cardinal de la Baulme, archevêque de Besançon.

« Par delibération du vingt huictiesme de may audict an (1579) fut reffusé à M. de Flammerans le bois qu'il demandoit par requeste pour bastir sa grange à

Lorey finage de ce lieu d'Auxonne et que ladicte requeste demeureroit à la chambre de ville pour y avoir recours.

Par autre délibération du seiziesme d'octobre audit an, suivant la lettre de M. le cardinal de la Baulme, archevesque de Bezançon luy fut accordé quatre pieds de bois des Cruchères pour faire quelques réparations en son prieuré de Jouhe, comté de Bourgogne lesquels bois seroient marquez par l'un des sieurs eschevins et iceux conduits audict lieu de Jouhe par charretiers dudict Auxonne pour esvitter abus.»

En 1581, un sieur Bernard Durant demande du bois de la ville «pour bastir sa grange au finage dudict Auxonne, cela luy fut refusé pour ce en partie qu'il ne supportoit aucune charge publique en ladicte ville.»

« En 1600, il fut reffusé à messieurs de l'église d'Auxonne deux pieds de bois pour bastir à Villiers-Rotin. »

Les magistrats se montrent cependant plus généreux envers les Capucins, mais il s'agissait d'une construction dans la ville même.

« Par délibération du dix huictiesme de febvrier mil six cens dix neuf sur la requeste desdicts pères Cappucins à ce qu'il leur fut permis de prendre dans les bois de la ville quarante sommiers et vingt pieds de bois propre à faire rassage pour la construction de leur couvent, comme aussi quantité de bois pour faire de la chaux, leur fut accordé par ausmone les soixante cinq pieds de bois portés par leur requeste sans espérance à l'advenir davantage à condition de n'en pouvoir faire ny aix ny marches de degres ny

les employer à autres raissage et usage que celuy
porté par leur requeste, lesquels bois accordés seront
marqués par le garde du marteau en presence de
trois eschevins et de leurs fabriciens aux lieux les
moins dommageables sans qu'ils en puissent prétendre plus grand quantité que ceux qui seront marquez
soit qu'ils treuvent pourris ou gastés, leur remettant
les droicts accoustumez qui se levent par chaque
pied de bois par la fabrique dudict Auxonne. »

La congrégation des Ursules avait également obtenu du bois à bâtir, et insatiable elle demande une
nouvelle délivrance en employant même la menace,
le moyen n'était pas bon.

« Par deliberation du vingttieme de may mil six
cens trente trôis les religieuses Ursules ayant ja eu
grande quantité de bois pour bastir leur couvent en
ce dict lieu et en demandant encore pour le para-
chevement sous protestation de l'obtenir en justice
en cas de reffus comme devant jouir des mesmes
droits que les autres habitans, cela neantmoins leur
fut refusé. »

Presque aussitôt après la promulgation du dernier
règlement pour la conservation du bois, M. le conseiller de Villers, au Parlement de Dijon, ayant demandé quelques pieds de bois pour bâtir à Rainans,
comté de Bourgogne, « par deliberation du XXII de
juillet 1656 ils luy furent reffuses et l'on s'en excuse-
roit envers luy pour la conséquence. »

Les magistrats d'Auxonne maintenaient avec fermeté leur règlement, mais le texte même de leur délibération montre leur désir de ne pas indisposer un
membre du Parlement, les procès qu'ils allaient sou-

tenir, après la promulgation de l'ordonnance de 1669, contre les officiers de la maîtrise leur faisaient un devoir de ne pas se créer d'ennemis parmi leurs juges.

La délivrance d'arbres ne semble pas avoir eu lieu dans le canton de Germigny que les habitants d'Auxonne venaient d'annexer définitivement à leur forêt communale en 1581. Cette acquisition avait coûté assez cher à la caisse communale et il s'agissait de combler le vide le plus tôt possible en vendant la coupe de ce canton.

« Par delibération du treiziesme de febvrier mil cinq cens quatre vingts quatorze fut résolu que ledict bois de Germigney seroit recogneu estre propre à en vendre la couppe, » et au mois de mars de la même année, les magistrats établissaient les :

« Charges et conditions soubz lesquelles se fera la vente de la couppe des bois de Germigny.

« La délivrance de ladite couppe se fera en gros du total ou en particulier par journaulx, pourveu qu'une chascune vente ne soit moindre de quatre journaulx, le tout selon qu'il sera recogneu le plus avantageux.

« Les adjudicataires et achepteurs en pourront faire la couppe et icelle commancer du premier jour d'apvril prochain pour la continuer jusques au dernier jour de mars mil V^e quatre vingt seize qui sont deux années, pendant lequel temps et encore trois mois après ils auront liberté d'en faire la traicte hors d'iceux, porveu que ce soit à cinq cens pas oultre les limites du bois des Crochieres pour le moings à faulte de quoy tout ce qui restera lors tant à coupper

5*

que à tirer demeura au proffit de la ville sans que
les achepteurs y puissent plus riens prétendre.

« Seront tenus de coupper ledit bois en forme de
taillis propre à revenue, de laisser en chascun journal la quantité de huict baliveaux de brins de chaisne
de l'aage du bois sur souches meres et des plus beaux
qui se trouveront.

« La recognoissance duquel nombre de balliveaux
comme aussi de la forme qui aura esté gardée en la
couppe dudit bois se fera à la fin desdits deux ans
aux despens des adjudicataires par ceulx que la ville
y voudra commettre. Et si en cela il y avoit de la
faulte, abus ou entreprise, ils seront tenuz en respondre.

« Ne pourront pour quelque cause que ce soit demander prolongation de ladite couppe et traicte ny
aulcung rabais, descharge ou moderation du pris de
la delivrance : ains demeureront à tous risques, perilz
et fortunes preveuz et à preveoir auxquelz ils renon-
ceront.

« Si la delivrance se fait par journaulx, arpentage
s'en fera à leurs frais avant qu'ils puissent entrer
esdites ventes. Et neantmoings ne délaissera d'estre
faicte encores une aultre fois lors de la recognoissance et si par ledit arpentaige il est treuvé qu'il
en aient heu daventaige que ce qui leur aura esté
adjugé, ils le paieront au prorata du pris. Si aussy
il se treuve moings leur sera rabattu à ceste raison.

« Paieront le pris d'icelle delivrance es mains du
recepveur des deniers communs de ladite ville
d'Auxonne devant la Saint Michiel prochainement
venant à peine d'en estre contraincts.

« Et ne pourront associer jusques au nombre de deux, trois ou quatre et non davantaige sans touteffois ne faire cession à aultres si ce n'est avec la permission de messieurs les maieur et eschevins.

« Et ne pourra estre le bois pellé sur son pied, bien en pourront prendre lescorce les adjudicataires quand il sera par terre si faire le veuillent.

« Et bailleront les adjudicataires bonne et suffisante caution. »

Ce cahier des charges était fort bien compris et renfermait les principales clauses qui figurent encore dans les cahiers des charges de l'administration des forêts. La vente eut lieu au journal.

« Par deliberation du sixiesme d'apvril audit an (1594) fut résolu que la couppe dudit bois serait vendue par journal et non en clos. »

La vente eut lieu à l'extinction des feux à raison de deux écus le journal.

La révolution adoptée pour les taillis de Germigny n'était pas longue.

« Le dixiesme de mars mil six cens et treize la couppe dudict bois de Germigney fut delivree à François Ramonnet pour la somme de trois cens livres et six seaux de cuir bouilli pour servir au danger de feu, ledict bois à trois ans de retraitte. »

On avait exploité des bois de 19 ans, on va maintenant exploiter des bois de 11 ans.

« Le premier de septembre mil six cens vingt quatre la couppe dudict bois de Germigney fut délivrée pour la somme de six cents vingt livres. »

Nul doute que le bois bien exploité, bien surveillé, soustrait au pâturage n'ait prospéré ; les vides se

sont repeuplés et le peuplement est devenu complet ;
il est cependant utile de constater qu'en onze ans la
valeur de la coupe a plus que doublé. Deux documents intéressants à rapprocher permettent d'établir
approximativement le rendement de la coupe ; c'est
d'abord un arpentage de 1599 qui assigne au bois
de Germigny une contenance de 52 journaux 2/3 et
26 perches, et ensuite le compte de 1642 des des-
penses faittes pour les bois et chandelles de la garnison de ladite ville.

« La somme de cent livres pour achapt de cinquante
moules de bois pour la garnison. »

Le compte de l'année 1613 nous donne également
des termes de comparaison ; il relate des recettes de
la vente faite à plusieurs habitants de la coupe des
bois des Aiges appartenant à la ville.

Une coupe a été vendue à raison de 7 livres 5 sols,
et une autre à raison de 10 livres le journal, non compris les frais d'arpentage.

Les bois communaux des Crochères et de la Feuillée, malgré leur étendue, étaient loin de pouvoir suffire aux besoins de la ville et des habitants, aussi les
comptes fournissent-ils de nombreuses indications
sur les dons de bois faits à Auxonne par le duc et par
le roi et sur les achats ordonnés par les magistrats.

« 1379. A Perrot le Verrotet de Flammerans ferous-
tier des bois de Brise pour XXVI pièces de bois prises ou bois de Brise pour les aleurs du grant pont
d'Auxonne.

« Pour II voitures qu'il a fées à amener le bois des
les Haies de Soissons.

« 1382. A Jehan Piet de la Marche pour l'achapt de

deux pieces de bois pour les travons sous le vaut du
pont leviz. A Girart de Champaigney pour une piece
de bois longue de trente pies. »

D'après les comptes il semble que tout le bois
pour la reconstruction du pont ait été acheté, dans
les forêts en amont sur les bords de la Saône et flotté
sur cette rivière jusqu'à pied d'œuvre. Il arrive cependant qu'au lieu de payer le prix des pièces de
bois de grandes dimensions, on donne en échange du
bois de la forêt des Crochères.

« 1384. A Penenot le maire d'Auxone pour 2 grans
pieces de bois que l'on a prises de ly pour le grant
pont Neant qu'il a repris du bois de la ville. »

Mais les finances de la ville, même soulagées par
ces sortes d'échanges, n'eussent pas suffi à la reconstruction du pont et au xive siècle les magistrats d'Auxonne savaient déjà user de la subvention, les comptes permettent d'en juger.

« 1384. Idem le mardi... furent envoyes à Diion porter le mandement au gruhier à li requerir qu'il
baille le boix que monseigneur a donné pour la réparation des pons et ne le trouvan point à Diion se
anlirent à la Doix de Serrigney ou lon leur dit qu'il
estoit et ne li trouverent point, mas leur dit lon qu'il
estoit à Arnay et la le trouverent.

« ... pour faire une supplication à Madame commant
le gruhier ne nous vouloit baille les IIe arpans de
bois que monseigneur nous a donné pour la repara-
cion des pons et ne put havoir responce jusque le
juedi suivant.

« .... furent envoyes à Diion pour paller au gruhier
du bois que monseigneur donna a la ville. »

Mais on dirait que le gruier fuit devant les délégués d'Auxonne ; ne le trouvant pas à Dijon on va le chercher à la Perrière, il est déjà parti et de guerre lasse.

« ... fust envoyé vers madame de Bourgoigne le mardi jour de la decolation saint Jehan pour panre unes lettres et porter au gruhier des Vergey a Arnay ou il li bailla les dictes lettres lesquelles contenent qu'il delivrest le bois que monseigneur avoit donne es habitans d'Auxone. »

Le gruier cède enfin, deux habitants d'Auxonne

« .. lidiz Penenoz li maires et Perrenoz Richars furent visiter lay ou lon panroit li bois. »

L'exploitation commence et les comptes enregistrent les dépenses. « A maistre Gauthier de Sauleroinges pour arpenter ledit bois le lundi avant la S. Michel lan m ccc iiii ^{xx} v.

« pour le coper et mectre en charroy.

« pour pain qu'il portat ou bois pour les charretons et ouvriers. A Amonin Alardot feroustiers des bois et à Vienot son frère pour son selaire de la ferousterie et de ce qu'il ont aidie à chargier les chers. »

Il faut bien penser que les bois du duc n'étaient pas non plus surchargés d'arbres de futaie, puisque dans 200 arpens on n'a pas trouvé tout le bois nécessaire à la reconstruction du pont et que le duc est encore obligé de donner de nouveau.

« 1387... XII ^{xx} piez de chaigne qui ont coper pour la ville en Vaivre Guillaume ou monseigneur les a donné à la ville. »

Le pont n'est pas achevé que les magistrats entreprennent de nouveaux travaux communaux et, bien entendu, sollicitent de nouvelles subventions.

« 1387... pour havoir du bois pour li molins.

« Pour parler au consoil de monseigneur comme nos heussient des bois pour li molins.

« ... qui fît la lettre close que li consoil de monseigneur li ordenit à faire adrecent au chastellain de Pontoiller que lidit chastellain venist viseter les molins quelx ouvraiges y y cogvenoit faire et combien y faillist de bois. »

Il faut croire que les gens du conseil se méfiaient de ces demandes répétées, mais les magistrats ne se découragent pas, ils envoient des faisans, des perdrix, des oisons et des poussins à ceux qui s'occupent des affaires de la ville et ils réussissent à se faire délivrer du bois pour les moulins « es aies de Soissons ».

Quand le duc ne donnait pas de bois dans les forêts de sa châtellenie de Pontailler, la ville s'en procurait à prix d'argent auprès des habitants de Perrigny et de Lamarche.

« 1398. Achapt de bois pour la nécessité de la ville.. Somme XXVII francs IX gros. »

Mais dès qu'il s'agissait de réparations pour lesquelles on pouvait invoquer l'intérêt du duc, on n'y manquait pas.

« 1411. Aultres missions faites pour li bois que madame de Bourgoigne a donné à la ville ou temps de cest compte pour faire le bois sur les fousses à la partie devers la rivière et les eschiffes sur les murs alentour de la ville, es bois de Soissons. »

Toutefois ces travaux communaux n'exigeaient pas des délivrances de bois aussi importantes que les incendies, quand la moitié de la ville brûlait, le duc était bien obligé de venir en aide aux habitants, s'il ne voulait pas les voir émigrer et abandonner sa place forte d'outre Saône.

Le 4 juin 1420, le duc Philippe avait par lettres patentes permis de forger en la ville d'Auxonne 1000 marcs d'argent pour la réparation de ladite ville brûlée.

Après le nouveau sinistre du mois de septembre 1424, les forêts ducales sont mises à contribution, ainsi qu'en témoignent les lettres patentes ci-après :

« Phelippe duc de Bourgoingne, conte de Flandres, d'Artois et de Bourgoingne, palatin, seigneur de Salins et de Malines. A notre Gruyer de Bourgoingne es bailliages de Diion, Auxois et la Montaigue salut. Receu avons humble supplication de nos bien amez les gens d'esglise, bourgeois, manans et habitans de notre ville d'Auxonne contenant que ou mois de septembre darrain passé par feu de meschief qui se prinst en notre dite ville tellement et si impetueusement que de memoire d'ome le pareil n'a point esté veu ne sceu estre advenu en noz dis pais de Bourgoingne, les maisons d'icelle notre ville, ont presques toutes esté brulees et destruites, ensemble tous les biens meubles desditz habitans estans en icelles, si que tres poux en ont esté rescoux et sauvez. Pour cause de laquelle destructions et perdition, lesdiz supplians, qui paravant estoient gens notables de bonnes facultez et chevances, ont esté et sont en totale desolacion et en regart à ce que environ cinq ans avant le cas avenu dudit feu de meschief les deux pars et plus des maisons d'icelle notre

ville avoient semblablement esté arses de feu de
meschief avec tres grant quantite de biens meubles
estans en icelles à leur moult grand grief et dommaige, ils sont disposez de pource à delaissier la
place, dont desia un très grand nombre d'eulx sont
despartiz et alez en divers lieux pour y gaignier leurs
vies, en entention de jamais retourner ne faire maisons ou habitacions en nostre avant dicte ville pour
y demourer et ainsi soit taillée de devenir en brief
temps inhabitable et aler du tout à ruyne, se ce n'estoit par le moyen de notre grace et ayde et que lesdiz supplians eussent de nous du bois pour en la
remaisonner en icelle, dont ils nous ont très hum-
blement supplié. Pourquoy nous les choses dessus-
dites considérées et que la place de notre dicte ville
est très belle, forte et bien fermée de murs et de fos-
sez, désirans pour ce et pour la seurté généralement
de notre pays de Bourgoingne qu'elle soit reediffiée,
maisonnée et peuplée, comme elle estoit paravant
lesdiz feux ou le mieulx que faire se porra, et que
lesdiz supplians et les autres qui s'en sont departiz
puissent et soient tenuz de y remaissonner leurs lieux
pour leur demourance au bien de nous et d'icelle
notre ville. Ausdiz supplians, inclinans à ladicte supplication, sur icelle en advis par grand et meure
deliberacion de conseil, avons meuz de pitié envers
eulx donné et donnons de grace especial par ces
présentes des gros bois de nos forestz es chastellenies de Pontaillier et de la Perriere et aussi de nos
bois de Soorans, ce que a chacun d'iceulx supplians
sera besoing et nécessité selon l'édiffice qu'il voldra
ou pourra faire sur son mez et heritage en notre

dessusdicte ville, dont ils sont tenuz et chacun d'eulx de vous baillier la declaracion et de l'employer es ediffices pour lesquels ils auront demandé et leur sera baillié ledit bois deans quatre ans prouchain venant sur paine de recouvrer sur eulx ou cellui ou ceulx d'eulx qui en seroient en deffaulte. Si vous mandons que par l'avis de l'un des gens de nos comptes à Dijon, que pour ce voulons estre avec vous, et aussi du maistre de noz euvres de charpenterie, vous bailliez et delivrez ou par vos lieutenans comme sergens et forestiers faire baillier et delivrer à un chacun desdicts supplians du groz bois de noz forestz de nos dictes chastellenies de Pontaillier et de la Perriere et aussi de nos dis bois de Soorans telle quantité qui lui sera besoing et nécessaire selon l'ouvrage et ediffice qu'il vouldra faire, soit en vente et par les mains des marchands ou hors vente ou lieu moins dommageable pour nous et le plus convenable et ausi pour eulx que faire se porra bonnement. Et par rapportant avec ces présentes lettres de recognoissance d'un chacun desdis supplians de ce que pour la cause et par l'avis que dessus il aura receu de nos dis gros bois et certifficacion des marchans d'iceulx ou il aura esté prins en vente et par leurs mains que la valeur desdiz bois, ainsi et par la maniere que dit est, delivrez ausdiz supplians, leur ait esté défalquée et rabatue de leur ferme et marchié. Nous voulons vous gruyer et tous autres qu'il appartendra estre deschargiez desdiz bois et la valeur d'iceulx estre allouée es comptes de nos receveurs qui se porra touchier et rabattre de leurs receptes par nos amez et feaulx les gens

de nos diz comptes à Dijon. Ausquels mandons que
ainsi le facent sans contredit ou difficulté nonobstant
l'ordonnance par nous faite de non obéir à dons que
faire porrions des bois de noz forestz ou autres de notre dit duchié mesmement es lieux dessus declairiez.
Laquelle ordonnance soubz quelconque fourme de
parolles que les lettres en soient faictes ou causées
ne voulons en regard aux choses dessus dites sortir
aucun effect ou deroguier au preiudice de ces présentes et quelxconques autres ordonnances mande-
mens ou deffenses à ce contraires. Donné en notre
ville de Dijon le XXIV jour de décembre l'an de
grace mil quatre cens vint et quatre. »

Gràce aux libéralités du duc, Auxonne renaquit
de ses cendres et d'après le chroniqueur qui a laissé
dans les archives la liste des incendies qui ont dé-
solé la ville de 1420 à 1634, il ne semble point y
avoir eu de sinistre pendant plus d'un siècle.

Les magistrats et les habitants comprirent sans
doute que les forêts ducales, puis royales, avaient
fourni leur large contribution à la réédification de la
ville, et nous ne voyons plus qu'ils s'adressent au
suzerain. La forêt des Crochères et les Aiges suffiront aux besoins.

« 1435. Le lundi XIII° jour de novembre pour une
voiture du char dudit receveur faicte es Croichières
pour le bois qui faloit encore en la galerie des Tour-
nelles des molins.

« 1443. De avoir abatuz pour icelle ville à ses missions la quantité de iiii** pieds de bois de chaine ou
bois des Cruchières pour convertir en plusieurs ouvraiges.

« 1449. Item paye à vingt-sept charretons dudict d'Auxonne qui le XXIIe jour dudict mois (mai) furent par courvées es bois des Croichères querre du bois pour reffaire le pont de Flamerans.

« 1465. Avoir charroyé et admené des Crochières dudict Auxonne certaines grosses pièces de chaine... dix voitures de fagots de rains de bois de messaulces pour employer es esclouses.

« 1480. Item pour le charroy de xlviii piez de chaigne amenez des Croichières la sepmaine de la saint Grégoire ;

« Pour le charroy de xlvii piez de chaigne qu'ilz ont amenez des Croichières pour faire les planches pour le pont pour passer l'artillerie.

« 1508. Pour le charroy d'ung cent de planches des les Croichères jusques sur le grand pont.

« 1537. Mardi 26 juin. — Pour ce que la ville a promptement nécessité de bois pour les molins de la Brisote et que bonnement l'on ne ose copper bois es Croichières a raison du fruit qui y est présentement a esté conclud que l'on prendra du bois parmy la ville de ceulx qui en ont heu et ne l'ont mis en œuvre selon le temps sur ce introduict. »

C'était en effet faire acte de bonne administration que de ne pas couper des chênes chargés de glands en plein mois de juin et aussi de faire rendre à ceux qui ne l'avaient pas utilisé le bois qu'on leur avait délivré dans la forêt communale pour leurs bâtiments.

Malheureusement ces bàtiments étaient encore en bois et le 4 mai 1553 « advint un feu en cette ville appellé vulgairement le grand feu d'Auxonne lequel

consomma plus de 300 tant granges que maisons
et les moulins de la Brizotte ».

Comme pour l'incendie de 1424, les magistrats
pensèrent à ménager leur forêt communale et à demander au roi des bois de construction. Par lettres
patentes du 24 juin 1553 le roi Henri II donna dans
les bois de la châtellenie de Pontailler 1000 pieds d'arbres de haute futaie ensemble les queues et branches
« pour réédifier leurs maisons brulées ». Mais si on
reconstruisait des maisons en bois recouvertes en
bardeaux ou en chaume, on s'exposait à un nouveau sinistre. Aussi le roi permit-il de vendre ces
1000 pieds d'arbres pour les deniers en provenant
être employés en achat de tuiles pour couvrir les
maisons.

La crainte du feu était devenue un grave sujet de
préoccupation pour le conseil de ville qui se rendait
parfaitement compte que la forêt des Crochères était
incapable de fournir le bois d'œuvre nécessaire à
l'entretien d'une ville entièrement construite en bois.

La forêt communale était en effet loin de présenter sur toute son étendue un peuplement complet,
le mode de jouissance du bois mort et du taillis, les
abus dans la délivrance du bois d'œuvre, les dégâts occasionnés par le pâturage avaient contribué
au dépeuplement. Le conseil de ville devait compter
avec les habitants de la ville propriétaires de bétail
et avec les usagers des paroisses voisines dont les
droits avaient été reconnus ; mais quand il le fallait,
il ne craignait pas de risquer sa popularité pour res-
treindre les limites du parcours.

« 1550. L'on deffend à tous tant habitans de ceste

ville que aultres qui ont droit de parcours dedans les bois des Crochières appertenans a ladicte ville de n'envoyer ou faire envoyer leurs bestiaulx pasturer dedans le bois qui est audit bois des Crochières qu'est à prandre depuis la mare de Godefroy jusques sur les limites de Chevigney et depuis lesdictes limites jusques au long du bois de monseigneur de saint Helie, seigneur dudit Chevigney, tirant depuis lesdites limites jusques au prey Florance et depuis ledit prey Florance jusques à la courvée de Sⁱ-Romain parceque ledit lieu a esté reservé pour et à cette fin de le faire repeupler d'arbres de chaisnes duquel il est présentement quasi en tout desnué et à peine contre les contravenans de l'amende de soixante cinq solz, dommaiges et interestz. »

Est-ce dans le même ordre d'idées qu'en 1537 on avait pas osé exploiter au mois de juin des chênes chargés de glands, pour que ces glands repeuplent les vides ; c'est peu probable. On avait probablement en vue la paisson. L'élevage des porcs était subordonné à la fréquence et à l'abondance des glandées. La population de la ville était par conséquent très intéressée à la paisson, puisque de la paisson dépendait la production et la consommation de la viande de porc, qui n'était point alors objet d'importation.

C'est en 1428 qu'on commence à lire dans les comptes la mention de la : Recepte de la paisson du bois des Crochières et l'objet devait être d'importance puisque dans son inventaire Ramaille a soin de rappeler que :

« Par le premier inventaire de l'an mil cinq cens

et dix des tiltres et papiers de la ville d'Auxonne, il est fait mention d'une admodiation de la paisson des bois des Crochères et de la Feuillée au proffict de ladicte ville l'an mil quatre cens trente neuf. L'an mil quatre cens trente neuf : soixante et dix francs. »

Toutes les fois qu'il en trouve l'occasion, il donne le prix de location de la paisson, et quand il n'y a pas de glands il le note.

« 1473. Il n'y eust aucuns glands et point d'admodiation.

« 1513. Par statut de l'an mil cinq cens treize, les admodiateurs de la glandée des bois de la ville ne pouvoient mettre dans lesdicts bois les porceaux des villages voisins ny autres oulctre et passé la feste purification nostre dame et au regard de ceux leur appertenans ils les pourraient entretenir jusques à la feuille nouvelle. »

Nous croyons intéressant de donner ci-après la série des prix d'amodiation relevés dans l'inventaire pour montrer combien cette ressource était aléatoire, combien les glandées étaient peu fréquentes et combien variables se trouvaient par conséquent ces sortes de revenus. On pourra en tirer également d'utiles indications sur les difficultés de la vie matérielle à la fin du xvie siècle et au commencement du xviie siècle. La paisson dans la forêt communale d'Auxonne fut amodiée. 1574 : 650 livres. — 1575 : 190 livres. — 1582 : 300 livres. — 1591 : 285 l. — 1592 : 396 l. — 1596 : 30 l. — 1598 : 2460 l. — 1599 : 975 l. — 1600 : 2310 l. — 1602 : 300 l. — 1605 : 2810 l. 1606 : 2925 l. — 1607 : 100 l. — 1608 : 1120 l. — 1609 : 30 l. — 1610 : 22 l.

Il est probable qu'en 1611 il n'y eut pas de glandée et par suite pas d'amodiation ; en 1612 les apparences étant plus favorables les magistrats, qui n'étaient pas tenus par des règlements administratifs mais qui profitaient des circonstances comme de bons pères de famille, amodièrent la paisson à bail pour 12 ans au prix de 4100 livres. En 1624 le bail fut renouvelé, mais cette fois pour une durée de 29 ans.

« Le jeudi jour de feste Dieu sixiesme de juin audict an fut faicte delivrance de la glandée et paisson des Cruchères et Feuillée appartenant a ladicte ville pour vingt neuf années commançantes à la présente moyennant la somme de neuf mille livres pour fournir aux adjudicataires des conditions de l'acquittement des debtes de la ville conformément à icelles conditions. »

Il est fort à douter qu'aucune municipalité de la Côte-d'Or songe aujourd'hui à gager un emprunt sur le prix de location de la paisson dans ses bois communaux.

Le revenu moyen de la paisson dans la forêt d'Auxonne ressort à 300 livres par an et ce chiffre est confirmé par le bail de 1653, moyennant le prix de 3000 livres pour une durée de 10 ans.

Le produit de la paisson n'était point une quantité négligeable dans le revenu de la forêt communale ; quant à la chasse qui aujourd'hui représente un des produits accessoires les plus importants des forêts communales, quelques notes des comptes et un chapitre spécial de l'inventaire de Ramaille peuvent donner des notions assez complètes sur l'exer-

cice du droit de chasse au moyen âge dans une forêt
communale.

Jurain, dans son *Histoire de l'antiquité et prérogatives de la ville et conté d'Auxonne*, rapporte
que Philippe le Hardi, par lettres patentes du mois
de juin 1380, reconnut aux habitants d'Auxonne le
droit :

« De pouvoir aller à la chasse à cors et à cris, et
à toutes sortes d'engins, tant aux bestes fauves, noi-
res qu'autrement et tant dedans les bois des Crochères et la Feuillée qu'au finage et territoire d'i-
celle ville, auquel privilege ils furent maintenuz par
garde possessoire contre les seigneurs et habitans
de Flamerans, le 20 février 1453. »

Le compte de l'année 1395 comprend des dépenses faites par des habitants,

« Qu'il ont faite la grant haye qui est au chemin de
Clevigney pour faire la chasse par l'ordonnance des
maire et eschevins et aultres et y davoist estre monseigneur le bailli ; »

« Et aultres compaignons qui furent mandez ansemble leurs chiens qu'ils firent hayes devers le
chemin de raagnans. »

Le chapitre de l'inventaire : Concernant la chasse,
commence à l'année 1403.

« Par traitté faict entre les habitans dudict Auxonne et les habitans du village de Chevigny, conté de
Bourgoigne à cause de quelques droicts qu'ils ont ou
bois des Crochères, entre autres choses il est dit
concernant la chasse au mois de juin mil quatre
cens et trois que les seigneurs, dame et habitans dudict Chevigny ne pourront faire hayes ou chasser

6*

dans les confins ausquels ils ont parcours appartenant ausdicts d'Auxonne sans la licence des maire et eschevins dudict Auxonne.

« Ne pourront aussy lesdicts de Chevigny quand lesdicts habitans d'Auxonne voudront chasser dans lesdicts confins empescher leur chasse ny amener leurs bestes pasturer le jour de ladicte chasse, au lieu où lesdicts d'Auxonne auront faict leurs hayes ny près d'icelles pourveu que lesdicts d'Auxonne la nuict devant la chasse leur ayent fait savoir icelle. »

Le traité du 23 juin 1410 avec les habitants de Billey reproduit absolument les mêmes clauses.

En 1426 la mention d'une somme payée au procureur de la ville « pour avoir exécuté les deux cas de nouvellement, l'ung de la chace que avoyent faict les manans de Flamerans es prez de loiez ou finaige d'Auxonne » prouve que les habitans d'Auxonne ne reculaient pas devant les frais d'un procès pour maintenir leur droit exclusif de chasse sur leur territoire. Ils savaient d'ailleurs offrir à propos la distraction d'une chasse à un personnage influent.

« 1428. De la despense faite en son hostel pour le fait de la chasse faite en Rousière par monseigneur le maréchal de Bourgoigne. »

Ou bien encore ils envoyaient des cadeaux de gibier.

« 1433. A lui pour le fait de la chasse du serf qui fut envoyé à Diion à madame la duchesse, pour les missions d'icelle tant pour les veneurs et despens des chiens comme autres. VIII fr. III gros.

« A messire Jehan Alyot d'Auxonne pbre pour une douzaine et demi de graces cailles achetées de lui

le prix de six gros lesquelles furent envoyées et
données de part la ville ausdicts présidant et recepveur. »

Le procès avec le seigneur de Flammerans au
sujet de la chasse ne se termina qu'en 1435.

« La cotte cent douze du premier inventaire concerne le droit que les habitans d'Auxonne ont de
chasser par tout le finage dudict Auxonne en toutes
bestes sauvages grosses et menues avec tous engins
et y sont rapportés plusieurs autres droits appartenans ausdicts d'Auxonne et le trouble qui leur auroit esté faict par Jacob de Flammerans sieur dudict
lieu et ses serviteurs audict finage au lieu dict en
Revaisard en une place appelée le Champ de Mer-
cerot et appert par les pièces que ledict sieur et
les habitans dudict Flammerans declarent qu'ils ne
pretendent droit ny ne veuillent empescher lesdicts
d'Auxonne en la jouissance des choses susdictes. »

A peine les habitants d'Auxonne en ont-ils fini
avec le seigneur et les habitants de Flammerans
qu'ils ont à soutenir un procès en responsabilité contre le seigneur et les habitants de Chevigny. Les
pièces de ce très curieux procès, qui se trouvent
aux Archives départementales de la Côte-d'Or, sont
malheureusement incomplètes et force est d'y suppléer par quelques déductions.

Une bande de sangliers fréquentait sans doute la
forêt des Crochères et sortait du fourré pour aller
au gaignage dans les terres de Chevigny voisines des
bois. Ces animaux y causaient des dommages ; le
seigneur et les habitants de Chevigny, voulant user
du droit de défense, émirent la prétention de pour-

suivre les sangliers dans la forêt ; les habitants d'Auxonne s'y opposèrent alléguant que ces animaux, essentiellement nomades, pouvaient être un jour dans les Crochères et le lendemain fort loin. Pour s'assurer de la présence des sangliers, on eut recours à des veneurs d'expérience, on ne pouvait choisir gens plus expérimentés que les veneurs du duc dont les équipages étaient les mieux organisés (1), c'est ce que montre un mandat de payement de 1441 :

« Denyson Ysnard, maire de la ville et commune d'Auxonne, et les eschevins dudict lieu, à Viennot de Bresse et Estevenon Gelion, recepveurs dudict Auxonne, salut. Nous vous mandons que des deniers de votre recepte vous paiez à Thiebaul des Barres la somme de deux frans que deuz lui sont par ladicte ville pour la despence de Guillaume de Salins escuyer de cusine de monseigneur le duc, de Hyenne et Roubert veneurs dudict monseigeur le duc, lisquelx ont esté par deça pour visiter les bois de noz Crochières et aultres pour savoir le convyve du grant porc sanglez et des suigvans que l'on disoit estre esdictes Crochières. Et parmi rappourtant ces présentes avec quictance dudict Thiebaul lesdicts II frans vous seront allouez en vos comptes quand vous compterez a ladicte ville. Donné le Ve jour du mois janvier l'an mil iiii^c quarante et ung. »

La procédure entamée en 1441 n'était pas terminée en 1449 puisque dans le compte de cette année certifié par le maire Denyson Isnard et les éche-

---

(1) E. Picard, *La Vénerie et la Fauconnerie du duc de Bourgogne,* dans les *Mémoires de la Société Eduenne,* nouv. série, tome IX.

vins, on rencontre au chapitre des dépenses les mentions ci-après :

« Premierement pour le selaire de six advocas et sept procureurs de la ville de Dijon qui furent examinez en turbe audict lieu de Dijon en l'escriptoire du bailliage d'illec pour ladicte ville contre le seigneur de Champdivers et ses hommes au fait du procez des Croicheres le xxiiii jour du mois de may mil iiii c xlix.... . . . . .III fr. IIII gros.

« Au sergent qui a assigné . . . . . III gros.

« Au clerc juré de la court du bailliage commis à examiner les tesmoings. . . . . . . I gros.

« Item le xviiie jour dudict mois payé à Pierre Prevost, clerc juré de la court du bailliage de Dijon pour la copie de l'enqueste du seigneur de Champdivers et ses consors contre ladicte ville au fait du porc sengler laquelle copie contient xxiii feuillets ».

Cette enquête ne nous est pas parvenue, Ramaille nous apprend seulement qu'il en appert « que les sieur et habitans dudict Chevigny n'ont droit de chasser au finage d'Auxonne. »

Pendant la durée de ce procès, la ville d'Auxonne en soutenait un autre contre les habitants de Poncey, ainsi qu'il résulte d'une pièce de dépenses en date du 16 septembre 1444 pour assignation de témoins « contre les habitans de Poncey pour li proces devers la chasse faicte en vèvre devant ledict Poncey ».

Si les documents sur la chasse nous manquent pour le siècle suivant, ils abondent pour la période de 1538 à 1652 dans l'inventaire de Ramaille ; ils tendent tous à démontrer que les habitants d'Auxonne étaient très jaloux de leur privilège de chasse et

qu'ils n'entendaient pas se laisser intimider par qui
que ce fût, du moins jusqu'à la fin du XVIe siècle.

« 1538. Le conseil assemblé en la maison du sieur
mayeur le dimanche premier de septembre mil cinq
cens trente huit sur ce que le cappitaine Godefroy
commandant en ladicte ville avait fait prendre et
mectre prisonnier quelques habitans de la ville d'Auxonne qui chassoient, comme il disoit, aux cailles
par le finage dudict lieu, par délibération les sieurs
mayeur et eschevins accompagnés d'aucuns du conseil en allerent faire leur plainte et remonstrance audict sieur cappitaine Godefroy lequel fit response
qu'il les avoit pris comme comtois et gens vagabonds
et les rendroit mais qu'il ne souffriroit pas que telles
gens eussent permission de chasser aux cailles, perdrix et autres chasses deffendues par les gouver-
neurs du pays. A quoy avoit esté resparty par ledict
sieur mayeur qu'il estoit loisible aux habitans de la
ville de chasser aux oyseaux, voire à cors et à cris
par tout le finage de ladicte ville et en leurs bois et
forests et en estoient en possession. Mais tousiours
ledict cappitaine persiste à ce que dessus.

« 1381. Par autre deliberation tenue en la chambre de ville le vingt cinquiesme de may mil cinq cens
quatre vingts et un sur ce que le Roy par ses lettres
du dix huictiesme de ce mois escrite à Monsieur le
vicomte de Tavanes cappitaine et gouverneur des
ville et chateau dudict Auxonne que sa Majesté avoit
esté advertie que les habitans de sa dicte ville d'Auxonne se licencient ordinairement à toutes sortes de
chasses mesme à celle de l'arquebuse, chiens cou-
chans et tramaillis et qu'outre ce ils enfraignent les

ordonnances, delaissent leurs négoces qui leur pourroit causer leurs ruynes, ainsi mandé au sieur vicomte de Tavanes de deffendre de par sa dicte Majesté lesdictes chasses aux peynes des ordonnances, fut résolu que les sieurs magistrats representeroient audict sieur vicomte de Tavanes le droit qu'ils avoient de chasser par tout le finage, à toute sorte de chasses et le prieroient de les laisser en la jouissance de leurs privilèges.

« Par autre deliberation du vingt deuxieme d'octobre audict an fut faicte mesme résolution et où le dit sieur vicomte de Tavanes persisteroit à ladicte deffence, que l'on se pourvoiroit vers Monseigneur le Gouverneur de la Province, et si besoin faisoit au Roy.

« 1582. Par autre delibération du sixiesme may mil cinq cens quatre vingts deux fut résolu que si les habitans de la ville estoient empeschés d'aller à la chasse par qui que ce fut, ladicte ville prendroit le faict et cause en mains pour eux et que l'on se pourvoiroit à la cour pour estre maintenu audict droit de chasse.

« Par autre delibération du sixiesme d'octobre mil cinq cens quatre vingts douze fut résolu qu'il seroit faitte publication contenant deffence à tous habitans d'aller chasser en particulier ni faire hayes et moins de se servir de personnes estrangeres sans la permission des magistrats, bien leur estoit-il permis suivant les privilleges d'aller chasser à cors et à cris sans permission à la charge de n'y admectre les estrangers.

« 1594. Par delibération du troisiesme de febvrier mil cinq cens quatre vingts quatorze sur la proposition que sont environ cinq ou six habitans de ladicte ville qui ne font austre mestier que la chasse dans les bois sans permission et vendent leur venaison et desgradent les bois couppant les jeunes chesneaux pour faire leurs hayes et ostent à ce moien aux autres habitans le pouvoir d'avoir de la venaison aux occasions, fut deliberé pour obvier à tels abus et incommodites qu'aucuns habitans ne pourra aller chasser sans la permission des magistrats et l'ayant eue qu'ils ne feront trafic ni ne vendront la venaison à peyne de l'amande.

« 1599. Par autre déliberation du sixiesme de decembre mil cinq cens quatre vingts dix neuf pour reprimer plusieurs gens et autres habitans de cette ville qui ordinairement vont à la chasse aux bestes faulves dedans les bois communaux délaissant toutes leurs occupations pour vacquer à ladicte chasse de laquelle ils font mestier sous pretexte du droict que es habitans en corps de communaux ont de chasser à toutes sortes de chasses, fut faicte deffense à tous habitans d'aller à la chasse aux chevreux et autres bestes faulves dedans lesdicts bois communaux sans la licence et permission du magistrat à peyne de l'amende de dix escus contre les contrevenans et confiscation des engins fillets et boutteroles, ce qui fut publié à son de trompe par les carrefours de la ville.

« 1601. Par autre délibération du septiesme de janvier mil six cens et un la susdicte deffence fut reitérée.

« 1603. Par autre délibération du vingttiesme de may mil six cens et trois sur la proposition de l'or-

donnance du magistrat deux habitans auroient esté
constitués prisonniers pour avoir esté à la chasse ou
bois des Crucheres à la poursuitte du sieur de Beaumont lieutenant au chasteau de ce lieu avec des soldats dudict chasteau contre les deffences qui leur en
avoient esté faictes et que pour penser les redimer
de ladicte prison ledict sieur de Beaumont auroit
reffusé l'ouverture des portes de la ville disant y envoyer chasser quand bon luy semblera, fut résolu
que l'on en escriroit à Madame de Senecey et que le
procès seroit faict aux deux prisonniers.

« Et par autre delibération du vingt cinquiesme de
juin suivant, à la priere de M. de Senecey, lesdicts
deux prisonniers furent renvoyés de l'amande et les
prisons ouvertes.

« Et quel reglement l'on prendra avec ledict sieur
de Senecey pour le faict de la chasse fut resolu que
ledict sieur y pourra aller en toute liberté ensemble
son lieutenant pour son absence, mais que son dict
lieutenant n'y pourra envoyer aucuns soldats sans en
advertir le magistrat.

« Par arrest du vingt quatriesme du mois d'octobre mil six cens et deux entre Jacques Joly, Simon
Bedey et Pierre Robelet ses rentiers ayant esté à la
chasse, contre le procureur syndic, fut faict inhibi-
tion et deffence expresse aux habitans d'Auxonne de
contrevenir aux reglemens des maire et eschevins de
ladicte ville à peyne de l'amende arbitrairement.

« 1652. Le dernier de febvrier mil six cens cinquante deux fut publiée defence que tous les habitans et autres de chasser dans les bois de ladicte
ville sans ordre et permission des magistrats à peyne

de dix livres d'amande et confiscation de leurs armes et cordages et d'estre procédé contre eulx ainsy qu'il appartiendra. »

Résolus tout d'abord à défendre leurs droits de chasse contre les prétentions du capitaine et gouverneur et menaçant même d'en appeler au Roi, les magistrats cèdent peu à peu à l'opinion qui, à la fin du seizième siècle, prétendait interdire la chasse aux bourgeois et aux marchands. Ils commencent par interdire la chasse particulière sinon avec permission et à l'exclusion des rabatteurs étrangers, puis sous prétexte que des braconniers dégradent la forêt et que les autres habitants n'y trouvent plus de gibier quand ils veulent fêter des baptêmes ou des noces, ils interdisent la vente du gibier, ils en arrivent bientôt à l'amende et à la confiscation. A noter toutefois qu'alors comme aujourd'hui il n'y a pas de règle sans exceptions, quand il s'agit du gouverneur et de son lieutenant.

Si les documents qui nous sont parvenus nous ont permis de constater tout l'intérêt que les magistrats d'Auxonne mettaient à défendre le droit de chasse dans la forêt communale, nous n'avons point trouvé de renseignements bien nombreux ni bien circonstanciés sur la répression des délits ordinaires (1) soit dans les comptes soit dans l'inventaire de Ramaille.

En 1392, un habitant de Flammerans va prendre du bois dans la forêt d'Auxonne pour chauffer son four et les magistrats ordonnent une information dont

(1) E. Picard, *Des délits et des peines en matière forestière, au moyen âge dans le duché de Bourgogne. Mémoires de la Société Eduenne*, nouv. série, tome XIX.

ils doivent payer les frais à ceux : « qui firent l'information sur ce que la chariete de Richart de Flamerans avoit amenez bois des Cruches a miz au four dudict Richart, la main estant de Monseigneur et du maire en icelle. »

Le compte de 1398 relate un délit de vente de bois à des étrangers et un délit de pâturage avec circonstance aggravante de voies de fait.

« Pour ce que lui et le boussu Guignot ont vendu à gens estranges de nos bois des Crucheres. »

Quant au délit de pâturage, il avait été commis par des gens de la comté et le maire d'Auxonne va à Dôle parler au bailli, « du fait de six hommes de Raagnans qu'il estoient prisonniers à Auxonne pour ce qu'il avoient leurs bestes en vain pasturaige d'Auxonne et batuz les messiers ».

Le traité de Bruxelles du 27 septembre 1459 rapporté plus haut mentionne les frais et dépens qu'entraînait la prise des délinquants dans les bois des Crochères ; le compte de 1398 enregistre une dépense à l'occasion de la répression des délits :

« Et à leurs compaignons qui furent au nombre de xiiii le mardi apres la saint Martin d'yver l'an que dessus qu'ils furent envoyez es Croichères à la partie devers Chevigney pour garder une grant quantité de merrin de vigne que ceux de la conté avoyent copé et leur fut donné à chascun pour leur souper deux blans et alèrent audit bois et ilz prirent et trouvèrent grand quantité de merrin de vigne, lequel merrin ils mirent ansemble la nuit et le lendemain bon matin li mare, eschevins et plusieurs compaignons de la ville allèrent audit bois vers les dessus, veurent et trouvèrent qu'il avoyent assemblez ung grant monceaul dudit merrin et fut advisiez sur la place que l'on le ardit pour ce que ceux qui l'avoyent copé ne l'anmenirent et s'anvindrent chevauchant autour de la fin dudit Auxonne et entour desdits bois pour tachier si l'on y trouveroit aucun mesusant et y trouverent nulz ains trouverent les bestes de Billey champoyant au finaige d'Auxonne lesquelles bestes furent amenées à Auxonne pour amander le dommaige sy comme de raison appartient. »

Cette chevauchée de la municipalité dans la forêt pour faire brûler les paisseaux coupés en délit et faire emmener en séquestre les bestiaux trouvés au pâturage offre un trait de mœurs assez significatif pour ne pas avoir été passé sous silence.

Le compte de 1456 fournit un exemple de taxe à témoins pour six hommes.

«... de Biarne six gros pour leurs journées de avoir estez audict Auxonne les lundi et mercredi suigvans pour estre examinez sur plusieurs dommaiges faiz es Croicheres dudict Auxonne. »

En 1508 on ne brûle plus sur place les bois de délit, on les fait amener à l'hôpital.

« ... messiers pour leurs pennes d'avoir esté aux-Croichieres au pont du Fay admener deux pieds de bois qui avoient esté abatuz par aucuns habitans de Paintres pour les mener ou conté et avoir admené lesdits deux pieds à l'ospital. »

On trouve des dépenses de même nature en 1509 et en 1511.

« En ladite sepmaine pour aller requere les bois qui avoient estez desrobés es Croichieres.

« Ou bois des Croichieres a ramener les quehues
des bois qui ont estez desrobez. »

L'inventaire signale d'autre part à la date de 1509
des exemples de transaction moyennant des pres-
tations en nature.

« Par lettre signée David du septiesme d'aoust mil
cinq cens neuf les habitans de Biarne, comté de
Bourgongne, promirent seze charioz de pierre auxdicts d'Auxonne pour recompense des bois par eux
prins esdicts bois des Crucheres.

« Par autre lettre du neufviesme desdicts mois et an
les habitans de Regnantz, comté de Bourgongne,
debvoient donner dix charioz de pierre pour récompense de pareil mesuz.

« Par autre lettre dudict jour signée dudict David
les habitans de Menotey, comté de Bourgongne, estoient tenuz de livrer ausdicts d'Auxonne pour semblable mesuz vingt cinq charioz de pierre. »

Ces transactions n'avaient été consenties par les
habitants de ces trois paroisses que sous le coup de
l'effroi des censures ecclésiastiques qui allaient être
prononcées contre eux pour raison des dévastations
effroyables qu'ils commettaient depuis dix ans dans
la forêt des Crochères. Les temps ont bien changé,
les censures ecclésiastiques seraient impuissantes à
arrêter les délinquants; les pierres arrivent facilement à Auxonne par bateau et par chemin de fer
et la valeur de cinquante et un chariots de pierres
ne saurait réparer le dommage d'une dévastation
effroyable, mais il est probable aussi qu'on ne
laisserait pas les délinquants piller la forêt pendant
dix ans.

La mise au carcan d'un délinquant n'est plus dans les pratiques depuis longtemps et on doit s'en féliciter, mais la sentence de 1534 mérite cependant d'être signalée.

« Par sentence du dix-septiesme d'aoust mil cinq cens trente-quatre rendue en la mairie d'Auxonne entre le procureur syndicq contre Claude Campeney demeurant à Flamerans pour avoir esté treuvé es bois de la Feuillée appertenant a ladite ville couppant bois à faire cercles, ledict Campeney fut condamné a etre mis au carquant publiquement et y séjourner l'espace de trois heures avec une mittre de papier en laquelle seroit escript ces motz : Coustumier larron de bois, et icelluy perpetuellement banny de ladicte ville et banlieue d'icelle avec deffence de s'y treuver à peyne de la hart, ce qui fut exécuté ledict jour. »

Le seigneur de Flammerans imitait les habitants, ou peut-être, pour mieux dire, ces derniers imitaient leur seigneur qui envoyait ses hommes avec des chars dans le bois de la Feuillée. Quand son monde était pris en délit, il demandait à transiger, mais le conseil de ville d'Auxonne n'admettait pas la transaction avant jugement.

« Sur la proposition faitte au conseil de la chambre de ville d'Auxonne le vingt troisiesme décembre mil cinq cens soixante et dix sept sur une lettre missive envoyée par Pierre de Montrichard escuier, sieur en partie de Flamerans, touchant la prinse faitte de ses charts et chevaux au bois de la Feuillée tendante à composition pour le mesus, fut résolu que le procès dudict mesus serait faict et parfaict aux accusés et

prisonniers pour apprès estre ordonné ce que de
raison. »

Ramaille, on le comprend facilement, ne consi-
gnait que les procès contre des étrangers, pour qu'on
pût en retrouver la trace et se servir au besoin des
jugements pour maintenir les droits de la ville d'Auxonne.

« Le quinziesme de febvrier mil six cens et six
fut faict prise des grangiers de Brize faisant des coudres audict bois de Germigny contre lesquels fut
procédé extraordinairement. »

Le propriétaire de la grange veut user de repré-
sailles et interdire aux habitants d'Auxonne le parcours dans les bois dépendant de sa grange ; un
procès s'engage.

« Par arrest du vingt quatriesme de juillet mil six
cens et dix entre Simon de Pize, proprietaire de ladicte grange de Brize, ladicte ville d'Auxonne fut
maintenue et gardée au droict de parcours et pasturages es bois et finages dudict Auxonne et fut
condamné ledict de Pize aux despens de l'instance. »

Les deux derniers procès cités dans l'inventaire
ont pour objet de réprimer les délits de pâturage
commis par les habitants de Peintre.

« Le troiziesme de juin mil six cens et quinze
Claude Seguin, fils de Claude Seguin dudict village de
Paintre fut pris mesusant audict bois y faisant pasturer environ cinquante six bœufs de la communaulté dudict Paintre, contre lequel Seguin fut
procédé extraordinairement.

« Le troiziesme de mai mil six cens et dix sept
deux vaches de ceux de Paintre ayant esté prises

et amenées de plus grand nombre pasturans audict bois de Germigny, le landemain les eschevins de Paintre les auroient venu répéter, pretendant avoir parcours audict bois de Germigny et pour esvitter la potture, lesdictes deux vaches leur furent restituées soubs la prestation de caution des despens, dommaiges et interests et amende s'il en echeoit. »

La jurisprudence de la mairie d'Auxonne relative au séquestre des bestiaux trouvés en délit, beaucoup moins sévère que l'article 10 du titre XXXII de l'ordonnance de 1669 prescrivant la confiscation, admettait également le cautionnement autorisé par l'article 168 du Code forestier et allait même plus loin que la jurisprudence actuelle dans la voie de la réduction des frais de justice, puisqu'elle consentait à ce que les « eschevins peusent offrir, en leur qualité d'eschevins, la main levée provisoire des bestiaux saisis par les gardes. »

L'institution des gardes (messiers et forestiers) était ancienne, comme nous l'apprend l'arrêt du grand conseil de Bourgogne du 29 mai 1459.

« Et en tant que touche l'institution des messiers et forestiers et des seremens qu'ilz doivent faire, nous ordonnons et declairons qu'il en soit doresnavant comme il a esté acoustumé d'ancienneté, lesquelz messiers et forestiers feront leurs rappors au clerc de la maierie dudit lieu d'Auxonne pour les enregistrer et valoir contrerole contre ledict prevost. Auquel prevost ledit clerc de la maierie laissera lesdiz rappors par escript et par declaration toutes et quanteffoiz qu'il les requerra afin de lever les amendes à nostre prouffit. »

Mais il semble ressortir du texte de la déclaration de Philippe le Bon sur la sentence précédente, déclaration en date du 27 septembre 1459, que jusqu'à cette date les forestiers de sa ville d'Auxonne n'étaient pas des préposés communaux, mais bien des forestiers ducaux.

La liste du personnel relevant en 1354 du gruier de Bourgogne résidant à Dijon, comprend en effet :

« A Auxonne, le forestier du bois de Brise. »

Et un reçu de l'année 1366 nous donne le nom et la qualité de ce forestier :

« Saichent tuit que ie Guillaumes de Julley, chevaliers et gruiers monseigneur le duc de Bourgoingne a receu de Jehan de Flameranz escuier, forestier des bois de Brise et d'Auxonne, six livres tournois lesquelles il li promes deduire et rabattre de la recepte de ses exploiz. Donné à Diion li iiii iour de descembre l'an mil trois cenz soixante et six. »

La surveillance de la forêt des Crochères était confiée, comme nous l'ont appris les traités conclus avec le prieur de Jouhe et les habitants de Billey et aussi ceux de Villers-Rotin, au grangier de la grange de Bouquerans « assermenté de garder lesdicts bois et tous mesusans qu'il trouvera il rapportera ausdicts d'Auxonne pour en prendre l'amende (1388), » aux habitants de Billey, également assermentés et tenus de veiller à la conservation des Crochères (1410) et aux habitants de Villers-Rotin dans les mêmes conditions (1424).

La surveillance de la forêt imposée aux usagers ne devait pas, semble-t-il, être bien efficace; en tout cas, elle ne pouvait s'exercer que vis-à-vis des Comtois, appellation encore en usage de nos jours pour désigner les habitants des villages situés au delà des Crochères dans le département du Jura. Les usagers ne se surveillaient pas eux-mêmes et ne réprimaient pas leurs propres abus, ils devaient aussi se désintéresser des délits perpétrés par les habitants d'Auxonne. Il y avait bien un « commis à la delivrance des bois des Croichieres » dont les attributions peuvent être comparées à celles du garde vente chargé aujourd'hui de la surveillance de la coupe affouagère.

C'est en 1501 que le conseil de ville s'émeut et procède à la création de préposés forestiers communaux :

« Ou conseil de la ville tenu en la maison et audittoire auquel estoient.. et pluseurs aultres du conseil d'icelle ville a esté conclud, advisié et deliberé que pour évicter aux grans dommaiges et robemens qui se font chascun jour et nuit au bois des Croichieres appertenant a ladite ville, seront commis gens pour en avoir la garde et rappourter les delinquans au clerc de la mairie pour les enregistrer et faire contrerole moiennant que ceulx qui seront ad ce commis et esleuz seront franctz et examps de la taille de quinze soubtz, du guetz, garde, courvées et aultres frais communs de ladicte ville. Et avec ce auront chascun desdicts esleus la somme de cinq franc qu'il leur seront paiez pour chascun mois cincq gros par le recepveur de la ville sans ce que lesdits esleus soient tenus en prandre ou obtenir de messires les maieur et eschevins aucun mandement mais seront iceulx allou_ hez audit recepveur et commançant ladite delibera-

cion le jour de hier premier jour de novembre l'an mil
cincq cens et ung. Et avec ce auront iceux esleus la
mitier des amandes et delinquans qu'ilz rapporteront
du droit qu'il sera adiugé pour le tier de ladite amande
et droit de ladite ville et s'il est trouvé que pour la
faulte et neglisance d'iceux commis aucuns dommaiges seront fais il l'amendront et avec ce s'ilz re-
celent aucunnement desdites amandes ou des
mesusans ils en seront pugnis corporelement a
l'arbitrage de nos dits seigneurs et de faire et supporter lesdites charges Guillaume Matheron, Guillaume Breulé, Gudot Rouselot, Jehan Perrieu,
Oudot Biernot et Claude Tisserant ont iceux ac-
cepté et d'eux a esté receu le serment sur saincts
euvengilles de Dieu soubmectant eulx leurs corps
et biens. »

Cette délibération règle les obligations, les privilèges, le traitement fixe, les suppléments éventuels,
la responsabilité et le nombre des gardes des bois
de la ville d'Auxonne.

Dans une requête au roi de l'année 1508 les magistrats ont soin de faire valoir que : « Pour la garde
desquels bois lesdits exposans ont six gardes et forestiers. »

Le nombre des gardes devait varier, en tous temps
il y a eu et il y aura des réorganisations de personnel. Sur une liste d'institution des officiers de la
ville d'Auxonne lesquels ont fait les sermens per-
tinents le quatre décembre 1537, on ne trouve plus
que « quatre fourestiers. »

En 1613 la surveillance des terres et des bois est
confiée à cinq « messiers et forestiers et gardes des

bois et foretz appertenantz à ladicte ville » ; ils touchent ensemble 60 livres.

Ces messiers et forestiers avaient besoin de marcher souvent ensemble pour éviter les mauvais traitements, c'est seulement en 1618 qu'un arrêt du parlement de Dijon les autorisa à porter des armes.

« Par arrest du septiesme de febvrier mil six cens dix huit sur requeste du procureur syndic dudict Auxonne fut permis à ceux qui seront establis à la garde des bois dudict Auxonne sis au dela de la riviere de Saone porter toutes sortes d'armes pour la garde desdits bois tant seullement, mesme batons à feu, et après la nomination desdicts gardes par les maire et eschevins dudict Auxonne, iceux seront tenus à l'instant prester le serment en tel cas requis entre les mains du lieutenant au bailliage dudict lieu. »

Certes on ne peut méconnaître que les magistrats d'Auxonne aient fait acte de sage et prudente administration en obtenant en faveur des gardes de la forêt des Crochères le droit d'être armés pour la garde des bois ; mais il semble que toute notion d'aménagement leur était absolument étrangère.

« Le reglement général faict et enjoinct dobserver et faire inviolablement garder tant aux officiers sur le faict des eaues et forestz et gruieryes de Bourgongne, eclesiastiques, communaultés et tous aultres cy apres declarez le tout conformement aux esdictz et ordonnances royaulx, donné à Ostung ce deuxiesme de juing mil cinq cens quatre vingtz et trois par messieurs les commissaires deputez par le Roy à la refformation generalle des boys et foretz de Bour-

gongne, » était resté lettre morte en ce qui concerne
la forêt des Crochères.

« Sur les plaintes du mauvais mesnage que font
les villes, villages et commugnaultez à l'usaige et coup-
pes de leurs bois commugnaulx, les commissaires
avaient enjoinct observer de poinct en poinct les
ordonnances royaulx c'est assavoir de premierement
laisser le tiers des taillyz sy ja nont faict en reser-
ves pour le faire recroistre en bois de haulte fustaye,
leur deffendant expressement dy copper boys, en
facion que ce soit sur les peynes desdictes ordonnances, et quant aux deux aultres tiers les couppe-
ront scavoir la vingtieme partye par chascung an à
tire et à aire et à retz de teire et fleur de charbonnier tellement que de vingt ans en vingt ans lesdictz
deux tiers sont tous jours prestz a coupper et parel-
lement dy delaisser en chascung arpent quilz coup-
peront par chascung an dix balliveaulx pour le moings
de chesnes ou chasneaux des plus beaux et durables,
lesquelz balliveaulx ils feront marquer par avant que
de faire leurs partages dudict bois par ung marteau
que les officiers de la justice desdictes commugnaultez feront faire à ceste effaict l'impression duquel
sera mis au greffe pour y avoir recours quand besoin sera. Enjoignant expressement aux officiers de
la gruerye dudict bailliage avoir leul et tenir la main
par chascung an à l'observation de ceste présente
ordonnance sur peyne de respondre des faultes
eulx mesmes en leurs propres et privés noms. »

Le tiers en réserve n'avait pas été appliqué, les
deux autres tiers n'avaient pas été aménagés en
vingt coupes régulières, et les officiers de la gruerie

eussent-ils tenté de faire appliquer le règlement, que les magistrats, forts de leurs privilèges, auraient résisté, comme nous allons les voir résister à l'application de l'ordonnance de 1669.

Colbert avait fait délivrer, le 17 juin 1662, à M. de Mauroy, conseiller du roi, une commission de grand maître enquêteur et général réformateur des eaux et forêts au département de Bourgogne, Bresse et Auvergne et dans une lettre du 1er juin 1663, il l'invitait à poursuivre rigoureusement sa tâche sans s'occuper de la résistance du parlement. « Ne vous mettez pas, s'il vous plaist en peine de toutes les diligences qu'ils (les contrevenants) pourroient faire pour s'en mettre à couvert, puisqu'elles seront toujours assez inutiles, s'il est bien verifié qu'ils en ont mal usé et que l'autorité du Roy ne vous manquera pas pour vous appuyer. »

En même temps Colbert envoyait à l'intendant Bouchu des lettres de cachet pour le premier président et le procureur général du parlement de Dijon « afin qu'ils fassent remettre au greffe de vostre commission tous les papiers concernant les forests qui sont en celuy de leur compagnie », et le 5 juin il lui adressait un billet pour le prier de lui envoyer « un estat de toutes les maitrises particulieres des eaux et forests du département de Bourgogne et Bresse, des noms de toutes les forests dont chacune est composée, expliquant distinctement en quoy elles consistent et la nature des bois dont elles sont plantées ».

C'était le commencement de l'enquête préparatoire pour arriver à l'ordonnance de 1669 sur le fait des Eaux et Forêts, mais du moment où dans la pensée de Colbert la réforme ne devait pas comprendre seulement les forêts royales, mais encore les bois ecclésiastiques et les bois communaux, il convenait de dresser une statistique des communautés. En conformité de l'ordonnance royale du 7 août 1664 et de l'arrêt du conseil d'État du 7 août 1665, l'intendant de Bourgogne, Bouchu, fit établir cette statistique pour la généralité de Dijon, d'après les procès-verbaux dressés dans chaque communauté sous forme de questionnaire par ses subdélégués de 1666 à 1669.

Cette enquête nous est parvenue, mais nous devons malheureusement constater que sous Louis XIV, comme aujourd'hui, il était difficile d'établir une statistique exacte, témoin la réponse au questionnaire en ce qui concerne Auxonne : « C'est pays de forests. Il y a un bois de haute futaye nommé vulgairement les Crochères, consistant en environ 150 arpens, lequel bois est conservé pour construire et réparer les maisons de la ville qui est fort sujette au feu à cause de la quantité de fourrages et de la qualité des édifices composés de bois pour la plus grande partie, sans laquelle forêt ladite ville ne pourrait établir lesdites maisons ny les restablir en cas d'incendie. »

Il faut avouer que les subdélégués de l'intendant faisaient leur besogne bien à la légère, quand ils consignaient dans leur procès-verbal que la forêt des Crochères contenait environ 150 arpens, ou bien qu'ils considéraient que les terrains boisés entrecoupés de nombreuses clairières ne méritaient pas le nom de forêt. L'enquête en tout cas ne concor-

dait pas avec le plus ancien document imprimé qui
fait mention des Crochères. On lit en effet à la première page de l' « Histoire de l'antiquité et prérogatives de la ville et conté d'Aussonne, par M. Claude
Jurain, advocat et mayeur dudit Aussonne. A Dijon,
de l'imprimerie de Claude Guyot demeurant au vieil
collège, M. DC. XI » « Aussonne est.. assise quasi
iustement, au milieu et centre des duché et conté
de Bourgongne, en une campagne fort raze ayant
les grandes prairies du costé du duché, et du conté
un grand terroir bordé d'une grande forest, dite les
Creucheres, qui fait separation de l'un et l'autre
pays et qui appartient en propre aux habitans de ladite ville et contient environ une lieue de longueur
et demie lieue de largeur. »

Qu'on suppute l'étendue de la forêt des Crochères d'après les déclarations de l'enquête de l'intendant de la généralité de Dijon ou d'après la description du maire d'Auxonne, on ne peut se faire une
idée exacte de sa contenance et on doit reconnaître
toute l'opportunité de l'article premier du titre XXV
de l'ordonnance de 1669 qui prescrivait que « tous
les bois dependans des paroisses et communautés
d'habitans, seraient arpentez, figurez et bornez dans
six mois, à la diligence des syndics et les procès ver-
baux et figures incessamment portez aux greffes des
maîtrises. »

Avec la publication de l'ordonnance sur le fait des
Eaux et Forêts commencera une période nouvelle
de l'histoire de la forêt des Crochères. Le contrôleur général des finances, jaloux de produire au public avec abondance tous les avantages qu'il peut

espérer des forêts, soit pour les commodités de la vie privée, soit pour les nécessités de la guerre ou enfin pour l'ornement de la paix et l'accroissement du commerce, tiendra la main à l'application des règlements malgré l'opposition des Etats et du Parlement de Bourgogne.

Jusqu'à la fin du XVIIᵉ siècle, les habitants d'Auxonne ont joui de leur forêt communale sans que le pouvoir ducal et plus tard le pouvoir royal aient même tenté d'exiger l'application de leurs ordonnances. On s'explique d'ailleurs facilement que jusqu'à la signature du traité de Nimègue, Colbert lui-même ait hésité à imposer sa volonté aux habitants d'une place forte « clef et principal passage du duché et de la comté ». Mais la Franche-Comté définitivement réunie à la France, le ministre de Louis XIV est tenu à moins de ménagements, et les officiers de la maîtrise de Dijon commenceront, pour soumettre les maire, échevins, syndic et habitants de la ville d'Auxonne à la règle commune, une lutte qui durera presque un siècle ; encore devrons-nous reconnaître, au moment où éclatera la Révolution, que la municipalité d'Auxonne prétend toujours à un régime privilégié. La résistance à l'application de l'ordonnance de 1669 et à l'intervention des officiers de la maîtrise remplit la seconde période de l'histoire de la forêt des Crochères.

LIVRE II

LA FORET DES CROCHERES DE 1669 A 1790

Résistance à l'application de l'ordonnance sur le fait des Eaux et
Forêts. — Procès-verbal de reconnaissance des limites et plan géométral de la forêt des Crochères par Gambu (1740). — Aménagement de 1769. — Distraction, amodiation et défrichement des
Aiges (1771). — Délibérations du conseil de ville au sujet de la
forêt. — Régie. — Vente des coupes. — Exploitation totale de la
forêt de 1759 à 1778. — Bois de marine — Bois d'artillerie —
Bois pour les ponts. — Chauffage de la garnison. — Octroi sur
les bois et le charbon. — Procès relatif à la glandée. — Traités
concernant les droits d'usages des habitants de Billey et de Villers-
Rotin. — Délits. — Poursuites. — Répression — Recrutement
des gardes.

Le principal intérêt de l'histoire de la forêt des
Crochères depuis la promulgation de l'ordonnance
de 1669 jusqu'à l'application de la loi du 11 septembre 1790 qui supprime les officiers des cy-devant
maîtrises, est tout entier dans le récit des efforts
que feront les officiers de la maîtrise de Dijon pour
soumettre cette forêt à la règle commune.

Un mémoire imprimé à Dijon en 1745 par Varenne, conseil de la ville d'Auxonne, pour les maire,
échevins, syndic et habitans au sujet des bois qui
appartiennent à cette ville, nous servira de guide
jusqu'à cette date, nous lui emprunterons souvent
le récit même et nous le compléterons au moyen
des registres des délibérations du conseil de ville.

« Les bois qui appartiennent à la ville d'Auxonne,

écrit Varenne, sont la plus précieuse portion de son patrimoine. La nécessité d'agir contre ceux qui se sont indûment emparez de partie de ces bois, et de prévenir, par un sage règlement, la ruine entière de ce qui en reste, est un point généralement avoué et reconnu. On demeure d'accord que le mal exige un prompt remède. Mais à qui le droit d'appliquer ce remède sera-t-il attribué? C'est l'objet de la difficulté. La ville soutient qu'on ne peut le disputer légitimement à ses officiers municipaux, et qu'elle est également fondée en titres et en possession. Les officiers de la maîtrise particulière des Eaux et Forêts de Dijon prétendent au contraire soumettre à leur juridiction la police et conservation des bois dont il s'agit.

« Dans ce conflit de prétentions respectives, les magistrats et habitans d'Auxonne voyent avec douleur, non seulement qu'on entreprend de les dépouiller de leurs privilèges, mais encore que les abus et les dégradations se multiplient chaque jour dans leurs bois, sans qu'on se mette sérieusement en devoir d'en arrêter le cours. Ainsi, les magistrats ne pouroient avec honneur demeurer plus longtemps dans l'inaction et dans le silence. S'il n'est pas en leur pouvoir de procurer à la ville, dont les intérêts sont confiez à leur zèle, la décision favorable qu'ils croient lui être due, ils doivent au moins ne rien négliger dans une occasion si importante, pour se mettre à l'abri de tous reproches. »

Après ce début qui, à notre avis, peint bien son époque, Varenne donne l'explication des titres de la ville d'Auxonne dans leur ordre chronologique depuis l'an 1229, pour continuer ainsi, quand il arrive à l'année 1669 :

« L'ordonnance du mois d'aout avoit donné lieu aux officiers de la maîtrise de prétendre que les bois d'Auxonne devoient etre figurés et arpentés, pour en etre mis le quart en reserve et le surplus reglé en coupes ordinaires de taillis.

« Cette pretention etoit un trouble manifeste aux droits et privilèges de la ville d'Auxonne et les auroit détruits si elle avoit été autorisée.

« Les maire, echevins, et habitans de cette ville se pourvurent au Roi et à son conseil. Ils exposèrent par leur requete, que de leur domaine et patrimoine dependoient des bois appeles les Crocheres, dont ils avoient toujours joui paisiblement et de tems immémorial, avec haute, moyenne et basse justice, et que l'ordonnance de 1669 ne pouvoit pas concerner Auxonne, ville capitale, dont les habitans avoient toujours usé de leurs bois, avec un ordre inviolable, dans les cas de nécessités extrêmes pour les bâtimens, ponts et écluses.

« Par l'arrêt rendu au conseil d'Etat du Roi le 31 aout 1677, il fut ordonné que les habitans d'Auxonne jouiroient desdicts bois apelles les Crocheres, comme ils en avoient toujours joui, avec defenses aux officiers de la maîtrise et à tous autres de les y troubler et en prendre connaissance, à peine de depens, dommages et interêts. »

Peut-être est-il bon d'ouvrir une parenthèse pour expliquer l'arrêt si conciliant du 31 août 1677. Malgré toutes ses victoires, la France ne voyait pas la fin de la guerre, mais Colbert voyait avec douleur l'industrie ruinée, les manufactures fermées, les compagnies de commerce à la charge de l'Etat, tous ses projets avortés et le chaos revenu dans les finances. Il usait son génie à trouver de nouvelles ressources, et il n'entendait que des malédictions. Toutes les classes étaient mécontentes, le passage des troupes avait ruiné les provinces frontières. La Franche-Comté était retombée sous la domination espagnole depuis le traité d'Aix-la-Chapelle et la forêt des Crochères était alors l'extrême limite de la France à l'est.

Les magistrats d'Auxonne ne devaient pas d'ailleurs laisser échapper l'occasion de se servir de ce précédent. Le maître particulier de Dijon ayant assigné les maire et échevins devant lui à la requête du procureur du roy de la maîtrise, l'affaire fut portée au siège de la table de marbre du Palais à Dijon et par un jugement en dernier ressort rendu le 19 août 1697, les habitants d'Auxonne furent renvoyés de l'assignation et il fut dit que l'arrêt du conseil de 1677 serait exécuté selon sa forme et teneur.

Le 27 mai 1709 un nouvel arrêt de la table de marbre « par maniere de provision a maintenu et maintient les magistrats de la ville d'Auxonne dans l'exercice de la justice en la maniere ordinaire et accoutumée comme ils ont fait du passé dans les bois des Crocheres. »

Les officiers de la maîtrise ne se découragent pas, le procureur fait assigner le maire et les échevins d'Auxonne pour se trouver dans les bois des Crochères afin d'être présents à la reconnaissance et au procès-verbal que les officiers de la maîtrise « prétendent faire de l'etat des bois » ; le conseil de ville se réunit le 8 septembre 1717 et dans sa réunion « il a été délibéré et résolu unanimement que le sieur procureur syndicq s'opposera formellement à toutes entreprises que pourraient faire les sieurs officiers de la maîtrise de Dijon et tous autres sur les bois communaux de cette ville sous protestation, au cas qu'ils passeraient outre à la reconnaissance par eux pretendue de prendre leur entreprise pour un trouble aux droits et à la possession où sont les magistrats de cette ville du droit de justice sur ladite forêt. »

La municipalité d'Auxonne ne manquait aucune occasion de profiter des événements politiques pour faire reconnaître et confirmer ses privilèges. Quand le régent, à l'instigation de Dubois, eut déclaré la guerre à l'Espagne (2 janvier 1719) les chers et bien aimés maire, échevins et habitants de la bonne ville d'Auxonne s'empressèrent de faire remontrer au roi les droits et privilèges dont ils avaient joui et le petit prince de neuf ans, de l'avis de son très cher et très aimé oncle le duc d'Orléans, s'empressa par lettres données à Paris au mois d'août 1719 de reconnaître « le droit de faire exercer la justice civile, criminelle et de police entre les habitans de la ville et banlieue par leurs maire et échevins, mesme sur les bois des Crocheres qui appartiennent en toute propriété aux exposants et de veiller seuls à la police et conservation des mesmes bois des Crocheres et de ceux de Germiney et la Feuillée qui leur appartiennent aussy en toute propriété, avec la justice haute, moyenne et basse, et à l'exclusion de tous juges des eaux et forets : ces trois bois dans une mesme contenance et qui n'en composent qu'un seul, estant destinés et indispensablement nécessaires pour l'entretien d'un grand pont sur la rivière de Saône, d'une levée ou chaussée d'une demi-lieue de long qui en contient les eaux et facilite la sortie des habitans, de quatre autres ponts sur les avenues de la mesme ville, et des escluses et fortifications d'une place de guerre très importante à notre état, mesme pour la construction des maisons et édifices des habitans. »

Le conseil de la ville d'Auxonne, Varenne, nous affirme dans son mémoire que les officiers de la maîtrise de Dijon ont été blessés des expressions des lettres patentes et qu'ils ont tout mis en œuvre pour obtenir un arrêt « qui detruiroit les droits les plus constans de la ville d'Auxonne, et renverseroit en un moment l'ouvrage de plusieurs siecles », puis il rapporte les circonstances de la conduite de ces officiers.

« Au mois d'avril 1730, M. le grand maître au département de Bourgogne et Alsace commit les officiers de la maîtrise de Dijon pour reconnaître l'état du bois de la Crochère et dresser procès-verbal.

« Ils s'y transportèrent effectivement et requirent quelques habitans de les accompagner, ce que ceux-ci refusèrent avec raison, puisque ces officiers n'avoient alors aucun caractère et que l'arrêt de 1677, aussi bien que le jugement de 1697, subsistoient dans toute leur force. On n'a pas oublié que cet arrêt et ce jugement leur avoient interdit toutes fonctions dans les bois d'Auxonne. Ils ne laissèrent pas de passer outre, et de dresser leur procès-verbal. Ce premier mouvement des officiers de la maîtrise n'ayant eu aucune suite, les magistrats d'Auxonne le regardèrent comme une tentative hazardée sans espérance de succès. Mais songeant sérieusement à mettre la règle dans leurs bois, tant pour l'exploitation à l'avenir, que pour faire rentrer dans le domaine de la ville les portions qui en avoient été usurpées, ils dressèrent à ce sujet un mémoire, contenant un projet de règlement, et ils eurent l'honneur de le présenter à feu M. le Duc, gouverneur de la province, qui tenoit les Etats au mois de mai 1736 et à feu M. de la Briffe, intendant de Bourgogne, l'un et l'autre commissaires pour la vérification des dettes et affaires des communautés.

« Le règlement proposé par les magistrats d'Auxonne parut bon à MM. les commissaires, par l'ordre desquels il fut fait un projet d'arrêt, conçu en 16 articles, dont il est important de donner le précis :

« Il étoit dit par l'art. premier, que par MM. les commissaires ou leurs subdélégués, conjointement avec les maire et échevins, il seroit incessamment procédé à la reconnoissance, arpentage et description de la continence et état actuel du bois d'Auxonne.

« Par l'art. 2, que ces bois seroient bornés et fermés de fossés, et qu'il seroit réservé un quart de la totalité pour croître en futaye, pour les besoins de l'Etat et ceux de la communauté, qui n'y pouroit couper qu'avec la permission expresse du Roi.

« Par l'art. 3, que le quart mis en réserve seroit

netoyé de tous mauvais arbres, dont le martelage
seroit fait par les officiers de la marine, conjointement avec les maire et échevins.

« Par l'art. 4, que le reste du bois seroit partagé en
25 parties égales, pour être mises en coupes réglées
de 25 ans, dans lesquelles on réserveroit, outre les
ballivaux, tous les arbres tant de service que d'espérance.

« Par l'art. 5, que le commissaire de la Marine
pouroit faire exploiter, dans chaque coupe annuelle,
les arbres propres au service de la marine.

« Par l'art. 6. que la glandée seroit défendue jusqu'au rétablissement de la forêt.

« Par l'art. 7, que le parcours seroit défendu dans
les coupes annuelles jusqu'à la quarte feuille.

« Par l'art. 8, que la délivrance seroit faite à l'adjudicataire de chaque coupe annuelle, de tous les
arbres hors de service.

« Par l'art. 9, que la délivrance de chaque coupe
annuelle seroit faite devant MM. les commissaires,
et le prix remis au receveur de la ville.

« Par l'art. 10, qu'il ne seroit coupé ni futaye, ni
taillis, sinon dans les coupes annuelles.

« Par l'art. 11, que les habitans ayant besoin d'arbres pour constructions, s'adresseroient aux maire et
échevins comme du passé et payeroient le prix selon
le tarif qui seroit réglé par MM. les commissaires.

« Par l'art. 12, qu'il seroit procédé à la reconnoissance de l'ancienne étendue de la forêt convertie en
terres, prez et autre nature, et les détenteurs tenus
de représenter leur titre de propriété devant MM. les
commissaires.

« Par l'art. 13, que les baraques seroient détruites, à la forme de l'ordonnance des eaux et forêts.

« Par l'art. 14, qu'il seroit établi des gardes forestiers en nombre suffisant.

« Par l'art. 15, que la connoissance des délits au canton réservé pour la marine seroit attribuée en dernier ressort à M. de la Briffe, celle des autres délits aux maire et échevins, et par apel à MM. les commissaires, sauf l'apel au conseil.

« Enfin par l'art. 16 et dernier, que pour subvenir aux frais, il seroit permis aux maire et échevins de vendre et faire exploiter les arbres défectueux du quart destiné à croître en futaie. »

Le rédacteur du mémoire ne manque pas d'ajouter : « Ce projet d'arrêt, dont les officiers de la maîtrise eurent connoissance, les tira de leur assoupissement qui duroit depuis 1730. Ce fut au mois de février 1737, que le procureur du roi forma oposition à l'arrêt du conseil du 31 août 1677 et aux lettres patentes de 1719. Le procès-verbal de la visite faite sept ans auparavant servit de prétexte à cette oposition. »

On comprend facilement que les officiers de la maîtrise ne pouvaient laisser passer un pareil projet qui ne tendait à rien moins qu'à la négation absolue du rôle de tutelle que l'ordonnance avait voulu leur attribuer. Toute autre conduite de la part de ces officiers eût été une véritable abdication.

De leur côté les magistrats municipaux n'entendaient pas désarmer en présence de ce réveil, et au conseil de ville tenu le 14 juillet 1737, on décide de députer M. le maire en la ville de Dijon à l'effet d'instruire M. Thoreau, conseil de la ville, sur le procès que MM. des eaux et forêts, l'inspecteur général des domaines, le procureur du Roi de la maîtrise et MM. de la réformation ont intenté à la communauté pour lui enlever la propriété de la forêt des Crochères, la Feuillée et bois de Germigny, comme aussi de faire imprimer la réponse de M. Thoreau aux mémoires et contredits des parties adverses.

Malheureusement ces mémoires ne nous sont pas parvenus, nous n'avons que la réponse en 26 pages intitulée : « Mémoire pour les maire, échevins, syndic et habitans de la ville d'Auxonne, servant de réfutation aux contredits fournis par le sieur grand maître, le procureur du roy en la maîtrise particulière des eaux et forêts de Dijon et l'inspecteur général des domaines sur le projet de règlement présenté sous l'agrément de S. A. S. Monseigneur le Duc, pour le recouvrement du terrain usurpé et la conservation du reste de la forêt apellée les Crochères apartenans à cette ville. »

La réponse n'a pas été convaincante puisque les officiers de la maîtrise obtinrent l'arrêt du 13 décembre 1740, par lequel les lettres patentes de 1719 furent réformées conformément à l'arrêt du parlement de Dijon du 17 juillet 1572, en ce qui concerne seulement l'énonciation qui y est faite au profit de la ville d'Auxonne du droit de propriété de la haute, moyenne et basse justice sur la forêt. Le même arrêt ordonnait, avant de faire droit sur le surplus des conclusions du procureur du roi, « qu'en présence des maire, échevins, syndic et habitans

d'Auxonne, ou iceux dûment appellés, il sera par
arpenteur commis par le sieur grand maître, à la
requête et diligence du procureur du roi en la
maîtrise, et aux frais de la ville, procédé à l'arpentage général et à la levée du plan desdits bois, dont
procès-verbal sera dressé par ledit arpenteur, pour
être immédiatement remis avec le plan audit sieur
grand maître, qui ensuite, ou les officiers de la
maîtrise, sur sa commission, procédera à la visite
et reconnaissance tant de l'état actuel desdits bois,
de leur âge, valeur et qualité, que des délits, abus
et malversations, qui peuvent y avoir été commis,
pour sur ledit procès-verbal, ensemble le plan desdits
bois, le procès-verbal de l'arpenteur, et l'avis du sieur
grand maître, qui seront envoyez au Conseil, être ordonné par raport aux règlemens qui seront jugés
devoir être faits, tant pour l'aménagement que pour
la conservation desdits bois, ce qu'il apartiendra. »

La municipalité d'Auxonne s'empressa de former
opposition à cet arrêt, après toutefois avoir pris
conseil, comme le constate cette mention du registre
des délibérations en date du 25 mars 1741 : « Délibéré
que l'on consultera quatre des plus fameux avocats
de Dijon pour sçavoir quel party les maire, échevins
et habitans doivent prendre au sujet de l'arrêt du
conseil sur la jurisdiction dans les bois communaux
appartenant à cette ville. Le maire ira à Dijon. »

A la date du 13 mai suivant, le conseil de ville
décide « que le maire continuera les démarches pour
l'opposition à l'arrêt surpris le 13 décembre dernier »,
opposition qui avait été résolue dans la séance du
3 avril.

Cependant sur la requête du procureur du roi, le grand maître avait ordonné, le 3 juin 1741, que la maîtrise de Dijon se transporterait à Auxonne pour l'exécution de ce même arrêt, avec injonctions aux maire et échevins de fournir des indicateurs, à peine de 500 livres d'amende, sinon qu'il serait permis d'en nommer à leur refus et de faire toutes perquisitions et saisies, pour être les bois confisqués et vendus au profit du Roi.

Le maître particulier s'étant transporté à Auxonne avec le garde marteau et le procureur du Roi, ils y dressèrent un procès-verbal à la date du 28 juillet 1741 par lequel, entre autres choses, le maître particulier, sur les remontrances du procureur et de l'avis du garde marteau, condamna les maire et échevins en 500 livres d'amende envers le roi et consomma ainsi la menace que M. le grand maître leur avait faite par son ordonnance.

Le conseil de ville n'hésite pas à vouloir poursuivre la résistance, mais il sent qu'il a besoin d'appui et à la date du 6 novembre 1741, il délibère « que la ville fera la dépense de six feuillettes de vin pour être présentées de sa part aux personnes de considération qui peuvent luy rendre service ». C'est le système des pots de vin nettement admis et consigné dans une délibération ; malheureusement ce n'est pas le premier exemple que nous ayons rencontré, les archives communales d'Avallon contiennent de nombreux documents faisant connaître que la vénalité était érigée en principe dans la conduite des procès.

Les délibérations consignées au registre se succèdent à de courts intervalles.

17 novembre 1741. Le maître particulier ayant fait signifier à la date du 10 une ordonnance défendant aux maire et échevins de prendre plus ample connaissance de l'instance criminelle contre le sieur Rameau et ses complices accusés de délits commis par eux dans la forêt et ayant enjoint au greffier de la mairie de porter au greffe de la maîtrise les pièces de l'instance, le conseil décide qu'on interjettera appel.

8 décembre 1741. M. le maire demeure député pour aller à Paris faire compliment à Monseigneur le duc de Saint-Aignan nommé gouverneur de la province et essayer de solliciter aux conseils du roi la décision des contestations que la ville a et dont elle est encore menacée tant au sujet de la juridiction qui lui appartient que pour la propriété de ses bois.

Le maire ne devait pas avoir rapporté de Paris beaucoup d'espoir, il semble disposé à la transaction.

14 août 1742. M. le maire et M. Charbonnier demeurent députés pour se rendre auprès de M. le grand maître afin de conférer avec lui de manière que ses intérêts et ceux de la ville puissent être compatibles et le procès terminé.

A la suite de cette démarche semble s'ouvrir une période de détente et les registres sont muets sur les incidents du procès avec la maîtrise jusqu'à la date du 20 juillet 1744. Un commandement avait été fait au receveur de la ville, à la requête des officiers de la maîtrise, pour leur payer une somme de 74 livres, plus les frais d'huissier ; le conseil de ville décide qu'on payera mais seulement « comme contraints et

forcés d'obéir à justice sous toutes réserves de droit
et sans tirer à conséquence contre la ville ».

C'était en effet à cette époque que les magistrats
municipaux s'adressaient à Varenne pour rédiger le
mémoire qui nous a servi de guide jusqu'ici ; mémoire
qui, dans la pensée de son auteur, devait aboutir à
une solution équitable. Le factum se termine
d'ailleurs par un paragraphe de conciliation.

« La ville d'Auxonne est d'accord avec les officiers
de la maîtrise sur la nécessité indispensable de procéder à un règlement, pour la conservation et
l'aménagement de tous les bois en question. Mais
par le second chef de l'arrêt de 1740, les maire et
échevins sont traités comme simples parties, et
dépouillés d'une juridiction qu'ils ont acquise
moyennant finance, et qu'ils exercent depuis plus
de cinq cents ans. Pouroient-ils y donner les mains,
sans trahir les droits et les intérêts de la ville, dont
ils sont spécialement chargés ? La discussion que
l'on a faite de leurs principaux titres prouve assez
combien une pareille molesse seroit répréhensible
et condamnable. Peut-être en se raprochant et en
s'écoutant sans prévention de part et d'autre, ne
seroit-il pas impossible de concilier des prétentions
qui semblent si oposées. Le plus sûr moyen pour y
parvenir est de préférer mutuellement le bien public
à tous les avantages particuliers et personnels. »

La justice était lente à rendre ses arrêts, ce fut
seulement le 23 décembre 1755 que le conseil
du roi ordonna la réformation et le règlement des
bois dépendant de la ville d'Auxonne et en outre
« que les propriétaires et possesseurs des héritages

riverains des dits bois seront tenus de représenter leurs titres de propriété par devant M. le comte de Fleury, grand maître des eaux et forêts et ce dans les trois mois au plus tard à peine de réunion des dits héritages au corps des dits bois ». On ne saurait hésiter à penser que la ville d'Auxonne fît opposition à cet arrêt qui donnait gain de cause au grand maître, mais cette fois la justice fut plus expéditive.

Le roi, en son conseil tenu le 24 mai 1757, sans avoir égard à l'opposition formée par les maire, échevins et habitants de la ville d'Auxonne, aux arrêts du conseil des 13 décembre 1740 et 23 décembre 1755, non plus qu'à leurs demandes, fins et conclusions dont sa Majesté les a déboutés et déboutte, a ordonné et ordonne que les dits arrêts seront exécutés selon leur forme et teneur.

Cependant le pouvoir royal devait donner à la municipalité d'Auxonne des preuves de bon vouloir, en déchargeant, par arrêt du conseil d'Etat du 27 février 1759, les maire et échevins de l'amende de 500 livres prononcée par la sentence de la maîtrise du 28 juillet 1741.

Toute difficulté aurait dû être aplanie, le Roi avait défendu et affermi l'autorité du grand maître et il avait usé de bienveillance envers les officiers municipaux. Mais ceux-ci n'attendaient qu'une occasion de surprendre la religion du roi, à l'occasion du changement de règne. Ils représentent à Louis XVI les privilèges dont ils jouissent, et ils le font absolument dans les mêmes termes qu'ils avaient employés vis-à-vis de Louis XV pour obtenir les lettres patentes de 1719. Et comme très vraisemblablement

M. de Miromesnil recourut au précédent pour faire
rédiger de nouvelles lettres patentes, sans s'occuper
des arrêts qu'avait fait rendre M. de Lamoignon,
ces lettres en date du mois d'août 1778 reconnurent
aux maire et échevins d'Auxonne le droit de justice
même sur les bois des Crochères et celui de veiller
seuls à la police de ces bois et ce à l'exclusion de
tous juges des eaux et forêts.

Les débats allaient se rouvrir, le procureur du roi
de la maîtrise engage un nouveau procès, la ville
est condamnée à 6000 livres d'amende et au paiement de 2400 francs de droits. Le 20 mai 1783 on
décide au conseil de ville qu'on fera le nécessaire,
puis le 16 juin suivant, on délègue M. Chenevay,
avocat à la cour et premier échevin, pour suivre et
solliciter l'instance.

Le procès n'était pas terminé, quand les habitants
d'Auxonne, au mois de mars 1789, furent rassemblés
pour rédiger les demandes que leurs députés devaient
présenter en leur nom aux prochains états généraux. Or, en Bourgogne, le tiers état dans tous ses
cahiers sans exception demande que « les maîtrises
des eaux et forêts et la table de marbre soient sup-
primées » (1).

La loi du 11 septembre 1790 qui supprima les
officiers des cy-devant maîtrises devait donner satisfaction en principe aux ennemis de l'administration
forestière.

Leur triomphe devait être de courte durée ; dès le
3 juin 1791 le comité des domaines de l'Assemblée

(1) E. Picard, *Les Réformes forestières en Bourgogne dans les
cahiers de 1789, Revue des eaux et forêts, 1876.*

nationale écrivait en effet aux membres du directoire :

« Le comité, Messieurs, ne peut qu'applaudir au zèle qui vous a guidé et aux soins que vous avez cru devoir prendre pour la conservation des forêts qui forment une portion précieuse du domaine national, mais il vous observera en même temps qu'il ne lui a pas paru que vous aviez suivi la marche tracée par les décrets pour parvenir au but que vous vous proposiez et que celle que vous aviez indiquée aux administrations de district pouvoit entraîner les plus grands inconvénients, en ce que, contre le vœu des lois déjà rendues, elle anéantissait le peu de force et d'activité qui reste à l'ancienne administration des eaux et forêts, qu'il est très prudent de conserver jusqu'à ce que l'Assemblée ait décrété la nouvelle organisation dont elle va s'occuper incessamment.

« L'instruction du mois d'août 1790 laisse aux officiers des maîtrises l'entière administration des forêts, sous la surveillance des assemblées administratives et des municipalités. Les décrets rendus depuis et notament ceux des 19 décembre et 15 janvier derniers, les confirment de la manière la plus expresse dans cette administration. »

La loi du 29 septembre 1791 qui créait, sous les ordres du roi, une administration centrale sous le titre de conservation générale des forêts, était bientôt mise à exécution ; le 29 février 1792, le directoire du département de la Côte-d'Or fait connaître aux administrateurs des districts que le ministre des contributions publiques vient de le prévenir du choix que le roi a fait de M. le Blanc pour remplir

les fonctions de conservateur des forêts de la conservation qui comprend le département. Or, se place
ici un détail assez piquant ; pendant plus d'un siècle
la municipalité d'Auxonne a refusé de reconnaître
aux officiers de la maîtrise le droit de visite dans
les bois communaux ; les maîtrises ont changé
de nom, ce sont maintenant des conservations forestières. Influence du nom, influence de l'époque, on
ne saurait expliquer le revirement dans les idées
des magistrats d'Auxonne ; mais le fait est que le
directoire du département de la Côte-d'Or adresse,
à la date du 22 juillet 1792, un arrêté à MM. les
officiers municipaux de la commune d'Auxonne qui
s'étaient plaint que M. le Blanc, nommé par le Roi
conservateur des forêts dans ce département, n'avait
point encore visité les bois de leur communauté.

On pourrait peut-être hasarder comme explication de ce changement d'attitude, que les délits se
multipliaient, qu'en arrêtant les délinquants les
magistrats municipaux risquaient de compromettre
leur popularité et qu'ils préféraient rejeter sur le
conservateur la responsabilité de la répression.

Cet arrêté du 22 juillet 1792 invitait le procureur
syndic du district à poursuivre la réparation de tous
les délits commis dans les bois de réserve et futaie
des communaux devant le tribunal du district.
S'ils résistaient à la juridiction des officiers des maîtrises, les magistrats d'Auxonne devaient cependant
veiller à l'administration de leur forêt communale et
le projet de règlement qu'ils avaient soumis au gouverneur et à l'intendant de la province en mai 1738
faisait de larges concessions à l'application du titre

XXV de l'ordonnance de 1669 concernant les bois appartenant aux communautés et habitants des paroisses.

Tous les bois dépendant de la communauté devaient être arpentés, figurés et bornés dans le délai de 6 mois, d'après les prescriptions de l'article 1er. Le délai était véritablement trop court ; aussi les magistrats d'Auxonne prirent-ils le temps de réfléchir. C'est seulement le 11 septembre 1717 qu'ils se réunirent pour délibérer si on fera faire un plan figuré et un arpentage général de la forêt des Crochères, et comme on était en délicatesse avec la maîtrise de Dijon, on résolut unanimement « que l'on fera venir en cette ville d'Auxonne un arpenteur juré de la ville de Dôle ou d'ailleurs de la Comté pour faire le plan figuré et arpentage des bois des Crochères pour l'envoyer au conseil ».

Le projet fut-il abandonné, ne trouva-t-on pas en Franche-Comté un arpenteur pour se charger de ce travail important, aucun document ne nous a permis de répondre à cette question. C'est seulement de 1740 qu'est daté le :

« Procès verbal de reconnaissance des limites de la forêt des Crochères sous les dénominations et triages de la Feuillée, de Germinie, du canton du Roy et de celuy de la Ville et de plusieurs autres aiges, pasquiers et territoires dépendants et appartenants aux sieurs habitans et communauté de la ville d'Auxonne avec plan géométral levé et dressé par Bernard Gambu, géomètre et arpenteur juré du Roy au siège de la maîtrise particulière des eaux et forêts de Dijon, aux mois de may, juin et juillet 1740, en exécution de l'ordonnance de Monseigneur de la Briffe, commissaire departy par sa Majesté pour la verification des dettes et autres affaires des communautés, rendue le 4 avril 1740, en la présence de Monsieur Thoreau, avocat à la Cour, subdélégué à cet effet. Fait et clos à Auxonne, le 29 juillet 1740. »

Cette très intéressante reconnaissance part de la borne qui fait séparation des finages de Rainans et de Chevigny au comté de Bourgogne et en même temps limite de la forêt des Crochères. L'arpenteur Gambu laissant la forêt des Crochères à main gauche, l'enveloppe entièrement, accompagné du syndic, des deux échevins, du substitut du syndic, des quatre gardes jurés de la forêt des Crochères et de divers indicateurs.

Il relève en passant : « au dessous de la chaussée de l'ancien étang de Biarne où était le moulin de Marlot, dans le courant du bief, une grande borne quarrée, platte, haute de 4 pieds et armoriée des armes de la ville d'Auxonne du coté de couchant; avec le milliaire 1539 » ; « à 18 perches au dessus du moulin de la Bruere une borne de pierre de Sampans, taillée, armoriée des armes d'Auxonne avec le milliaire 1620, haute de 2 pieds 1/2, large de 1 pied, épaisse de 6 pouces ; à 36 perches 2/3 plus loin sur le même alignement une autre borne cassée à rez de terre ; à 26 perches 3/4 une troisième borne armoriée également et placée à 1 pied 1/4 du ruisseau de Germini. » Enfin « une borne taillée et armoriée et milliaire de 1626, séparative du côté du midy de la forêt de la Feuillée et du côté de septentrion des bois de la seigneurie de Flammerans ».

Le canton de la Feuillée dépendant et faisant partie de la forêt contient en superficie la quantité de 317 arpens 3/4 et 7 perches compris 14 arpens entièrement dégradés joignant les terres et les granges de ladite Feuillée où il ne reste que les souches de chênes qui ont été abatus, le surplus étant planté d'une futaye de différents âges, essence de chêne, sous laquelle est un taillis aussi de differents âges.

Le canton appelé Germini contient la quantité de 47 arpens, il est emplanté d'une ancienne futaie moins dégradée que celui de la Feuillée, sous laquelle est un taillis de différents âges, essence de chêne et assez bien peuplé, observant que dans les 47 arpens composant l'état actuel du canton de Germini, il n'a pas compris un terreau de 3 journaux 1/3 sur lequel se trouve construit le moulin appelé la Bruere et tous les bâtiments d'iceluy possédés par Philippe Bray qui lui a déclaré le tenir à titre de cens et rente du sieur de Broissiat, seigneur de Chevigny, que le dépendant de ce même terrain parait visiblement avoir été usurpé sur ladite communauté d'Auxonne tant par l'allignement des 3 bornes qui font séparation et limite du bois de Peintre et du canton de Germini que par le lit ou ancien cours du ruisseau de Chevigny séparatif des prés de Peintre et de la forêt des Crochères dite canton du Roy et la coupure qui a été pratiquée au-dessus dudit moulin pour en détourner le cours et luy former un nouveau bief.

Le canton du Roy séparé du canton de la Ville par le chemin tirant d'Auxonne à Rainans contient 1480

arpens 1/2 et 7 perches et le canton de la Ville 175
arpens 1/4.

Ce qui fait en tout avec la Feuillée et Germini :
2634 a. 1/2, 7 perches.

Gambu, après avoir donné la contenance de la
forêt, ajoute qu'il lui a paru que lesdits deux cantons du Roy et de la Ville sont entièrement ruinés
et dégradés, que tous les arbres qui y sont plantés
sont d'essence de chêne, la plus grande partie
desquels sont ébranchés, coupés et déshonorés,
le taillis qui est dessous est en quelques endroits
assez beau, garni de jeunes chênes qui demandent
à être conservés.

Les indicateurs et les gardes forestiers lui ont
dit dans le cours de ses visites, reconnaissances et
arpentages que les dégradations qui y paraissent sont
faites journellement, quelque soin que l'on prenne
d'y veiller, par les usagers qui sont les habitants de
Villers-Rotin, Peintre, Chevigny qui sont riverains
de ladite forêt et situés au Comté de Bourgogne et
même par ceux de Billey, Flammerans et habitans
des Granges d'Auxonne aussi voisins tous lesquels
non seulement coupent, scient les arbres mais encore les écorcent par le pied pour les faire mourir. »

Puis il indique les mesures à prendre pour rétablir la forêt dans un état qui pût à l'avenir être
utile à la communauté d'Auxonne.

« Il conviendrait de la recéper totalement en ménageant néanmoins les arbres sains et vifs et met-
tant ladite forêt en coupe réglée, tant les bois de
Chardenot que les Aiges, et de même pour différentes parties composant ce que l'on appelle com-

munément la forêt des Crochères, n'y ayant à vrai
dire que le canton qu'on appelle Germini qui soit
moins endommagé, dégradé et déshonoré. »

« Ce patrimoine de la ville d'Auxonne, qui est le
plus considérable et le plus précieux qui lui appar-
tienne, demande beaucoup d'attention et de très
grands soins pour en éviter le dépérissement total
qui est déjà beaucoup avancé par la licence et la
facilité que les habitants des Granges qui sont voisins
de laditte forêt et ceux des baraques en grand nombre établis dans l'intérieur et sur les bords se donnent de couper à leur gré du bois de toute espèce
dont ils font un commerce public ; et aussi parce
que les désordres sont commis par les communautés riveraines particulièrement par celles dépendant du comté de Bourgogne qui n'est séparé du
duché que par le ruisseau appelé bief au delà duquel les forestiers n'osent plus suivre les délinquans
mesusans ny saisir les corps de délit commis
dans ladite forêt à cause de la différence des territoires en juridiction qui procurent l'impunité des
dégradateurs étrangers. »

Gambu achève son procès-verbal en recomman-
dant de « limiter les essarts et conversions en terres
ou prés par de larges fossés ou terreaux ou par des
bornes en nombre suffisant surtout dans les Crochères dont le terrain est très propre à produire de
beaux arbres pour le service du Roy et de l'État avec
d'autant plus de facilité et d'utilité qu'elles se trouvent presque sur les bords d'une rivière navigable
qui est la Saône. »

Quant aux usurpations constatées, elles sont au

nombre de 406 et elles portent sur 1173 journaux à raison de 360 perches par journal, de 9 pieds 1/2 de Roy.

Le procès-verbal d'arpentage dressé par Gambu avait été motivé par une instance pendante entre la ville d'Auxonne et messire Joseph, comte de Méria, seigneur de Rainans et encore révérend père Jean Allard, procureur du collège des révérends pères jésuites de Dôle, en cette qualité seigneurs de Jouhe et propriétaires de la Grange de Bouquerans.

Bien que Gambu fût arpenteur juré de la maîtrise, il paraîtrait que son travail n'avait pas été exécuté en conformité de l'ordonnance. Aussi quand l'arrêt du conseil du 13 décembre 1740, prescrivant l'arpentage général et la levée du plan figuratif des bois d'Auxonne, eut été rendu exécutoire, le grand maître, par ordonnance du 20 février 1741, commit pour l'exécution dudit arrêt les officiers de la maîtrise de Dijon et le nommé Richon, arpenteur. Les officiers de la maîtrise dressèrent leur procès-verbal le 27 juin suivant et, à titre de concession, ils se servirent du travail de Gambu, pour éviter de nouveaux frais à la ville. Le 28 septembre 1741, permission fut donnée de faire assigner les particuliers dénommés dans le procès-verbal de Gambu, comme usurpateurs ; les assignations furent lancées les 16 novembre 1741 et 21 février 1742. Puis il se fait un silence de treize ans et c'est seulement le 7 avril 1755 que, sur l'avis du sieur de Fleury qui a remplacé le sieur d'Auxy comme grand maître des eaux et forêts du département de Bourgogne, on reprend la procédure qui aboutit à

9*

l'arrêt du conseil du 23 décembre 1755. Cet arrêt prescrit de procéder « aux frais des maire, échevins et habitans de la ville d'Auxonne, au choix, à la distraction et au bornage du quart juste de la totalité des bois dépendans de ladite ville, à prendre dans l'endroit où le fonds est le meilleur et le plus propre à croître en futaye, sans que les maire, échevins et habitans, leurs successeurs ni autres, puissent y faire aucune coupe si ce n'est en vertu d'arrêt et lettres patentes duement vérifiées, conformément à l'article IV du titre XXIV de l'ordonnance, et au règlement des trois autres quarts desdits bois en coupes ordinaires à l'âge de 25 ans, qui seront distinguées et désignées par première et dernière sur le plan général desdits bois pour le nombre d'arpens dont chacune doit être composée ; à l'effet de quoi il en sera dressé procès-verbal, pour être avec ledit plan déposés au greffe de ladite maîtrise ; que lors de l'exploitation de celles desdites coupes qui se trouveront en nature de taillis et dont la première ne pourra être faite que lorsqu'il aura atteint l'âge de dix ans au moins, il sera réservé par chaque arpent trente baliveaux de l'âge du taillis, de brin et essence de chêne, autant qu'il sera possible, outre tous les anciens et modernes qui y seront, sans pouvoir en abattre aucun que sur la permission de Sa Majesté ; que dans les coupes qui seront peuplées totalement en futaye, il y sera réservé aussi par chaque arpent tous les arbres de l'âge de cent ans et au-dessous, qui se trouveront sains, bien venans et d'espérance ; et pour mettre les maire, échevins et habitans en situation de pourvoir à l'entretien de leurs bâtimens, Sa Majesté leur a permis et permet d'exploiter au feur et à mesure desdites coupes et jusqu'à leur révolution seulement le surplus des arbres de l'âge au-dessus de cent ans qui y seront et ce suivant la marque et délivrance qui leur en sera annuellement faite par ledit sieur grand maître ou les officiers de ladite maîtrise par lui commis, dont il sera dressé procès-verbal pour être déposé au greffe de ladite maîtrise et attendu qu'il s'agit de l'aménagement desdits bois, Sa Majesté a dispensé et dispense les supplians, pour la coupe des arbres en question, de la formalité des lettres patentes prescrites par ladite ordonnance de 1669. »

Préalablement à ces opérations les officiers de la maîtrise devront reconnaître les délits dont il sera dressé procès-verbal pour être poursuivis à la requête du procureur en la maîtrise et prononcé par les officiers contre les auteurs, complices et adhérents, telles peines et amendes qu'il appartiendra.

Tout contrevenant au règlement sera, en son propre et privé nom, condamné à deux mille livres d'amende, sans aucun recours ni répétition contre la ville.

Les propriétaires riverains de la forêt seront assignés devant les officiers de la maîtrise à l'effet de représenter les titres en vertu desquels ils possèdent leurs héritages ; s'ils ne se sont pas exécutés dans le délai de trois mois à dater de l'assignation, leurs héritages seront réunis au corps des bois et ils devront les remettre en nature de bois, « à quoi il sera procédé à leurs frais à la diligence du procureur de Sa Majesté en ladite maîtrise, sauf après lesdites réunions à augmenter à proportion le quart de réserve et les coupes ordinaires ». Cet arrêt fut rendu exécutoire le 16 février 1756 par ordonnance de Claude-François de Renouard, chevalier, comte de Fleury-Villayer, vicomte de Bois-Herpin, conseiller du Roi en ses conseils, grand maître enquêteur et général réformateur des eaux et forêts de France au département des duché et comté de Bourgogne, Bresse, Haute et Basse-Alsace.

Une ordonnance du 24 mars 1756, rendue par le grand maître de Fleury, commit à cet effet les officiers de la maîtrise de Dijon et l'arpenteur Trullard. Cette commission fut confirmée le 6 juillet de la même année par le grand maître de Marizy.

Mais de même que le remplacement de M. d'Auxy par M. de Fleury avait interrompu la procédure, le remplacement de M. de Fleury par M. de Marizy va de nouveau entraîner un long délai.

Ce n'est qu'en 1769, que Jacques-Bénigne Greban de Saint-Germain, conseiller du Roi, maître au siège particulier des eaux et forêts de Dijon, se rend à Auxonne, assisté de l'arpenteur Trullard, pour faire la reconnaissance de la forêt, asseoir le quart en réserve et les coupes ordinaires.

La reconnaissance a lieu en compagnie du maire et du syndic, elle dure du 11 au 22 septembre et on constate :

« Canton du Roy, que partie de ce canton est en revenue de 5 à 6 ans, essence de chêne, charme, tremble et autres bois blancs, le chêne dominant, sans aucuns arbres anciens ny modernes, que le recru a deja souffert du broutissage dans différents endroits ; qu'une autre partie dudit canton est aussi

en revenue de l'âge de 3 à 4 ans, essence de chêne
pour la majeure partie, assez bien conservée et chargée d'un bon nombre d'arbres qui profitent encore ;
qu'une troisième partie du même canton est en
places vuides et vagues dans lesquelles on apperçoit
une legère semence déja abroutie de toutes essences
et plusieurs arbres épars, essence de chêne, morts
en cime et déshonorés, cette dernière partie faisant
environ la moitié de ce canton.

« Canton de la Ville. Ledit canton est en revenue et
taillis de l'âge depuis 1 jusqu'à 16 et 18 ans, essence
de chêne, charme, tremble, coudre et autres bois
blancs, une partye d'ycellui, pour environ 140 arpens est en place vuide où il n'a cru que des buissons et épines, elle est chargée de plusieurs arbres
épais bons et mauvais, le canton est actuellement en
coupe en vertu d'un arrêt du conseil et son exploitation est aux environs des deux tiers.

« La Feuillée, en revenues de plusieurs âges, le
dernier étant de 10 à 12 ans, essence de chêne,
charme, tremble et coudre, le chêne dominant, qui
ont souffert dès leur naissance et depuis d'un brouttage assez considérable, aucuns anciens, ni modernes
ni balliveaux de l'âge de l'exploitation ; quelques
arbres faisant lisière du côté du levant et du nord,
quelques places vuides et vagues.

« Germigny, en taillis de l'âge de 12 à 15 ans et de
même essence que le canton de la Feuillée, et qui a
pareillement souffert du brouttage dès sa naissance.
Ce canton est chargé d'environ douze arbres chênes
par arpent, tous sur le retour, dépérissants et morts
en cime.

Le canton du Roy est compté pour . .   1482 a. 24 p. 2/3
Le canton de la Ville . . . .   775 a. 25 p.
Le canton de la Feuillée . . . . .   308 a. 82 p.
Le canton de Germigny . . . . .   47 a.   »

« Or comme la contenance totale assignée à la forêt est de 2823 a. 3 p., il s'en suit que le maître particulier a incorporé dans la forêt les Aiges pour 212 arp. 87 p., malgré les observations du syndic qui prétend que ces aiges n'ont jamais fait partie des bois communaux, que ce sont des places vagues où il a cru quelques mauvais bois et qu'il n'y a aucune comparaison à faire entre l'avantage que la communauté pourrait tirer de l'amodiation de ces places vagues et ce qu'elle en tireroit si on les laissoit en broussailles avec quelques bois blancs. M. de Greban tint bon, le quart en réserve fut calculé sur la contenance totale de 2823 a. 3 p. et il fut apposé dans les cantons de la Feuillée, Germigny et une partie du canton du Roy, les limites étant au nord : les terres d'Auxonne et de Flammerans ; au sud : le restant du canton du Roy, la route séparative entre deux.

« Les trois quarts restant, soit 2117 arpens 27 perches, furent divisés en 25 coupes égales ; la première à prendre au canton du Roy joignant la route séparative du quart de réserve, les coupes allant de suite en suite au même canton de nord au midi ; la quatorzième coupe assise partie dans le canton du Roy et partie dans le canton de la Ville en allant toujours de suite en suite de nord au midi ; la vingt-troisième coupe partie dans le canton de la ville du côté de Billey et partie dans les Aiges, les

vingt-quatrième et vingt-cinquième coupes dans les
Aiges.

Le procès-verbal d'aménagement prescrit : « attendu le brouttage sur les taillis composant le quart en
réserve, ce qui rend la revenue rabougrie et hors
d'état de jamais produire une belle futaie, le rece-
page général dans l'espace de quatre ans, excepté
toutefois les baliveaux anciens et nouveaux. » Il ordonne également la même opération dans toutes les
aiges avec défense de faire champoyer aussi bien
dans les aiges que dans le quart en réserve « qu'au
préalable le recru n'ait été déclaré défensable ».

Enfin en ce qui concerne les vides, « attendu les
grands espaces de terrein qui se trouvent vuides
et vagues dans l'étendue desdicts bois tant au quari
de réserve que dans les coupes annuelles ce qut
provient du brouttage tant ancien que nouveau » le
maître particulier estime « qu'il est indispensable de
les labourer et ensemancer de glands pour les repeupler, ce qui ne pourra manquer de réussir attendu
la bonté du terrein. »

D'ailleurs ces travaux de repeuplement étaient
prévus, puisque, dans les motifs de la requête pour
obtenir les octrois extraordinaires qui lui furent accordés par arrêts du conseil des 9 septembre 1760 et
9 juin 1761, la ville avait fait valoir entre autres motifs qu' « il en coûtera aux environs de 12000 livres
tant pour le bornage et l'aménagement des bois
communaux que pour les frais de semer des glands
et pour la réclamation des fonds usurpés sur ces
bois par les riverains ».

Si les travaux de repeuplement ne furent exécutés que bien plus tard, le bornage, qui comportait la fourniture et la plantation de 214 bornes, fut entrepris dès 1772 par un sieur Friquet de Billey, moyennant la somme de 1120 livres. Les bornes devaient être en pierre de Sampans.

Mais avant qu'on procédât à l'assiette de l'aménagement, les habitants d'Auxonne avaient réussi à le faire modifier. Ils s'étaient pourvus au conseil contre l'incorporation des Aiges, en invoquant les dispositions de l'article 7 du titre XXV de l'ordonnance qui permettaient de donner à ferme par adjudication les endroits inutiles et superflus, ils avaient même consenti des baux sur le pied de 9 livres 10 sols par journal soit 14 livres 5 sols par arpent, ce qui, d'après leur calcul, représentait, pour une durée de 25 ans, un revenu de 354 livres 5 sols, que ne pouvait atteindre aucun sol forestier. A titre de concession, ils consentaient, après distraction des Aiges, à ce que le quart en réserve fût maintenu dans les limites fixées par M. Greban de Saint-Germain.

La ville d'Auxonne eut gain de cause et un arrêt du conseil du 2 avril 1771 permit la distraction, amodiation et défrichement des Aiges, réduisit à 23 ans la révolution et à 23 le nombre des coupes ordinaires dont la dernière n'aura plus que 56 arpents.

Ce même arrêt autorisait la vente et adjudication de 711 arpents 16 perches du quart en réserve, à charge de faire l'exploitation par recépage et sans aucune réserve de baliveaux, de ravaler toutes les souches le plus près de terre que faire se pourra,

de repiquer de glands et faines les places vaines
et vagues. Le bois qui reviendra devait être conservé pour croître en futaie sans qu'on y puisse faire
coupe sinon en vertu d'arrêt.

L'aménagement de 1769 n'avait pas même été
assis sur le terrain qu'il était déjà modifié.

L'aménagement de 1771 dura trente ans.

L'aménagement aujourd'hui en vigueur date de
1801, il aura bientôt un siècle d'existence ; nous
montrerons, quand nous arriverons à la période mo-
derne, qu'il satisfait à la plupart des conditions d'un
bon aménagement, aussi faut-il le respecter. Quand
une coupe ordinaire est pendant quatre révolutions
assise dans les mêmes limites, elle entre dans la
tradition et le respect de la tradition est une des
forces du service forestier dans la gestion des forêts
communales.

C'est pour avoir donné successivement raison aux
officiers de la maîtrise et aux magistrats municipaux
que l'autorité royale, malgré la sagesse des mesures de l'ordonnance de 1669, n'avait réussi qu'à
laisser, à la fin du siècle dernier, une forêt dimi-
nuée et en désordre.

L'arpenteur Noël Bezulier procéda à la distraction par bornes et fossés des 17 cantons de broussailles dites les Aiges pour être ensuite défrichées et
amodiées au profit de la ville. Ces aiges d'une contenance totale de 197 arpents 3/4 étaient les unes
en bois, les autres en friches ; parmi les premières :
le Chardenot, l'Aige au Serrurier, l'Aige au Ceri-
sier, les Essarts, l'Aige des Cloches, le Buisson Rond,
le Bois Joly, le bois du Roussel, les Barillets ; par-

mi les secondes : le bois Ramé, l'Aige Ronde, l'Aige Morelet, l'Abreuvoir, les Cinq Journaux, l'Oizerolle, le Bouchot et la Petite Aige des Cloches. Seul le bois Joly n'a pas été défriché, et ce canton a été rattaché au quart en réserve.

Après la distraction des Aiges et leur arpentage, il ne faut pas croire qu'on pouvait être fixé sur l'étendue boisée de la forêt communale d'Auxonne ; c'est ce qu'avaient bien compris les magistrats municipaux, quand, à la date du 18 juillet 1785, ils délibérèrent « quel parti on prendra pour constater la quantité de bois plain à exploiter dans les quatre premières coupes qu'on se propose de vendre ».

« Le sieur Carette, arpenteur demeurant en cette ville, demeure chargé de lever incessamment le plan desdites quatre coupes et de distinguer géométriquement les parties vuides des parties plaines, et réfléchissant sur le peu de connaissance que procure le plan général levé en 1740 par Gambu, relativement à la contenance réelle et distinctive desdites parties plaines ou vuides de cette forêt comprises indistinctement dans les coupes réglées, par l'aménagement de 1769, il convient de continuer l'opération sur toutes les coupes aménagées, afin d'acquérir une connaissance plus entière sur la valeur intrinsèque de la forêt et pouvoir prendre sur cet objet intéressant le parti le plus sûr et le plus avantageux.

Il était grand temps en effet de prendre pour le bien de la forêt le parti le plus avantageux ; car depuis la promulgation de l'ordonnance de 1669, la résistance de la municipalité à la tutelle de la maîtrise avait accru encore le désordre des exploitations. Le conseil de ville avait bien pris de nombreuses délibérations pour réglementer la jouissance, mais il a dû, dans maintes circonstances, reconnaître son impuissance et en déplorer les conséquences.

C'est ainsi qu'à la date du 10 décembre 1672 on trouve dans le registre des délibérations deux ordonnances concernant la forêt :

« Ordonnons à tous ceux et celles à qui nous avons accordé des bois soit pour bastir ou pour la réparation de leurs maisons et qui, jusqu'ici ne s'en sont pas servis, de les employer utillement ausdittes réparations ou constructions dans un mois pour tout délai, à faulte de quoy faire et ledit temps passé, nous les avons déclarés dès maintenant acquis et confisqués au proffit de ladite ville, enjoignons audit procureur syndic de s'en saisir et de les faire conduire dans la cour de la maison de ville.

« Faisons deffences à tous les laboureurs qui occupent les granges de ceste ville et autres de couper aucun bois de chasne dans les bois communaulx de ladite ville, soit pour employer à leur chauffage ny ailleurs, sans préalablement en avoir obtenu la permission de nous à peine de dix livres d'amende et de tous depens, dommages et interêts, ordonnant aux messiers et gardes du bois de se transporter chacune semaine auxdittes granges pour recognoistre les contrevenans dont ils feront leur rapport au greffe pour être ensuite pourveu ainsy qu'il appartiendra. »

Six mois après, le registre des délibérations, à la date du 6 juin 1673, nous montre que le mal ne fait que s'aggraver. « Sur autre proposition à ce qu'il étoit expédient de pourvoir aux grands abuts qui se commettoient dans les forêts appartenant à ladite ville, en ce que plusieurs particuliers faisoient couper des bois d'une quantité extraordinaire sous prétexte de construire des baptiments dans le finage dudit Auxonne lesquels baptiments estoient inutiles à cause des fortiffications auxquelles l'on travaille présentement sy vrai que dans peu de jours on sera peut être contraint de faire démolir lesdits baptiments et pour ceulx qui tesmoignent vouloir emploier lesdits bois en cette ville au lieu de couper seullement les pieds d'arbre nécessaires pour les principales pièces desdits baptiments et se contenter de la concession qui leur en est faite, l'abus est si grand, qu'ils en vendent une partie et jectent par terre les pieds d'arbres les plus considérables de ladite forêt pour les faire scier et les emploier à des ouvrages auxquels ils n'ont point été destinés ce qui est contraire aux anciens règlemens de ladite ville; savoir si pour remédier à ces abus on révoquera toutes les concessions qui se sont cy-devant faittes pour construire des baptimens dans ladite ville et quelle quantité de bois et de quelle espèce on accordera à ceux qui veulent bastir en ladite ville.

« Sur quoy a esté résolu qu'à l'advenir et pour tousiours il ne sera accordé à qui que ce soit aucuns bois pour bastir hors de ladite ville pour quelque cause et prétexte qu'on puisse alléguer. Et au regard de ceux qui vouldront construire des baptimens

dans ladite ville ou réparer leurs maisons, qu'il leur
sera seullement accordé les principales pièces conformement aux autres règlemens faicts en cette
chambre pour ce regard, lesquels seront examinés
par messieurs les magistrats, afin de recognoistre
plus en particulier ce qui devra être accordé à ceulx
et celles qui demanderont les dits bois, auxquels il
sera deffendu très expressement de porter la scie
dans ladite forêt ni de faire couper aucuns bois avec
ladite scie, ains seullement avec la coignée après
qu'ils auront esté marqués avec le marteau des armes
de laditte ville, qui pour cet effet sera retiré des
mains des gardes de ladite forêt et déposé dans la
chambre de ladite ville sous la clef desdits sieurs
magistrats, lesquels se pourvoiront à la cour pour
faire homologuer la présente délibération et faire
dire qu'au cas de contravention les délinquants demeureront condamnés en cent livres d'amende applicables à l'hopital de ladite ville et aux intérests
ensemble à la confiscation des chars, chevaux et
outils qui se trouveront dans la forêt. »

Ces mesures ne devaient point encore protéger la
forêt ; du moment où un bois communal est ouvert
à une population entière, il est impossible à des
gardes, aussi actifs qu'ils puissent être, d'empêcher
les abus et de prévenir les dégradations. Toutefois
il convient de reconnaître que le système de la régie,
inauguré en 1710, s'il avait été appliqué avec persévérance, eût constitué un réel progrès pour la conservation de la forêt.

C'est à la réunion du 29 mai 1710 que cette mesure
fut décidée :

« A laquelle assemblée M. le maire a exposé que les
bois communaux de cette ville qui ne consistent
qu'en haute futaye estant tout ce qu'elle possède
de plus précieux, on ne pourrait prendre trop
de précautions pour les conserver soigneuse-
ment ; que cy-devant et tandis que le bois de chauffage estoit commun et a bon prix audit Auxonne il
avoit esté facile de les maintenir en bon estat par
les empeschemens exacts qu'on aportait qu'aucun
habitant n'entrât dans la forêt pour y prendre du bois
de chauffage de quelque qualité qu'il pust estre,
mais seullement pour en tirer les bois nécessaires pour bâtir et reparer les maisons de ladite
ville, que depuis quelques années que ledit bois de
chauffage estoit devenu rare et cher audit Auxonne
on avoit cru qu'on devoit se relacher de ce bon ordre
anciennement et de tout temps estably, de manière
que sans bien considérer les suittes de ce relache-
ment on avoit toléré que les habitans prissent et
fissent façonner pour leur chauffage les bois de ladite forest gissans par terre consistant tant aux dépouilles des arbres coupés pour les constructions et
réparations des maisons que ceux abattus par les
vents ou tombés par caducité, tolérance très perni-
tieuse ainsi que le temps et l'expérience l'ont fait
voir, ce qui causeroit la ruine totale de ladite forêt si
elle estoit continuée. En effet les granges de la banlieue de ladite ville se trouvent beaucoup multipliées
et à présent au nombre de plus de six vingt, dont la
pluspart sont domiciliés presqu'à l'entrée de la forêt
et avec eux d'autres habitans de ladite ville ayans
chevaux et harnois non seulement tirent et ont profit

de cette licence en vendant et débitant le bois comme si c'estoit leur propre patrimoine, mais par un abus bien plus préjudiciable à la communauté, les uns coupent les chesnes sur pied quoyque verts et seins pour les convertir en bois de moulle et les autres les font sécher par l'enlèvement de leurs écorces ou par le feu qu'ils mettent exprès ou autrement pour se donner le pretexte de les abattre ensuite avec impunité, en s'excusant qu'estans secs, ils ne peuvent plus servir qu'à faire du bois de chauffage.

« La vigilance des magistrats, la vigueur des peines qu'ils ont coutume d'imposer sur ceux qu'ils peuvent convaincre d'avoir délinqué et les gardes de la forêt qui la parcourent nuit et jour n'ont pas été capables jusques icy d'empescher tous ces desordres et que ladite forest ne se trouve entièrement dégradée, il faut donc à moins que de la vouloir abandonner au pillage, chercher quelques moyens pour la garantir à l'avenir sans pourtant priver les habitans du secours du bois de chauffage qui peut provenir des arbres gissans, abattus et de leurs dépouilles. Or on propose s'il ne seroit pas à propos d'establir une régie où les sieurs magistrats prendroient la peyne de faire façonner en bois de moulle les bois gênans et arbres secs quoyque sur pied quand ils ne se trouveroient propres à aucun autre usage, faire conduire et charoyer lesdits bois façonnés dans un lieu propre et commode hors de la forest, où il sera gardé, empillé et débité aux habitans de la ville et granges qui en auront besoin suivant le prix ou taux qui sera réglé par les sieurs magistrats par rapport aux frais qu'il aura coustés et à ce que le bois de chauffage qu'on amenera d'ailleurs à vendre audit Auxonne pourra valoir, pour les deniers en provenans estre touchés par le receveur de la ville pour en compter annuellement comme des autres deniers de sa recette et le revenant bon s'il s'en trouve, après tous frais de ladite régie prélevés, estre employés au paiement des debtes et autres affaires les plus urgentes de la communauté. Et à ce préalable et pour établir la régie que très expresses inhibitions et deffences soient faites aux habitans d'entrer avec harnois dans la forest pour y enlever et charger desdits bois gênans, si ce n'est de l'ordre des sieurs magistrats et pour être conduits au lieu commode qui aura esté par eux choisy pour faire le depost des bois de chauffage à peyne de confiscation des harnois, chevaux et bœufs qui se trouveront à la conduitte et de telle amende qui sera arbitrée. »

L'assemblée à l'unanimité adopta les conclusions du rapport du maire et décida :

« Que les sieurs magistrats feront déposer tous les bois de moulle dans un endroit le plus convenable et commode que faire se pourra appartenant à la ville et au cas qu'il ne s'en trouve pas les sieurs magistrats en prendront à loyer de ceux qu'ils jugeront à propos, feront construire un parc ou enclos avec une petite maison pour loger celui qui sera chargé de la distribution desdits bois. »

Cette délibération fut homologuée par un arrêt du parlement de Dijon du 30 juin 1710.

Dès le 12 juillet suivant les maire et échevins de

la ville d'Auxonne se qualifiant juges ordinaires
audit lieu tant au civil, qu'au criminel et à la police,
prennent un arrêté d'exécution.

« Sur les remontrances à nous faites par le substitut du procureur du Roy de l'hostel de ville que
les grangers et autres dégradoient et ruinoient entièrement les bois communaux et que leur principal commerce est la vente desdits bois et que ce
revenu si bon et si fixe pour eux les avoit même
accrus considérablement et qu'au préjudice des
ordonnances ils s'établissoient de tous côtés sur le
bord de ladite forêt et ce pour avoir mieux la liberté de les couper et qu'ils les vendoient soit en
ville soit dans les lieux circonvoisins et que pour
cet effet ils en faisoient des amas considérables au
devant de leurs granges ou baraques comme aussi
qu'ils coupoient des pièces d'arbres et plusieurs
autres petits bois tant pour faire des paux et des
hayes mortes pour clore leurs heritages qu'autres
usages et qui causeroient une ruine entière desdits
bois communaux et que plusieurs autres particuliers sous prétexte d'aller chercher du bois mort
abattoient des arbres vifs et d'autres montoient
sur lesdits arbres pour les escouronner ce qui avoit
mis la forêt dans un état pitoyable et otoit à la
communauté le moyen de vendre du bois pour l'acquittement de ses dettes.

« Sur quoy faisant droit, nous avons fait et faisons
très expresses inhibitions et deffences à tous habitans de cette ville, granges en dependant et à chacun d'eux et à tous autres d'entrer à l'avenir sans
notre permission dans la forêt des Crochères, Ger-

migny, la Feuillée, Chardenot et dans tous les aiges
et cantons en dependans avec harnois, serpes et cognées pour y couper, enlever ou charger des bois
de quelqu'espèce qu'ils puissent être mort ou vif, à
peine de confiscation des harnois, chevaux, bœufs,
cognées et haches et de l'amende arbitaire, ce qui
sera exécuté par provision en cas d'appel. Ordon-
nous qu'en conformité de laditte délibération les
arbres morts ou secs qui sont dans la forêt seront in
cessamment coupés par nos ordres et par ceux qui
seront par nous commis pour être convertis en bois
de chauffage et amenés dans un parc et même ceux
qui sont au devant des granges et baraques, le payement de la façon duquel leur sera payé sur le pied
du traité qui en sera fait par nous pour la façon de
chaque moule, où ils seront vendus aux particuliers
et habitans de cette ville et des granges et au prix
qui sera par nous réglé par chaque moule, ce qui
sera payé entre les mains du receveur de cette ville
auparavant livraison du bois qui ne sera faite que
sur la représentation de la quittance dudit receveur,
et remise d'icelle entre les mains de celuy qui sera
par nous préposé pour la vente et distribution des
bois de chauffage. Et affin que personne ne prétende
cause d'ignorance, notre présente ordonnance sera
leue, publiée et affichée par les fauxbourgs de cette
ville. »

Cette mesure n'avait pas été sans soulever des
protestations, mais les idées de liberté municipale
n'étaient pas étouffées à Auxonne ; en plein règne
de Louis XIV on y exerçait le referendum. C'est
ainsi que le 21 décembre 1710 toute la population

fut convoquée en assemblée générale « pour délibérer sur l'ordonnance rendue par les sieurs commissaires le 21 novembre dernier concernant la régie
des bois communaux de cette ville, de laquelle lecture a été faite, ensemble celle du 29 mai dernier ;
ensuite de quoy les voix et suffrages ont été pris
ainsi que s'ensuit, sous protestation du procureur
du Roy que les voix et suffrages de tous les grangers ne puissent être tirés à conséquence. » L'avis
de la majorité est favorable au maintien de la régie en
économie, et on décide qu'on tiendra des registres
de contrôle.

Mais l'opposition ne désarme pas et quand elle
peut réunir la majorité parmi les membres présents
au conseil de ville, elle se hâte de faire décider, le 9
septembre 1714, « que l'on ne saurait mieux faire
que de trouver un adjudicataire auquel on puisse
vendre tous les branchages du bois que l'on coupe
annuellement dans la forêt même ceux qui sont actuellement gisans par terre, le procureur du Roy
fera incessamment publier dans les endroits accou-
tumés pour trouver un appréciateur et en être ensuite la délivrance et admodiation faite par devant
MM. les Magistrats à ceux qui feront la condition
meilleure ».

Les partisans de la régie reprennent bientôt leurs
positions, le 29 décembre 1714, ils font admettre
« qu'il est plus avantageux à la communauté que
la régie des bois subsiste que de faire une adjudication des branchages, que ladite régie sera de nouveau continuée et que pour remédier à tous les
abus, tous les bois qui seront façonnés seront dépo-

sés au parc, qu'il y aura receveur et contrôleur qui auront des gages. »

Mais à peine les magistrats municipaux ont-ils essayé de réglementer la délivrance des bois de chauffage, que la délivrance des bois de construction appelle de nouveau leur attention, et qu'une ordonnance de police est rendue le 3 août 1715.

« Sur les remontrances à nous faites par Mᵉ François Delaval, procureur syndic de ladite ville, que plusieurs habitans soubs pretexte de batir ou de faire réparer leurs maisons, soit par connivence ou autrement avec leurs charpentiers et ouvriers demandent deux fois plus de pieds d'arbre qu'il ne leur en faut, pour débiter le surplus à tels usages que bon leur semble, les vendent et en font leur proffit, que d'autres laissent lesdits pieds d'arbre pendant plusieurs années dans les rues et lieux écartés où ils les laissent perdre et pourrir, tout cela au préjudice de ladite ville et au mépris des anciennes et nouvelles ordonnances de police rendues à ce sujet et qui ne leur accorde lesdits arbres qu'à condition de justifier l'employ dans trois mois à compter du jour desdites permissions à peine de confiscation desdits arbres au profit de la ville et de vingt livres d'amende, requiert ledit procureur syndic que pour faire cesser de semblables abus, qu'il nous plaise en renouvellant nos précédentes ordonnances qu'il lui soit permis de faire saisir tous lesdits pieds d'arbre qui sont estans dans ladite ville et banlieue pour être vendus au profit de ladite ville a tout le néanmoins que ceux accordés aux habitans depuis environ trois mois dont les particuliers justifieront de l'employ dans le temps de trois mois à compter du jour des permissions. »

Le procureur syndic profite de l'occasion pour renouveler les défenses relatives au bois de chauffage, en se faisant autoriser à « encore saisir tous les bois de chauffage chêne provenant de la forêt des Crochères qui se trouveront habergés dans les granges et au devant des maisons des habitans des granges pour être pareillement vendus au profit de ladite ville ou encore être mis à son usage et besoin ainsi que nous jugerons à propos avec deffence à eulx et à tous autres de pouvoir couper à l'avenir dans la forêt que pour leur usage de chauffage de celui permis c'est-à-dire bois plane, bois gisant par terre ou abattu par les vents ny d'en pouvoir vendre à qui que ce soit soubs quelque prétexte que ce puisse être à peine de confiscation desdits bois, chevaux, harnois qui auraient servi à en faire l'enlèvement, dépens, dommages intérêts de ladite ville, de vingt livres d'amende contre chacun des contrevenans, au paiement desquels ils seront contraints nonobstant toutes oppositions, appellations et sans y préjudicier attendu qu'il s'agit de fait de police. »

Le conseil de ville fit droit aux remontrances du procureur syndic ; mais, en se reportant à ces remontrances on constate que la régie rétablie le 29 décembre 1714 ne fonctionnait déjà plus le 3 août 1715. Les habitants des Granges pouvaient continuer à couper du bois de chauffage dans la forêt, pourvu qu'ils n'en fissent pas commerce.

Le 21 septembre 1715 on décide « que pour le bien de la forêt et en éviter les abus par la trop grande facilité que les habitans ont à demander des pieds d'arbre, il sera par eux payé trois livres pour chacun pied, savoir 20 sols à la fabrique et 40 sols au profit de la ville. » Cette redevance de 40 sols au profit de la ville était une innovation ; jusqu'alors on ne payait que la redevance de 20 sols au profit de la fabrique. Les coudriers et sauvageons à greffer étaient aussi l'objet des convoitises des habitants des Granges, aussi le 20 mai 1718 on fait défense « de couper du coudrage dans ladite forêt, comme encore d'arracher aucuns arbres francs qui naissent dans ladite forêt ».

Le maire comprenait tout l'intérêt que la ville d'Auxonne pouvait avoir à conserver sa forêt, et il y donnait ses soins et son attention, mais il n'arrivait à aucun résultat satisfaisant. Aussi dans la séance du 18 mars 1725 il expose « que la plupart des habitans n'ayant pour objet que leur intérêt particulier et mal réfléchi semblent s'efforcer pour détruire la forêt et vont mesme jusqu'à la rebellion lorsqu'il s'agit d'arrêter le cours de leurs entreprises et dégradations. On amène en ville des chars de bois défendu et de chêne vif, les grangiers prennent toutes espèces de bois dans la forêt pour clore leurs heritages (4000 à 5000 voitures par commune année). » Il déclare que si le syndic ne veut pas poursuivre, il demande à être déchargé du soin de la forêt puisque ceux qu'il prend sont inutiles. Le premier échevin rend hommage au zèle de M. le maire, Claude-Joseph Belliguet de l'Estang, et le conseil à l'unanimité décide que le syndic sera prié de poursuivre.

Cependant les dégradations continuent, on cite un sieur Armery qui a eu treize procès-verbaux ; les partisans de la régie demandent son rétablissement.

23 mai 1725. « Pour empescher la continuation des ventes qui se font continuellement par des particuliers et grangiers et les dégradations, délibéré que MM. les magistrats demeurent priés de rétablir la régie et de nommer telles personnes qu'ils jugeront à propos pour aller marquer et contremarquer les mêmes arbres dont le nombre sera indiqué sur un registre particulier, on commencera au canton de la croix de l'Hermitage, le bois sera conduit à l'Hôtel de Ville. »

14 novembre 1725. « On prie M. le maire de se rendre à Dijon pour voir nosseigneurs les commissaires et leur remettre le mémoire concernant la régie avec pouvoir d'y ajouter ou diminuer s'il y echet. »

7 avril 1726. « Délibéré que les privilegiés de cette ville auxquels on sera forcé de donner du bois à batir et de chauffage paieront double droit des habitans taillables. »

1ᵉʳ mai 1726. « Délibéré que par rapport à la rareté de l'argent quant à présent le prix de chaque moule de bois se paiera :

Pour les taillables : 3 l. 5 s. à la cognée, 3 l. 12 s. à la scie ;
Pour les privilégiés : 4 l. 5 s.   id   4 l. 10 s.   id

24 août 1726. « Délibéré qu'on ne peut rien faire de mieux pour le bien de la communauté que de rétablir la régie. »

Enfin le 13 septembre 1726 on passe un traité avec trois fendeurs pour l'exploitation par économie des arbres de chêne vieux, sur le retour et de nul service qui ne se trouveront plus propices à autres usages que le chauffage. Ces arbres seront reconnus et marqués par les magistrats ; on paiera pour prix de façon 8 sols du moule à la scie et 7 sols à la cognée. Les moules de 4 pieds carrés de hauteur et de largeur et de 3 pieds 6 pouces de longueur seront empilés sur terre sans branches dessous. Les entrepreneurs pourront baraquer en forêt et tenir du bétail pour leur subsistance, ils feront les fonctions de forestiers et ils prêteront serment.

C'est le seul marché d'exploitation que nous ayons trouvé et une délibération du 18 février 1727 semble prouver que les habitants d'Auxonne avaient montré peu d'empressement à payer la taxe pour la délivrance de ces bois façonnés ; à cette date il restait 226 moules qui n'avaient pas trouvé preneurs, le conseil décide qu'on en publiera la délivrance en gros ou en détail ainsi que du bois des baraques.

Cette tentative d'exploitation par économie semble avoir été la dernière qu'ait tenté la municipalité d'Auxonne jusqu'au jour où le système de la régie fut appliqué de nouveau à la coupe n° 7, en novembre 1789.

Aussi pendant que le conseil de ville, tout à son procès contre les officiers de la maîtrise, fait des déclarations solennelles pour affirmer qu'il veut arriver à mettre la forêt en coupes réglées, les abus continuent et en 1769, on trouvera toute la forêt en jeunes taillis, et encore quels taillis. Les magistrats sont débordés et les registres des délibérations ne contiennent plus que de rares mentions relatives aux exploitations ordinaires et à l'état de la forêt :

16 février 1627. « Délibéré qu'il sera informé contre les particuliers qui ont fait conduire du bois dans leurs domaines et en ont fait commerce et contre les menuisiers et charpentiers qui les ont employés dans les ouvrages qu'ils débitent aux étrangers. »

5 septembre 1734. « Délibéré que le procureur syndic saisira les bois qu'il trouvera dans les rues et places non employés dans le temps voulu. »

20 septembre 1734. « Donné pouvoir au syndic de faire perquisition au domicile des habitans des Granges pour saisir et amener à l'hotel de ville les amas et piles de bois de chauffage qu'ils ont coupé et façonné dans les Crochères. »

24 septembre 1734. « On députe le procureur syndic pour se transporter à Dijon et présenter requête à nosseigneurs les commissaires pour empêcher les dégradations qui se font dans les bois communaux. »

3 avril 1741. « Délibéré que les tas de bois des habitans des Granges seront saisis et vendus. »

18 juin 1741. « Sur ce que quelque précaution qui ait été prise jusqu'à présent pour éviter les dégradations journalières et immenses qui se font dans les forêts appartenant à la ville, il n'a pas encore été possible d'y remédier et qu'au contraire elles augmentent à un tel point qu'aucun des ha-

bitants notamment le nommé Landolphe, armurier, a eu la témérité d'en faire un amas publiquement dans le centre de la ville pour la fourniture des corps de garde, personne ne se faisant scrupule de dégrader ou conniver aux dégradations, délibéré que le syndic fera les diligences. »

23 juillet 1742. « Délibéré sur ce qu'il faut faire pour arrêter efficacement s'il est possible les délits dans les bois communaux de cette ville. »

Une lacune dans la série des registres des délibérations ne nous a pas permis de connaître les mesures prises par le conseil de ville au sujet de la forêt, de 1749 à 1778, mais nous avons trouvé dans une des liasses des archives communales un document fort intéressant en ce qui concerne la partie de la forêt communale qui devra former les coupes ordinaires. Les magistrats ont eu recours à un moyen radical pour mettre de l'ordre dans les cantons de la Ville et du Roy ; ils en ont demandé l'exploitation générale et un arrêt du 28 novembre 1758 a autorisé la vente de ces deux cantons, sous la réserve de 30 baliveaux de l'âge des taillis par arpent et de 10 chênes de futaie également par arpent dans le canton de la ville et dans le canton du Roy de tous les arbres de cent ans et au-dessous qui pourraient s'y trouver sains, bien venants et d'espérance. Les procès-verbaux de balivage nous sont parvenus et comme ils donnent les circonférences des arbres réservés, nous avons ainsi l'inventaire en 1759 de la partie de la forêt des Crochères qui forme aujourd'hui les coupes ordinaires. Il faut penser que nos précurseurs étaient plus endurants au froid que les agents forestiers de notre époque ou que la température était bien clémente au mois de janvier 1759, puisque c'est le 8 de ce mois et jours suivants que Jacques-Antoine Décharrenaut, maître particulier, procède au martelage dans 2269 arpens 82 perches faisant partie de la forêt des Crochères.

« Canton de la Ville. 775 arpens 1/4, mauvaise revenue, abroutie et sans âge, remplie d'épines, quelques mauvais arbres épars, d'autres déshonorés, ébranchés, en nature de futaye et demy futaye très claire semée de places vagues où il n'y a que quelques buissons sans aucuns brins qui puissent supporter l'empreinte du marteau. »

On réserve 1082 baliveaux de l'âge du recru et 1812 arbres essence chêne, savoir :

2 pieds.	3 p.	4.p.	5 p.	6 p.	7 p.	8 p.	9 p.	10 pieds.
295	860	518	92	28	6	5	1	7

« Canton du Roy. 1494 arpens 1/2 7 perches, futaye et demy futaye pour partie, pour un quart en revenu et broussailles rempli d'épines. »

On réserve 2397 arbres essence chêne savoir:

2 pieds.	3 p.	4p.	5 p.	6 p.	7 p.	8 p.	9 p.	10 pieds.
222	1436	419	160	179	115	64	»	2

Si nous classons ces arbres de réserve en deux catégories : modernes, c'est-à-dire chênes au-dessous de 1^{m}20 de circonférence à hauteur d'homme et anciens, c'est-à-dire chênes de 1^{m}20 et au-dessus, nous trouvons qu'on avait réservé en 1759 : un peu plus de 2 modernes et un peu moins de 4 anciens par hectare. Il sera intéressant d'établir un rapprochement entre cette réserve de 1759 et la réserve faite un siècle et demi plus tard quand nous serons arrivés à la période actuelle de l'histoire de la forêt d'Auxonne.

L'adjudication eut lieu dès le 19 février 1759, et on se demande si les marchands de bois n'ont pas dû suivre les marteleurs pour être à même de faire le comptage et l'estimation en temps utile, en tous cas on ne devait pas être tenu à cette époque par des délais réglementaires d'affichage de longue durée.

La mise à prix fut de 200.000 livres, la première enchère de 250.000 livres, le premier feu de 270.000 livres, enfin l'adjudication fut tranchée au prix de 401.000 livres au profit de Charles Putod, marchand demeurant à Pezieux en Dombes. Ce prix d'adjudication fait ressortir la valeur de la coupe à 353 livres l'hectare. Si on tient compte de la valeur de l'argent à cette époque, on doit penser qu'il y eut un grand nombre d'arbres abandonnés à l'exploitation.

Il fallait en effet procurer à la ville d'Auxonne la plus grosse somme possible, puisque la vente était demandée pour fournir le moyen de bâtir les casernes à l'effet de loger un bataillon de Royale Artillerie qu'on croyait devoir y placer pour le service de l'Etat. La forêt des Crochères a toujours servi à la gloire de la ville, les arbres des cantons de la Ville et du Roy ont permis de construire les casernes pour loger de l'artillerie et si Auxonne n'avait pas eu de caserne pour l'artillerie, elle n'aurait pas aujourd'hui sur sa principale place la statue du lieutenant Bonaparte ; mais il faut penser que la question des ca-

sernes tenait au cœur de la municipalité si on en juge
par la lecture du « Registre dans lequel sont trans-
crites toutes les lettres à l'adresse de MM. les maires
et échevins de la ville d'Auxonne avec les réponses
faites à icelles, ledit registre commancé du 7 juillet
1758. » Ces lettres émanent : du maire d'Auxonne
M. Delaramisse, du secrétaire de l'intendance M. Mat-
fin, de M. Meunié, avocat au parlement de Paris, demeurant rue du Jour-Saint-Eustache, chargé de
prendre les intérêts de la ville. L'arrêt d'autorisation de vente rendu en conseil du Roi le 28 novembre 1758 était dès le 3 décembre connu de M. Delaramisse qui l'attendait à Dijon ; il écrit le jour même
à MM. les échevins d'Auxonne pour leur annoncer
la bonne nouvelle, et dès le lendemain 4 décembre
le syndic et les échevins adressent une lettre de re-
mercîments à Monseigneur l'intendant. Le registre
se termine par une lettre en date de Paris, 3 février
1759, par laquelle l'intendant invite le maire à se
rendre à Dijon pour être présent à la vente qui devait avoir lieu le 19 de ce mois.

L'adjudication eut en effet lieu à Dijon au siège
de la maîtrise des eaux et forêts, par devant le grand
maître M. de Fleury, conformément aux clauses et
conditions d'un cahier des charges rédigé de concert
entre les officiers des eaux et forêts et les magistrats de la ville, cahier des charges où chacun des
enchérisseurs put lire la loi qu'il s'imposerait s'il
achetait la forêt. Malheureusement ce document ne
nous est pas parvenu, tout ce que nous avons pu
savoir, c'est qu'il accordait un terme de 18 années
pour vider la forêt.

Comment l'exploitation fut-elle dirigée ? Une simple mention du dossier nous apprend, à la date du 12 septembre 1759, que l'adjudicataire furte et jardine et qu'il y a à tort et à travers des fendeurs de merrain.

D'autre part le récolement des 1494 arpens 1/2 7 perches du canton du Roy, exécuté le 5 juillet 1768 et jours suivants, nous fait connaître que, pour ce canton du moins, l'adjudicataire n'avait pas profité du délai de vidange. Au lieu de 18 ans, il avait eu seulement besoin de 9 ans. Au récolement on a trouvé 3112 chênes dont 2342, marqués et 764 non marqués. Il aurait donc disparu pendant l'exploitation 49 arbres de réserve, les 764 arbres non marqués se décomposaient comme il suit :

2 p.	3 p.	4 p.	5 p.	6 p.	7 p.	8 p.	9 p.	10 p.	15 p.
35	135	251	197	103	23	16	2	1	1

Le récolement du canton de la Ville fait défaut, et on ignore à quelle date fut achevée la vidange de ce canton, mais en 1771, on trouve, dans les comptes du receveur général des domaines et bois de Bourgogne, le chapitre spécial relatif à la vente des coupes des cantons de la Ville et du Roy des bois communaux d'Auxonne ; cette recette avait eu lieu en conformité des dispositions combinées des articles 12 du titre XXV et 13 du titre III de l'ordonnance de 1669.

Ce compte est établi comme il suit :

RECETTE.

Prix principal	401.000 l.		
Sol pour livre	20.050		
14 deniers pour livre	23.391	13 s.	4 d.
Total	444.441	13	4

Sur ce :

Le dixième pour le soulagement des pauvres communautés de filles religieuses	40.100 l.		
Les 14 deniers revenant au tresor royal	23.391	13 s.	4 d.
Taxations attribuées à la recette générale	11.111	10	
Aux officiers de la maîtrise et aux gardes de la forêt des Crochères pour leurs vacations de martelage et de balivage	13.164		
Au maitre particulier pour supplement de ses journées et vacations .	681		
Au grand maître pour ses journées et vacations et visites préparatoires . .	1.500		
Au grand maître pour une journée pour la vente	50		

Le reste a été employé au paiement des casernes.

Nous aurons encore à revenir sur cette adjudication à propos de la glandée, mais il convient de constater que les officiers des eaux et forêts avaient réussi, dans cette circonstance exceptionnelle d'exploitation et de vente des trois quarts de la forêt, à exercer leurs attributions, aussi l'adjudication est-elle à peine tranchée depuis huit jours qu'un arrêt du conseil d'Etat du 27 février 1759 déchargea les maire et échevins de l'amende de 500 livres prononcée par sentence de la maîtrise du 28 juillet 1741 pour s'être refusés à l'aider dans l'accomplissement de sa mission.

Cependant la municipalité tentait d'échapper à la règle commune, et une fois l'argent encaissé pour la construction des casernes, les officiers de la maîtrise seront relégués au rang des fâcheux qu'on voudrait éloigner, parce qu'ils renseignent le pouvoir central sur la situation et les ressources de la forêt.

Le budget de l'exercice 1779-1780 s'établissait ainsi :

Recettes	28.105 l.	10 s. 6 d.
Dépenses	14.343	17 1
En caisse	13.761	13 5

Mais il faut croire que les excédents de recettes ne peuvent jamais rester bien longtemps dans les caisses municipales, puisque dans la séance du 26 décembre 1784 « le maire expose que les finances de la ville sont épuisées, qu'elle a beaucoup de dettes passives qui sont exigibles, qu'il y a des réparations à faire à l'église, que la porte marinière vient d'être renversée par les glaces ; que la forêt de cette ville, négligée depuis trop longtemps et dans laquelle les riverains se sont fait une habitude de voler impunément, offre seule une ressource et que c'est le seul moyen praticable pour libérer la ville en vendant la quantité de quatre coupes de bois de la Crochère, ensemble les vieilles écorces répandues dans ces coupes qui sont hors de produit. » Le premier échevin propose un emprunt; la proposition mise aux voix n'est pas adoptée, on décide au contraire qu'il sera présenté requête à M. l'Intendant pour être autorisé à vendre quatre coupes de bois.

Le 17 février 1785, l'Intendant répond que la vente de la forêt ayant eu lieu le 19 février 1759, ce n'est qu'en 1786 qu'on pourrait entamer l'aménagement et il ajoute : « Je suis d'ailleurs informé que depuis 20 ans la forêt est tellement dégradée surtout depuis la dernière curée du canal de la petite Saône à cause des 1800 modernes qu'on y a employés et de plus de 3000 que cette coupe a donné occasion de voler et qu'elle a été si fort jardinée pendant son exploitation de 1759 et des années suivantes, qu'elle renferme une immensité de places vagues et que l'arpent courant ne serait peut-être pas porté en vente à 150 livres.

Malgré leur nouvelle lettre du 18 mars 1785 dans laquelle ils insistaient sur la vente de ces quatre coupes, les officiers municipaux n'obtinrent pas gain de cause. Ils durent attendre et ils attendirent même au delà du terme fixé par l'intendant pour le commencement de l'application de l'aménagement. C'est le 24 février 1788 qu'ils se réunirent « pour délibérer sur ce que les bois appartenans à cette ville étant une portion précieuse de son patrimoine il est intéressant d'examiner quels seraient les moyens les plus propres et les plus efficaces pour tirer le meilleur parti possible de ces bois.

«Le sieur Boulerchin dit que si les coupes aménagées ne sont point exactes et que le plan qu'en a dû remettre à la ville le sieur Trullard, arpenteur, ne se trouve point aux Archives, il est d'avis que monseigneur l'Intendant doit être supplié d'autoriser la ville à faire lever un plan géométral des 23 coupes formant l'aménagement de ladite forêt à prendre depuis la ligne bornée et séparative du quart en réserve sans y comprendre les Aiges, dans lequel nouveau plan l'arpenteur aura soin de distinguer et de marquer 1° les bornes séparatives de chaque coupe annuelle, leur contenance, confins et allignemens, les places vagues et les plains sans distinction ; 2° qu'après ladite

11*

opération la vente des dites coupes sera faite annuellement par devant MM. les officiers municipaux de la ville d'Auxonne, conformément à l'article 12 du titre concernant les bois des communautés et habitans ; 3° que la vente annuelle sera faite tant plain que vide sans distinction de place vague pour éviter toutes difficultés avec l'adjudicataire. Il observe en outre que les places vagues se repeupleront assez par elles-mêmes lorsque le bétail n'ira plus champoyer dans lesdites coupes dans lesquelles il existe plusieurs buissons dans lesquels sont des rejets de chasne et autres bois, lesquels recépés et non broutés par le bétail repeupleront en peu d'années les dites places vagues avec les fruits des arbres futayes et qu'il est important de ne rien labourer dans la forêt attendu la cherté du bois ; lesdits bois vendus par coupe annuellement bien exploités et non broutés produiront un revenu considérable et procureront un soulagement aux habitans. »

Après discussion on remit la délibération à un mois afin de prendre un parti réfléchi.

Le 24 mai en effet on décida de demander l'exploitation de 6 coupes, pour les réparations de l'église et les murs du cimetière et une ordonnance du grand maître de Marizy permit de faire vendre avec les formalités d'usage par les officiers de la justice des lieux : 6 coupes d'une contenance de 526 arpens ayant pour confins : du levant les prés de Biarne, du midi le territoire d'Auxonne du côté de Billey et du couchant le territoire d'Auxonne et celui de Villers-Rotin, avec réserve de toutes les futaies et de 30 baliveaux par arpent, mais les habitants des Granges n'entendent pas de cette oreille, ils veulent la délivrance des coupes en nature et six d'entre eux, se disant délégués des autres, forment opposition à la vente. Dans une délibération du 13 septembre 1789 on décide de poursuivre la mainlevée de cette opposition, quatre jours après, le 17, les grangiers se désistent et le 24 on délègue quatre commissaires pour faire conjointement et alternativement avec le procureur syndic le balivage des 6 coupes qui seront vendues le 5 octobre, sans garantie de contenance, avec la réserve de tous les modernes, arbres de futaie et arbres fruitiers, de 30 baliveaux par arpent de distance en distance en observant l'égalité autant que faire se pourra, ces baliveaux pris parmi les plus beaux brins essence de chêne autant que possible, sur pivot et non sur souche, en état de porter leurs eaux et verglas. L'exploitation aura lieu à raz de terre avec ravalement des souches, ronces et épines, elle ne commencera qu'après le martelage du marteau de la ville qui aura lieu dans le mois. Il sera accordé 4 ans de coupe, traite et vidange par tiers de la contenance, il ne sera pas fait de nouveaux chemins, le charbon sera cuit dans les anciennes places ou dans les vides, la coupe aura lieu de proche en proche en commençant du côté de Billey. L'adjudicataire paiera les frais, plus 1000 livres aux Frères des Ecoles Chrétiennes, 3000 livres à la fabrique, 268 livres aux officiers de la maîtrise, 300 livres aux gardes forestiers.

L'adjudication fut tranchée au prix principal de 96.100 livres, soit avec les charges 102.468 livres, au profit des frères Four, d'Auxonne, qui dès le 8 octobre firent prêter serment, devant le comité municipal de la ville d'Auxonne au sieur Pierre Noblet en qualité de garde-vente. Si on examine l'assiette de cette exploitation qui devait comprendre les six premières coupes, on observera qu'au lieu de diriger les coupes du nord au sud, à partir de la ligne séparative de la réserve, on les dirigea en sens absolument contraire en commençant à l'extrémité sud de la forêt du côté de Billey et de Villers-Rotin.

D'autre part la vente de ces six coupes, dont le produit devait entrer dans la caisse municipale, avait indisposé les habitants des Granges et il convenait de chercher un moyen de leur donner satisfaction. Aussi le 29 novembre 1789, une assemblée générale décide que l'exploitation de la septième coupe ayant actuellement l'âge fixé par les ordonnances sera faite en régie, chaque moule de bois sera vendu à chaque habitant sur un rôle dressé à cet effet et qui commencera par les plus nécessiteux et indigents tant de la ville que des granges jusqu'à l'entière livraison de la coupe. Le moule de chêne sera payé 4 livres, de bois blanc 3 livres, le cent de gros fagots à deux rotes et de trois pieds de tour 4 livres, et les fagots de même grosseur à une rote : 50 sols. Le produit de la coupe sera employé à la reconstruction des moulins de la ville. Le cahier des charges pour l'exploitation de cette coupe fut arrêté le 3 décembre 1789, ce qui donne lieu de penser que l'exploitation ne fut pas commencée avant 1790 ; cependant dès le 5 avril, on décide qu'il ne sera plus fait qu'une espèce de fagots dans la coupe en régie, dont le prix demeure fixé à 3 francs le cent ; les gros fagots déjà faits devant être livrés à raison d'un demi-quarteron pour cent petits fagots.

Le 12 avril 1790 on nomme trois commissaires pour reconnaître l'état d'exploitation de la coupe, faire le compte et soumettre leurs observations. Ce compte nous est parvenu :

ANNÉE 1790.

RÉGIE DE LA SEPTIÈME COUPPE DE LA CROCHÈRE EXPLOITÉE
POUR LE COMPTE DE LA VILLE D'AUXONNE

Produit la quantité de 1365 moules 3/4 de bois à 12 sols prix de l'exploitation, font la somme de	819 l.	9 s.	
Produit la quantité de 64.525 fagots à 1 l. 5 s. le cent, prix de l'exploitation, font la somme de	806	11	3 d.
Total de l'exploitation . . .	1.626		3
Payé aux coupeurs pour receppement	179		
Payé à différents particuliers pour frais de baraques	190	12	
Payé pour le transport des meubles des coupeurs	36		
Payé aux conducteurs du bois pour l'hôtel de ville	61	17	6
Payé aux commis l'entrée des 14 moules pour le bois de l'hôtel de ville . . .	6	7	9
Appointemens du régisseur	360		
Total de la dépense . . .	2.459	17	6
Et par erreur payé aux octrois . . .	2		
	2.461	17	6

	Moules	Fagots
Rapport du produit de la 7e couppe, cy	1.365 3/4	64.525
Livrés aux habitants de cette ville . .	1.148	57.450
Livré à l'hôtel commun de cette ville .	49 3/4	
Livré gros fagots en sus sur les petits.		525
Livré gros fagots pour la corvée des chemins		600
Livré gros fagots pour le tirage des bois de la couppe		175
Total de ce qui a été livré . .	1.197 3/4	58.758
Partant il résulte qu'il reste de la 7e couppe	168	5.775
	1.365 3/4	64.525

La septième coupe était à peine réglée que la huitième coupe était mise en exploitation par régie, elle fournissait seulement 728 moules et 39.975 fagots.

Le conseil municipal avait remplacé le conseil de ville, il avait prêté serment le 2 février 1790, et s'était réuni pour la première fois le 4 de ce mois.

Comme on pouvait s'y attendre il avait voulu donner satisfaction aux Grangiers en exploitant la huitième coupe en régie, mais il s'aperçoit bientôt que ce procédé ne remplit pas la caisse et le 5 décembre 1790, il se réunit

« Pour délibérer sur ce que les deux coupes que la ville a fait exploiter paraissent n'être pas d'un rapport aussi utile que si elles eussent été vendues et que les logemens des officiers et autres dont la ville se croyait déchargée se trouvent dans le cas d'être payés jusqu'à ce qu'il soit établi un nouvel ordre de choses, il était essentiel de tirer le meilleur

parti possible des autres coupes ; il a été unanimement délibéré que la commune vendrait annuellement les coupes, comme un moyen réel d'augmenter
ses revenus et de pouvoir suppléer à ses charges. »

Après avoir suivi autant que possible les exploitations des coupes ordinaires, il nous reste, pour bien
nous rendre compte de l'état de la forêt des Crochères sous le régime de l'ordonnance de 1669, à
rechercher quelques renseignements sur les coupes
extraordinaires.

Une affiche manuscrite en date de 1682 nous apprend que le canton de Germigny fut mis en vente
pour cet exercice.

« Qui voudra achepter la coupe du bois appellé
Germiney appartenant à cette ville, qu'il ayt à se
trouver ce présent jour à l'issue des vêpres en
l'auditoire de la maison de ville par devant MM. les
Vicomte mayeur et échevins de laditte ville, toutes
enchères seront reçues. Fait le 5 juin 1682. Publié
au prône. »

Les amateurs furent rares ou ils ne voulaient pas
faire connaître leurs offres, sans être renseignés
sur les prétentions de la ville. Après de nouvelles
remises d'adjudication au 12 juillet, au 19, au 26 juillet, on publia une nouvelle affiche :

« Qui voudra mettre à plus haut pris que la somme
de deux cens soixante livres à quoy est apréciée la
coupe du bois du couppy de Germiney appartenant
à cette ville, qu'il ayt à se retrouver ce présent jour-
d'huy à l'issue des vepres par devant MM. les
maire et échevins de ladite ville, délivrance tran-
chiée en sera faitte à celluy qui fera la condition

meilleure, sans autre remise. Fait le deuxiesme d'aoust, 1682. »

Il est vraisemblable que la coupe fut vendue à cette époque d'après les descriptions postérieures du canton de Germigny indiquant l'âge du taillis.

Quant au canton de la Feuillée, nous avons rencontré des documents plus nombreux sur son exploitation au commencement du XVIIIᵉ siècle. Le 2 novembre 1704 une assemblée générale fut convoquée dans la grande salle de l'hôtel de ville à une heure de l'après-midi au son de la grosse cloche et de la trompette de l'ordonnance de Jean Pelletier de Cléry, vicomte maïeur, « pour délibérer sur les moyens de faire le fond nécessaire non seullement pour payer la somme de cinq mil cinq cens livres pour le prix de l'adjudication faite à Joseph Paris et des ouvrages pour reparer et mettre en bon état la grande levée, et si on demandera à nos seigneurs les commissaires la permission de faire une imposition sur les habitans de la ville, ou bien si on continuera les poursuittes commencées par messieurs les magistrats au Conseil de sa Majesté pour avoir permission de vendre les bois dans le canton de la Feuillée qui a déjà été exploitté pour la marine, les bois gissant par terre dans tous les communaux, les arbres de chesne qui ont esté déshonorés et esbranchés autour desdits communaux et ceux qu'il faut coupper pour eslargir le grand chemin de cette ville à Besançon traversant les Crochères. »

A cette assemblée générale n'ont comparu que trois échevins, trois notables et vingt habitants ; le registre des délibérations va nous montrer comment on entendait à Auxonne, en 1704, le fonctionnement du référendum et du vote obligatoire sous peine d'amende :

« Sur les remontrances faittes par ledit procureur du Roy qu'on ne doit pas souffrir davantage la désobéissance des habitans de cette ville qui refusent de se retrouver dans lesdites assemblées générales et causent par ce moyen un gros préjudice aux affaires de ladite ville, notamment à celles qui se présentent aujourd'hui, requérant qu'il nous plaise condamner les défaillans en trois livres chascun d'amende et ordonner qu'ils y seront contraints nonobstant oppositions ou appellations et sans préjudice d'icelle pour lesquelles il ne sera defferé, nous avons condamné et condamnons les habitans defaillans en trente sols chascun d'amende au profit de l'hôtel-Dieu de cette ville.

« Ce fait les habitans cy présens ayant oppiné, il a été déliberé que ladite ville continuera ses poursuites au conseil de sa Majesté pour avoir permission de vendre les bois mentionnés en la proposition faite, auquel effet MM. les Magistrats députteront telle personne qu'ils jugeront à propos pour solliciter nos seigneurs les commissaires de donner leurs advis favorable à la requeste tendante à ladite permission. »

Le 4 novembre 1704, les magistrats députent maître Pierre Demoulin, docteur en médecine à Auxonne, échevin de la ville, pour se transporter à Dijon et partout ailleurs où besoin sera afin de solliciter cet avis favorable ; le 30 du même mois on le prie de faire un second voyage à Dijon pour obtenir ce que dessus.

Il semble que M. Demoulin a enfin réussi dans sa mission, le 21 novembre 1706, le conseil se réunit « pour choisir quelques habitans experts et capables de reconnoistre dans les communaux de cette ville les bois qu'il convient vendre pour acquitter ce qui a esté emprunté pour la réparation de la portière, ensemble pour payer les réparations faittes et à faire dans la grande levée et chaussée. »

Les cantons de Germigny et de la Feuillée ainsi exploités auraient dû croître en futaie, mais les besoins de bois de construction, les exigences de la marine, devaient les faire mettre incessamment à contribution.

Quand en 1771, à la suite de l'arrêt du 2 avril qui réduisait l'aménagement à 23 coupes, on autorisa la vente des 771 arpens 16 perches du quart en réserve, l'exploitation dut se faire par recépage sans aucune réserve de baliveaux. L'adjudication eut lieu le 22 novembre 1771 par devant M. le grand maître des eaux et forêts, moyennant la somme de 20.000 livres au profit de Marc Dupoirier fils, marchand à Gray, avec charge de repiquer et semer en glands et faines les places vagues et vaines qui se trouveront dans cette réserve. Ces travaux de repeuplement eurent lieu à l'automne 1778. En effet, par délibération du 26 octobre, le conseil nomma un délégué pour recevoir les glands et assister au repiquage avec un sergent de ville et les gardes forestiers.

Il est donc bien établi que de 1759 à 1778, c'est-à-dire dans l'espace de 18 ans la forêt communale d'Auxonne fut entièrement recépée. C'est à cette dernière date que l'on doit fixer le commencement pour cette forêt du régime du taillis sous futaie.

Mais les arbres de futaie étaient rares, la marine ne s'étant pas fait faute d'exercer le droit de préemption qui lui avait été reconnu par l'article 11 du titre XXI de l'ordonnance de 1669, autorisant le grand maître à faire choisir et prendre dans les bois des sujets, tant ecclésiastiques qu'autres, sans distinction de qualités, les pièces de marine nécessaires, à charge d'en payer la juste valeur (1). C'est ainsi que par acte du 14 mai 1697, reçu Regnard, notaire à Auxonne, la ville vend tous les pieds de chêne propres au service de la marine qui se trouvent dans les bois des Crochères à la réserve d'un tiers de la forêt à commencer par l'ermitage et le chemin de Dôle où il ne sera pris aucun arbre et qui demeurera abandonné aux habitants pour leur usage particulier, la vente est consentie moyennant 5 livres par chaque pied d'arbre.

Or cette vente d'arbres de marine n'était pas la première, comme en témoigne la visite du bois des Crochères faite aux mois de février et de mars 1694, qui indique les cantons déjà parcourus par la marine et les ressources que peut offrir la forêt.

« La Feuillée qui contient 365 arpens, qui a été parcourue par la marine et n'y reste que peu de chesnes marqués pour la marine.

(1) E. Picard, *l'Approvisionnement de la marine sous la Régence, Revue des eaux et forêts*, 1875.

« Et pour l'usage de la ville il n'y a plus de bois à bastir parce que la marine coupe tous les arbres au-dessus de treize pieds et mesme ne laisse point de baliveaux.

« Ainsy, c'est un bois qui n'est propre qu'à vendre et faire de la marchandise pour après le mettre en taillis, il peut valoir 46 livres l'arpent.

« C'estoit le plus beau bois qui fut à trente lieues à la ronde.

« Le Vernoy contigu à la Feuillée est coupé et parcouru par la marine.

« Il contient 53 arpens, ainsy c'est de même qu'en la Feuillée. Il peut valoir 1000 livres et le faut vendre.

« Le Champrougeot, 19 arpens, coupé et parcouru par la marine et le reste est du jeune bois d'espérance qu'il faut conserver.

« Tous les aiges ne contiennent point ou peu de bois à bastir, et il faut les vendre.

« Le Creuchot contient 253 arpens, il y a quelques pieds d'arbres coupés par la marine, tout le reste est bois d'espérance qu'il faut conserver.

« Germigny contient 57 arpens, il est tout marqué pour la marine et ne peut être encore coupé, c'est le plus beau et le meilleur bois de la Crochère.

« Première partie de la Crochère, commençant au Pont du Roy et tirant jusques au chemin de Chevigny, joignant du levant les preys et bois dudit Chevigny.

« Cette partie contient 977 arpens, il a esté marqué pour la marine et on y a déjà beaucoup coupé. Il reste 1751 arbres propres à faire du sciage et 1797

arbres sur le retour dont une partie peut être employée en marrain, mais la marine ne prend point
d'arbres gastés.

« Deuxième partie des Crochères depuis le chemin de Reynaus à celui de Chevigny, elle contient
1090 arpens, il reste 3410 arbres propres à faire du
sciage et 3697 arbres sur le retour. Il a esté marqué
pour la marine et on y a déjà coupé.

« Il y a beaucoup de jeune et beau bois et partant
il faudrait mettre ce canton en deffence et vendre
auparavant les arbres sur le retour.

« La troisième et dernière partie de la Crochère
à prendre depuis le chemin de Reynaus jusques
aux terres de Billey et de Villers-Rotin.

« Elle contient 1126 arpens, on y a déjà coupé
pour la marine, il y reste 2924 chesnes propres à
faire du sciage et 3157 arbres sur le retour.

« Il y a peu de jeunes bois à cause des villages
voisins qui dégradent.

« Ils s'y trouveront bien 2000 pieds d'arbres à
bastir et faire du sciage dans Germigny qui contient
57 arpens et tout de bon bois.

1re partie de la Crochère. . .	1751	chesnes
2e — — . . .	3410	—
3e — — . . .	2924	—
	8085	—

non compris Germigny.

« Le dégât que fait la marine est que l'on taste
les bois et quand le bois ne plait pas et qu'il se
trouve ne pas être de bonne fente, gasté ou rouge,
on le laisse, il y en a beaucoup de cette sorte.

« Ils mettent beaucoup d'arbres à bas par la chute des leurs et de plus ils en ont coupé qui ne sont pas marqués. »

En marge, en face la description de la deuxième partie des Crochères, est écrit : « canton à demander pour la ville. »

Et en bas :

« Bois qu'il faut à la ville ;

« L'entretien de trois ponts ;

« Les moulins qu'il faut bastir sur la Saône et la Brizotte ;

« L'écluse qu'il faut refaire à neuf et entretenir ;

« Pour les fortiffications et les palissades. »

Ce ne fut pas le second tiers des Crochères qui fut laissé à la ville, mais le troisième tiers, celui qui se trouvait le plus près des villages voisins qui dégradent.

Le droit que s'arrogeait la marine était un droit régalien, il fallait laisser l'intendant de la marine en Bourgogne faire son choix dans les deux tiers de la forêt ; et il fallait encore avoir de nombreuses difficultés pour obtenir le paiement des arbres livrés à la marine.

C'est ainsi que le 16 juillet 1707 le conseil de ville dut délibérer pour savoir « si on acceptera des billets de monnoye de M. de Fontagnieux, trésorier général de la marine, en paiement de la somme de 2970 livres restant à payer sur celle de 3270 livres due à cette ville pour le prix de 650 arbres de chêne exploités dans la forêt du bois des Crochères en 1702 pour le service de la marine suivant l'ordonnance expédiée le 6 décembre 1702, ou bien si on acceptera la proposition faite par le sieur de Fontagnieux que la ville lui fasse dès à présent quittance de ladite somme et qu'en paiement M. Pierre Maillard, contrôleur de la marine, fera son billet portant promesse de payer en monnoye sonnante 2970 livres, savoir le quart dans quinze jours, et les autres trois quarts de six en six mois ; sur quoy il a été résolu à la pluralité des voix que la proposition serait rejetée et qu'on soutiendra au sieur de Fontagnieux qu'il doit payer en monnoye sonnante dès à présent toute ladite somme. »

Le 25 septembre suivant : « il a esté résolu que M. François Delaval, eschevin de cette ville, qui est actuellement à Paris pour ses affaires particulières, sera prié de faire toutes les poursuittes nécessaires auprès du sieur de Fontagnieux et ailleurs pour obtenir le paiement en monnoye sonnante de ladite somme de 2970 livres. ».

Puis le 31 octobre, « l'assemblée a donné unanimement pouvoir audit sieur Delaval de toucher et recevoir en monnoye sonnante du sieur de Fontagnieux la somme de 2970 livres et d'en faire quittance au nom de ladite ville d'Auxonne, donnant encore pouvoir au sieur Delaval, en cas que ledit sieur de Fontagnieux refuserait de payer ladite somme, de faire toutes poursuittes et diligences pour en avoir le paiement, sous promesse que fait ladite communauté d'avoir pour agréable tout ce qui sera fait par le sieur Delaval et de le rembourser de ses frais. »

Les chênes de la forêt d'Auxonne étaient faciles à transporter par eau jusqu'à l'arsenal de Toulon, aussi étaient-ils recherchés par la marine, mais quand les pièces étaient équarries et flottées sur la Saône, le service de la marine était moins pressé de délivrer les remanants et de payer la valeur des pièces.

Le 12 février 1714, « il est résolu unanimement qu'il sera fait incessamment des proclamats pour parvenir à la délivrance des branchages des six vingts pieds d'arbres que le roy a fait abattre tout nouvellement pour le service de la marine dans les bois des Crochères pour ensuitte en être le prix remis entre les mains du receveur des deniers communaux. » Le bois de moule provenant de ces branchages fut publié en vente le 22 avril.

Le paiement est toujours difficile à obtenir et le 1ᵉʳ août 1715 le conseil de ville décide « que l'on donnera un placet à sa Majesté et à monseigneur de Ponchartrin, ministre de la marine, pour procurer à la ville le paiement des 3325 livres à elle dues pour les bois que la marine a pris depuis 1712 et que ces placets seront envoyés à M. Rigollier qui est à Paris. »

Le 12 janvier 1716, les magistrats se réunissent pour « délibérer s'ils enverront à Mᵍʳ l'Intendant, suivant sa lettre missive du 31 décembre dernier, les ordonnances et certificat pour la somme de 3370 livres que sa Majesté doit à la communauté pour les bois de marine pris dans les Crochères pendant les années 1711, 1713 et 1714. »

Cette seconde délibération tend à prouver que la municipalité d'Auxonne réclamait les intérêts des sommes dues par le Trésor, puisque sa créance de 3325 livres en août 1715 s'élève à 3370 livres en janvier 1716.

Le compte du trésorier de Bourgogne relatif au service de la marine, pour le port et arsenal de Toulon, porte pour l'année 1720 un achat de 250 chênes à 7 fr. l'un, dans les bois communaux d'Auxonne.

Le dernier martelage de la marine dont nous ayons trouvé la trace remonte au mois de janvier 1759; cette opération eut lieu parallèlement avec le martelage préparatoire à la vente des cantons du Roy et de la Ville, elle est consignée dans un :

« Procès-verbal de reconnaissance et martelage des arbres propres au service de la marine dans la forêt des Crochères appartenant à la ville d'Auxonne.

« Germigny. 47 arpens, l'avons trouvé peuplé d'une futaye chêne ancienne sans taillis si ce n'est quelques broussailles broutées dans lequel nous n'aurions fait marquer que trois arbres, le surplus de ceux qui la composent étant défectueux ou entièrement déshonorés en leurs branches et cimes.

« Le canton du Roy séparé de Germigny par le ruisseau du moulin de la Bruyère, futaye ancienne essence chêne et peu de modernes, sans taillis dans une bonne partie, à l'exception de quelques broussailles broutées et rabougries, nous aurions reconnu que la majeure partie desdits chênes sont également déshonorés en leurs branches et cimes, que les arbres y sont élevés et de belle venue et que la qualité est bonne, et marqué 1260 arbres tant de service présent que d'espérance, les arbres de service à la racine et au flanc, les arbres d'espérance à la racine seulement.

12*

ARBRES	DESTINATION	LONGUEUR EN PIEDS	POURTOUR
1	pour lisse	30	10
5	pour baux	30 à 35	9 à 10
37	pour demy baux	24 à 28	9 à 10
42	pour armures	20 à 22	9 à 10
19	pour goutieres	30 à 35	8 à 9
53	pour plançons	30 à 35	8 à 9
143	pour pièces de tour	20 à 30	7 à 8
19	pour preceintes de 8	30 à 40	7 à 8
49	— de 7	30 à 35	7 à 8
90	— de 6	30 à 35	6 à 7
205	pour bordages de 5	30 à 40	6 à 7
542	pour bordages de 4	28 à 45	5 à 6
1205			
55	arbres d'espérance de	28 à 35	4 à 5

« Le canton de la Ville peuplé d'une futaie chênes
anciens et modernes et par dessous mauvais taillis
ou broussailles broutés et rabougris, arbres déshonorés en branches et cimes, marqué 139 arbres seulement pour le service de la marine. »

Comme on peut s'en convaincre par l'examen
du tableau ci-dessus le service de la marine se ré-
servait les plus beaux arbres de la forêt communale d'Auxonne qui devait cependant fournir les
pièces nécessaires pour les fortifications et l'entretien des ponts, ainsi qu'en justifient les déclarations ci-après :

19 février 1672. — On adjuge moyennant la
somme de deux cent soixante livres « le charroi des
bois qui seront nécessaires pour la fabrication des 14
affûts des canons du Fer à cheval et des tours, ensemble la façon du sciage et de ce qui sera nécessaire de faire pour poser les plateaux sous chacun

desdits affûts, comme aussy pour les peines de celuy qu'on emploiera pour huiler et rougir lesdits affûts afin de les conserver. »

Après avoir noté cette délivrance de bois d'artillerie et avant d'arriver à la réfection du grand pont, il convient de signaler la présence de bois de sapin sur les chantiers d'Auxonne. Dans les pièces jointes aux comptes de l'exercice 1717 on trouve « un mandat de 10 livres pour les fournitures faites lors de l'incendie arrivé par le feu du ciel le 4 janvier au clocher de l'église paroissiale, de quarante sapins de bois de sapin livrés par ordre de MM. les magistrats le jour de l'incendie. » Cette mention d'ailleurs semble aussi intéressante comme contribution aux observations météorologiques que comme renseignement sur le commerce du bois.

La reconstruction du grand pont eut lieu en 1744 et le devis pour les travaux comportait l'emploi de 406 pieds de chêne ; le conseil de ville pense que l'exploitation de ces arbres mérite une certaine surveillance. Ces chênes avaient été marqués par les officiers de la maîtrise, à qui on avait bien soin de recourir, nous le signalons en passant, quand il s'agissait d'obtenir de l'Intendant et du Roy des autorisations indispensables et des subventions. Le 15 septembre 1743 les magistrats décident qu'il sera fait un marteau à l'empreinte des anciennes marques de cette ville qui est une croix ancrée pour contremarquer les 406 chênes destinés au pont.

Le devis très vraisemblablement avait dû prévoir un plus grand cube de charpente qu'il n'était nécessaire, puisque le 15 février 1744 le sieur Lemassier, entrepreneur de la reconstruction du pont, demande qu'on le décharge des chênes marqués qu'il n'a pas utilisés.

La forêt ne devait pas seulement fournir des bois de service, elle devait encore fournir du bois de feu : pour le chauffage de l'hôtel de ville et pour le bois à livrer au salpêtrier. Dans l'état des revenus et des charges de la ville et communauté d'Auxonne pour l'année 1773, les frais de façon et de transport sont évalués à 150 livres pour le chauffage de l'hôtel de ville et. à 100 livres pour le bois du salpêtrier. La municipalité, en demandant une garnison d'artillerie, s'était également vu imposer le chauffage de la troupe, ce qui eût été pour ses finances une assez lourde charge, si l'intendant en Bourgogne n'avait pas obtenu que la dépense fût payée sur les fonds de l'extraordinaire des guerres, comme en témoignent des lettres du duc de Choiseul, de M. de Saint-Germain et du maréchal de Ségur.

Le 30 avril 1764 le duc de Choiseul écrivait en effet à M. de Villeneuve, intendant en Bourgogne :

« J'ai reçu, Monsieur, la lettre que vous m'avez écritte le 21 de ce mois par laquelle vous demandez que la dépense du chauffage des soldats du corps royal d'artillerie qui sont en garnison à Auxonne soit supportée par le Roy, au moins pendant un certain nombre d'années, attendu que, sans cela, cette ville ne pourrait pas satisfaire aux engagements qu'elle a pris relativement aux casernes qu'elle a fait bâtir et meubler et qui forment un objet de 650 mille livres. Sa Majesté, à qui j'en ai rendu compte, veut bien que cette dépense pour quelque temps soit payée des fonds de l'extraordinaire des guerres, mais comme son intention n'est de venir au secours de cette ville qu'autant qu'il le faudra pour la mettre en état d'acquitter ce qu'elle doit par rapport à l'établissement des casernes et qu'il est vraisemblable que, dans peu d'années, elle en aura les moyens, eu égard à l'augmentation que le produit de ses *octrois* aura par la consommation que fera la brigade d'artillerie en question, vous voudrez bien avoir l'attention de vous faire rendre compte du progrès de cette augmentation et m'en informer afin que le chauffage de cette brigade cesse le plus tôt qu'il sera possible d'être à la charge du Roy et que les choses à cet égard soient remises sur le pied qu'elles sont dans les autres départements du Royaume. »

Le 21 septembre 1764 eut lieu l'adjudication de la fourniture du bois à faire aux corps de garde des ville et château d'Auxonne pendant le cours de trois années consécutives, ladite fourniture consistant pour chaque année en 40 moules rondins de chêne bien sec, de la longueur de 3 pieds 1/2, le moule ayant 3 pieds 6 pouces de dedans en dedans. Le bois de la fourniture était exempt de tout droit d'entrée et d'octroi. La soumission la plus élevée portait le moule à 8 livres, la soumission la plus avantageuse portait le moule à 5 livres 6 sols.

En réalité cette charge du chauffage de la garnison ne pesait pas encore sur la ville d'Auxonne au moment de la Révolution, mais par contre les habitants payaient par des droits d'octroi l'honneur de posséder le Royal Artillerie. A la suite des octrois extraordinaires accordés à la ville par arrêts du con-

seil des 9 septembre 1760 et 9 juin 1761, l'adjudication du bail des octrois eut lieu le 12 décembre 1761,
aux conditions ci-après (1) :

CINQUIÈME OCTROI SUR LES BOIS ET CHARBON

« Le droit d'octroi sera perçu sur les bois et charbon de bois que les habitants des ville, Granges et
Lochère d'Auxonne feront entrer pour leur consommation, à raison de :

6 sous par moule ou corde de bois ;
6 sous par voiture à 4 roues de bois en ételles,
    copeaux et autres ;
3 sous par voitures à 2 roues de bois en ételles,
    copeaux et autres ;
4 sous par cent de gros fagots ;
2 sous par cent de petits fagots ;
8 sous par bâche de charbon.

« 1° Tous les habitans des ville, Granges et Lochères
d'Auxonne qui entreront ou feront entrer lesdits bois
en ételles, fagots et charbon de bois pour leur consommation ainsi que du bois de moule seront tenus d'en
payer le droit sur le pied fixé par le présent tarif à
l'effet de quoy ils seront tenus de faire leurs déclarations, lesquelles pourront être vérifiées par le fermier, ses commis et préposés sur le rapport des jurés
mouleurs de cette ville.

« 2° Les voituriers qui conduiront du bois de chauf-

____

(1) E. Picard, *le Commerce du bois de chauffage et du charbon de
bois à Dijon au* XVIII° *siècle, Mémoires de l'Académie de Dijon,* 4° série, tome V.

fage, fagots ou charbon dans ladite ville pour la traverser seulement seront exempts dudit droit d'octroi, mais ils ne pouront décharger leur voiture dans la ville si ce n'est en cas de nécessité et après avoir averti le commis du fermier, lequel sera tenu de leur délivrer un billet d'entrée pour le représenter à leur sortie.

« 3° Pour prévenir toute contestation entre ledit fermier et les habitans des Granges sur leur consommation en bois, fagots et charbon de bois et éviter la fraude que les habitans des Granges et Lochères pourraient commettre à cet égard, la consommation desdits habitans demeure fixée à 8 moules ou cordes de bois pour chaque ménage de laboureur, 4 moules par chaque ménage de manouvrier et autres artisans et 2 moules par ménage de femme veuve, et ledit fermier ne pourra exiger le droit d'octroi que sur cette quotité. »

La construction des casernes devait grever pendant de longues années les finances de la ville d'Auxonne, et comme dans toutes les communes propriétaires de bois c'est la forêt qui doit suffire au luxe des constructions : d'une part on a exploité en une fois les trois quarts de la forêt et d'autre part on a mis un droit sur les produits forestiers, c'est-à-dire qu'on a augmenté d'autant la cherté de ces produits et par suite qu'on a provoqué les délits.

Le tarif de 1761 devait d'ailleurs être surélevé par arrêt du conseil du 21 mars 1769 ; les droits sur les unités indiqués au précédent tarif furent respectivement portés à 7 sols 6 deniers, 7 sols 6 deniers, 3 sols 9 deniers, 5 sols 6 deniers, 10 sols.

La comparaison des budgets avant et après la construction des casernes ne manque d'ailleurs pas d'être assez suggestive.

1751. Recettes. . . . . . . 10.895^l 15^s 10^d
      Dépenses 9.122 3

      Excédent de recettes . 1.773^l 12^s 10^d

1773. Recettes. . . . . . 9.992^l 8^s 10^d
      Dépenses . . . . . 21.627^l 3^s 6^d

      Excédent de dépenses . 11.634^l 14· 8^d

Cependant grâce au développement de la population et à l'augmentation dans le produit des octrois que le duc de Choiseul prévoyait dès 1769, le dernier budget de l'ancienne administration municipale se soldait en excédent de recettes.

1788. Recettes. . . . . . 20.797^l 18^s 9^d
      Dépenses . . . . . 13.444^l 4^d

      Excédent de recettes . . 7.356^l 18^s 5^d

Aux dépenses de ce budget figuraient les indemnités accordées aux maire et échevins pour les soins qu'ils donnaient à la forêt. C'est le 19 mai 1726 que le conseil avait délibéré « comme il ne serait pas juste que M. le maire et MM. les échevins quittassent leurs propres affaires et la ville pour travailler au recouvrement des terres usurpées et à l'économie des bois pour les engager à travailler avec une augmentation de zèle à un bien si avantageux à la ville, on donnera à M. le maire 6 livres par jour et aux sieurs échevins et syndic 4 livres, lorsqu'ils travailleront au recouvrement et à l'économie. »

En effet un orage venait-il à produire des chablis dans les Crochères, comme celui du 21 septembre 1736, le maire, le procureur syndic et le greffier se transportent dans la forêt, dressent procès-verbal des bois abattus, marquent et font transporter sur la place proche l'église les meilleurs chênes pour être vendus et font façonner les autres en bois de moule pour les distribuer aux habitants à raison de 3 livres le moule.

La forêt des Crochères se trouve sur le passage des orages qui viennent du sud-ouest dans la vallée de la Saône et la reconnaissance des chablis est une opération fréquente dans ces bois. Le 25 juin 1756, à 7 heures du soir, un véritable cyclone déracine et rompt 1200 tant vieilles écorces que modernes.

Les magistrats devaient également suivre les procès que la ville était dans la nécessité de soutenir ou d'engager pour faire régler par l'autorité judiciaire les questions de jouissance ou de propriété.

Le 27 décembre 1678, Hierome Harbet, bourgeois et ancien échevin de la ville, présente au conseil une requête « pour avoir vingt-cinq pieds de chesnes propres à construire et restablir des bastimens et une grange, hors les murs et enceinte, lesquels bastimens avoient esté incendiés la veille de Pasques en 1678 » ; les magistrats invoquent la délibération du 29 mai 1673 défendant d'accorder du bois pour bâtir hors la ville et ils obtiennent du Parlement un arrêt rendu en la Tournelle à Dijon, le 13 juillet 1679, qui rejette les prétentions d'Harbet et homologue la délibération susvisée.

La prétention de la ville d'Auxonne de se soustraire à la juridiction de la table de marbre et d'exercer la justice dans les bois communaux n'était pas sans quelque inconvénient pour les finances municipales, comme le prouve un traité et accommodement du 17 juillet 1710 entre Jean Germain Collinet, fermier des domaines du Roy à Auxonne, et les maire et échevins pour terminer le procès que le sieur Collinet voulait continuer au siège de la table de marbre au sujet du recouvrement des amendes de police contre les délinquants dans les bois des Crochères. Collinet prétendait toucher les deux tiers des amendes du 1er janvier 1699 au dernier décembre 1712 ; il consentit à transiger et à céder toutes les amendes à la ville moyennant que celle-ci lui paierait en monnaie sonnante 1200 livres plus 280 livres pour les dépens de l'arrêt préparatoire.

La ville d'Auxonne avait déjà eu au xive siècle des démêlés avec les Jésuites au sujet de leur grange de Bouquerans. Cette grange très vraisemblablement était tombée en ruine au moment des guerres, et quand les propriétaires voulurent la rétablir, les magistrats d'Auxonne leur contestèrent les droits reconnus par la transaction de 1388. Ils perdirent encore ce procès et une ordonnance du 21 juin 1715 permit aux Jésuites de faire rétablir la grange de Bouquerans sur 70 pieds de longueur et 36 à 40 pieds de largeur. La ville d'Auxonne dut marquer dans les Crochères tous les bois nécessaires pour le rétablissement de cette grange et le fermier qui allait l'occuper bénéficiait de toutes les conditions de la transaction de 1688, avec la restriction ci-après

que « pour le chauffage et cloture le fermier ne
pourra couper et prendre que le bois mort et mort
bois, et que le nombre des pourceaux ne pourra
être plus fort que vingt ».

Cette grange de Bouquerans devait encore donner
lieu, quelques années plus tard, à un procès avec
messire Joseph, comte de Meria, seigneur de Rainans et de Grésidan et révérend père Jean Allard,
procureur du collège des révérends pères Jésuites
de Dôle, en cette qualité seigneurs de Jouhe et propriétaires de ladite grange. Par lettre adressée le
4 décembre 1739 à l'intendant Pierre Arnaud de la
Briffe, le comte de Meria s'était plaint que les magistrats de la ville d'Auxonne s'étaient opposés au
défrichement d'une lisière de bois qu'il prétendait
en dehors des limites des Crochères, défrichement
qu'il avait fait commencer par des ouvriers terras-
siers du Dauphiné. Le 4 avril l'intendant avait rendu
une ordonnance pour prescrire la reconnaissance,
l'arpentage et le plan figuratif avant de faire droit
à la requête et il avait désigné le géomètre Gambu
pour exécuter ce travail, en présence de Pierre-
Bénigne Thoreau, conseiller avocat du Roy au bureau
des finances. La reconnaissance commença le 16
mai par une longue discussion entre le comte de
Meria et le père Allard, d'une part ; les deux échevins de la ville et le syndic Dugied, d'autre part. Le
syndic avait la défense un peu vive, les adversaires
protestent, mais les experts passent outre à leur
protestation et continuent leur opération qui nous
a valu le premier plan complet de la forêt des Crochères. Les limites furent fixées et le 15 octobre

1740 le conseil de ville déclara accepter les conclusions du rapport. Il s'agissait en résumé de fixer le
tracé d'un bief quelque peu sinueux ; comme dans
beaucoup de procès, la valeur de l'objet en litige
était loin d'équivaloir aux frais de déplacement des
experts.

Le dernier procès dont les liasses sont parvenues
·jusqu'à nous et non le moins important, si nous en
jugeons par les mémoires, les réponses, les observations imprimées, eut pour objet l'interprétation
des clauses et conditions de l'adjudication des cantons du Roy et de la Ville au sieur Charles Puthod,
en 1759.

Le procès-verbal d'adjudication ne parlait point
de la glandée ; or Puthod, dès le surlendemain, adressa
requête au grand maître pour qu'il lui plût le déclarer paisible possesseur de la glandée pendant
tout le temps de son exploitation, c'est-à-dire pendant dix-huit ans. Sur quoi le grand maître fit droit
à la requête et prescrivit que son ordonnance à ce
sujet serait enregistrée à la suite du procès-verbal
d'adjudication. Le sieur Puthod était seul en nom,
mais il avait remis la moitié de son marché à un
sieur Moussière associé avec quatre autres marchands ; toutefois craignant de s'embarrasser les uns
les autres, il fut convenu entre les associés qu'on
céderait à Puthod toute l'exploitation et qu'en dé-
dommagement il abandonnerait aux cinq autres la
glandée, qu'il leur compterait même une indemnité
de 1176 livres. Cet arrangement donna lieu à un
autre. Le sieur Moussière et ses associés pour la
glandée étaient en même temps associés dans l'en-

treprise des casernes d'Auxonne. Ils voulurent encore simplifier à cet égard, pour cela ils convinrent entre eux que le sieur Moussière jouirait seul de la glandée et Moussière céda sa part de l'intérêt qu'il avait dans la construction des casernes.

Une fois seul maître de la glandée, Moussière au mois de septembre 1759 fit faire les proclamats nécessaires à délivrance tant à Auxonne qu'aux environs, l'adjudication était fixée au 21. Les maire et échevins formèrent opposition par acte signé le 16. Moussière répondit le 21 par une sommation aux magistrats de consentir que la délivrance de la glandée fût faite avec offre de déposer les deniers qui en proviendraient entre les mains d'une tierce personne, pour être touchés en fin de cause par qui il appartiendrait. Ledit jour 21 septembre, fixé pour l'adjudication, un tambour du château d'Auxonne fit les proclamats, mais il ne se présenta point d'enchérisseurs, ce que Moussière fit constater par notaire. La glandée de 1759 ne fut donc point amodiée.

Moussière présenta alors une requête au nouveau grand maître M. de Marizy pour faire ordonner que la décision de son prédécesseur serait exécutée par provision. M. de Marizy fit droit à cette requête par ordonnance du 23 juin 1760, et fixa au 21 juillet suivant la date de l'audience pour juger au fond. La veille de l'audience, les magistrats d'Auxonne formèrent appel tant de l'ordonnance de M. de Fleury que de celle de M. de Marizy. Ce dernier, vexé sans doute, rendit une nouvelle ordonnance le 29 juillet, confirmative de son ordonnance du 23 juin. D'où nouvel appel des magistrats, et à la date du 12 août, arrêt de la cour qui reçoit leur appellation et leur accorde la glandée par provision, à condition que les deniers qui en proviendront seront conservés es mains du receveur de la ville et remis à qui il sera ordonné par ladite cour en fin de cause.

Enfin le 9 avril 1761, un arrêt du parlement cassa les ordonnances des grands maîtres, disant que la glandée du bois des Crochères appartient en toute propriété à la ville d'Auxonne et faisant mainlevée à ladite ville des deniers provenus de la délivrance de la glandée de 1760.

La ville avait eu affaire à une bande d'aigrefins et on ne peut que blâmer l'attitude des grands maîtres et approuver la jurisprudence du parlement.

Le produit de la glandée des bois communaux d'Auxonne entrait en réalité pour une bonne part dans les revenus patrimoniaux, ainsi qu'on en peut juger par une note du registre des délibérations en date du 20 juillet 1726. La ville avait cru pouvoir comprendre la glandée dans l'adjudication de ces revenus, mais pressée sans doute par les gens des Granges elle dut entrer en pourparlers avec l'adjudicataire qui renonça à exercer la glandée pendant la fin de son bail, moyennant une diminution annuelle de 1370 livres, de sorte qu'il ne paiera plus que 3730 livres au lieu de 5000 livres.

Les habitants des Granges menaient « sans façon leurs porcs dans les bois » et une ordonnance des magistrats du 4 août 1743 les invita à « se pourvoir de pastres en nombre suffisant pour la garde de leurs pourceaux à peyne d'y être pourvu ».

Il semble que cette ordonnance n'avait produit
que peu d'effet si on en croit les mémoires de Moussière à l'appui de ses revendications.

Après que le parlement eut donné gain de cause à
la ville, on en revint au système de l'adjudication de
la glandée qui produisit 2200 livres en 1761, 2300
livres en 1762, 1200 livres en 1764. La série des prix
d'adjudication manque aux archives, qui ne nous
fournissent plus, jusqu'à la Révolution, que deux renseignements. Le 22 septembre 1778 la glandée fut
adjugée au prix de 280 livres. Le 25 septembre 1785,
la glandée avait été adjugée au prix de 930 livres
pour le pacage de 150 porcs.

A cette époque où la pomme de terre ne figurait
encore qu'à peine sur la table du roi à Versailles,
on ne négligeait pas la valeur nutritive du gland,
on l'appréciait même à un prix fort élevé : plus de
6 livres par porc. Pour cette somme évaluée au taux
actuel de l'argent, un habitant de la Cour ou de la
Feuillée se procurerait facilement la quantité de
pommes de terre nécessaire pour engraisser un porc
depuis la Saint-Michel (29 septembre) jusqu'au 1er
janvier.

Au XVIIIe siècle, la culture était encore fort peu
productive et pour nourrir leur bétail, les paysans
comptaient plus sur les friches et les bois que sur
les récoltes de leurs champs.

En 1706 les habitants du village de Biarne demandent qu'il leur soit permis d'envoyer leur gros
bétail pendant les six années prochaines paître en
temps de vaine pâture seulement en un canton de
bois des Crochères où les habitants de Billey ont

déjà le droit de pâturage, sous offre de payer comptant et par avance ce qu'il plaira aux maire et échevins de taxer. Le conseil rejette cette requête le 25 mai 1706; il agit d'ailleurs avec prudence, car les habitants de Billey n'auraient pas manqué de se prétendre lésés dans leurs droits d'usage, comme ils vont le faire à la fin du siècle.

Par délibération des 25 et 26 novembre 1786, les habitants d'Auxonne et de la communauté de Billey, désireux de rétablir la bonne union entre eux en éteignant des difficultés et contestations prêtes à s'élever sur l'exécution de l'ancien traité du 23 juin 1406, décident de passer un nouveau traité. Cet acte, dressé devant les notaires royaux du bailliage d'Auxonne, le 29 novembre 1786, porte les dispositions ci-après.

1° Les habitants de Billey s'obligent à payer une somme de 2800 livres entre les mains du receveur de la fabrique d'Auxonne.

2° Ils seront affranchis de la redevance annuelle de quarante livres de cire au profit de ladite fabrique.

3° Ils seront affranchis de la garde du bois d'Auxonne;

4° Ils renoncent à réclamer aucun droit d'usage ou d'affouage en vertu de titres quelconques qu'ils pourraient trouver par la suite;

5° Ils sont déchargés de toutes amendes, dommages-intérêts pour raison des délits qu'ils pourraient avoir commis dans les Crochères;

6° Le droit réciproque de champoy et de vain pâturage entre les habitants d'Auxonne et de Billey demeure fermement stipulé;

7° Quand les chemins qui conduisent de Billey au bois se trouveront interceptés, il en sera indiqué d'autres aux habitants de cette communauté à travers les coupes défensables.

Ce traité fut présenté aux assemblées des habitants d'Auxonne et de Billey tenues les 2 et 3 décembre 1786, il fut approuvé et ratifié comme remplissant le vœu des deux communautés et étant conforme à leurs véritables intérêts.

Une pareille transaction eut lieu entre les habitants d'Auxonne et ceux de Villers-Rotin pour rétablir la paix entre les deux communautés; les délibérations, l'acte, les assemblées de ratification portent les mêmes dates que la transaction avec les habitants de Billey. Les conditions sont les mêmes, sauf que la somme à payer par la communauté de Villers-Rotin n'est que de 1800 livres au profit de la fabrique, mille autres livres devant être payées au receveur des revenus patrimoniaux d'Auxonne.

Enfin une deuxième condition, qui ne se trouve pas relatée dans la copie du traité avec Billey, porte « que quand la glandée de la partie du bois où les habitants de Villers-Rotin peuvent avoir leur champoy ou vain pâturage sera amodiée, les termes du ban ne seront fixés que depuis la saint Michel au 1er janvier exclusivement ».

Les habitants d'Auxonne, de Billey et de Villers-Rotin se pourvurent au conseil du roi pour faire homologuer ces transactions; l'homologation est datée de Versailles, le 20 septembre 1788.

Si les populations des villages usagers dans la forêt des Crochères abusaient de leurs droits pour commettre des délits, les voisins les plus dangereux ont toujours été les habitants des Granges, comme nous le montreront les quelques renseignements trop rares concernant les délits au XVIIIe siècle qui sont parvenus jusqu'à nous.

22 novembre 1707. — Le conseil de ville se réunit « pour délibérer sur l'assignation que Claude Noblet, jardinier aux Granges de cette ville, a fait donner le 27 d'octobre dernier au procureur du roy audit hôtel de ville, pour plaider en la cour de la Table de Marbre sur l'appel qu'il a interjetté de la sentence rendue en la mairie, qui l'a condamné en 15 livres d'intérêt envers la ville pour avoir couppé dans les Crochères un arbre de 6 à 7 pieds de tour. »

Il fut d'ailleurs résolu unanimement qu' « on soutiendra que ladite sentence doit être confirmée avec despens ».

Les magistrats d'Auxonne, en tant que juges ordinaires audit lieu, n'étaient cependant pas bien vus des tribunaux d'appel. Un sieur Monin, écuyer, demeurant à Auxonne, avait fait construire des baraques aux Granges qui donnaient lieu à de perpétuelles et considérables dégradations depuis plus de vingt ans, et cependant, à la suite de la première régie, il n'avait pas craint, trouvant ses intérêts lésés par cette mesure, d'intenter un procès aux magistrats d'Auxonne devant le parlement de Dijon qui, par arrêt du 4 août 1711, les avait condamnés en leur propre et privé nom à 100 livres de dommages-intérêts envers Monin et avait fixé les dépens à 600 livres. Le 4 décembre 1711, le conseil décide à l'unanimité que « la communauté prendra en mains pour les magistrats, attendu qu'ils n'ont rien fait que pour la conservation des bois communaux de cette ville et pour empescher leur continuelle dégradation et entreprises du sieur Monin ; qu'on continuera pour obtenir la cassation de l'arrêt, même faire ordonner par qui il appartiendra la démolition des baraques. »

Une ordonnance de police du 14 juillet précédent avait prescrit de démolir toutes les baraques des fendeurs dans le bois et toutes celles qui se trouvaient à une demi-lieue de la forêt.

Les Grangiers donnaient en tout et pour tout le mauvais exemple ; on avait décidé en assemblée générale, le 22 avril 1714, qu'il « serait fait deffence aux grangiers de pouvoir sous quelque prétexte que ce soit faire des troupeaux séparés ». Cette défense n'avait point été observée et les habitants de Chevigny, usagers dans les Crochères, ne se gênent pas pour imiter les habitants des Granges.

« Ils affectent de mener leurs bestiaux en vaine pâture dans les bois communaux de cette ville à garde faite, s'écartant de leurs bestiaux sous prétexte qu'ils étoient égarés en cas qu'ils fussent pris ou rencontrés par les gardes. Ayant été pris, aucuns d'eux sont venus furtivement et nuitamment les enlever à l'hôtel de ville ; ensuite de quoy ayant été encore pris, il sont actuellement à l'hôtel de ville. » Le conseil se réunit le 10 novembre 1724, et sur les observations du premier syndic qui fait remarquer que ces bestiaux ayant été bien pris, conformément à l'ordonnance de 1669, ils sont confisqués de droit au profit de la ville, qu'ils doivent être vendus, et que, comme il y a récidive, les bestiaux des délinquants doivent être à l'avenir bannis de la forêt; on délibère à l'unanimité que l'affaire doit être envoyée à MM. les magistrats qui ont la police et toute juridiction en qualité de juges gruyers des bois communaux de cette ville.

Les magistrats ne craignent pas cette fois de condamner, mais, il faut le reconnaître, s'ils sont sévères, ils se laissent également émouvoir par la pitié. Un sieur de la Croix, vigneron à Chevigny, qui avait eu sa vache et deux bouvillons pris dans les Crochères, au canton de la charrière Barnabé, avait été condamné à avoir son bétail vendu, mais comme c'est un pauvre malheureux, que toute sa fortune consiste en ces trois bestiaux et qu'il nourrit sa mère aveugle, on transige moyennant 30 livres, pour dommages et 40 livres au concierge pour frais de séquestre.

Les usagers ne se contentaient pas de commettre des délits de pâturage, ils coupaient des arbres; en 1726 le maire et plusieurs échevins doivent se transporter dans la forêt pour procéder à la reconnaissance des dégradations commises par les habitants de Billey, et le procureur syndic doit demander la saisie de plusieurs « plots » gisant par terre depuis un an.

Le procureur syndic n'oubliait pas de se faire payer ses vacations; le 16 septembre 1731, on lui compte la somme de quatre-vingts livres pour frais de course et dépens de captures de deux vaches et une charrette d'un habitant des Granges dégradant dans les Crochères.

Les comptes de 1733 comprennent d'ailleurs un « Deuxième chapitre de recette à cause des sommes touchées par le comptable des particuliers condamnés en amendes au profit de la ville tant pour dégradations commises dans les bois des Crochères qu'autrement. » Ils établissent aussi la recette provenant de vente de chevaux, vaches, charrettes, saisis en mésus. On vend cinq vaches au prix de 65 livres 2 sols 10 d. A l'amende et à la confiscation venait se joindre l'emprisonnement. Trois habitants de Biarne étaient détenus dans les prisons d'Auxonne pour dégradations dans les Crochères ; le 19 février 1737 ils font offrir 60 livres pour être élargis, le conseil les taxe à 100 livres ; la femme de l'un d'eux payantin continent les 100 livres, on les élargit.

Le conseil s'entendait à faire composer les délinquants : le 11 avril 1737, le meunier du moulin de Biarne offre 50 livres pour ses vaches prises dans les Crochères, on exige 75 livres.

Le 31 août 1740 : « Délibéré qu'on acceptera la somme de 400 livres offerte par M. le curé de Chevigny, comté de Bourgogne, pour obtenir l'élargissement de quelques-uns des habitans de sa paroisse détenus depuis environ huit à neuf mois dans les prisons de l'hôtel de ville pour dégradations par eux commises dans le bois des Crochères, sans comprendre le droit de geolage dont lesdits habitans de Chevigny demeurent chargés. »

Le système des transactions fonctionnait aussi largement que possible ; le 26 mai 1748 nous enregistrons une transaction avant jugement, moyennant

60 livres pour délit de coupe d'un chêne de 10 pieds 1/2 de tour.

Le 19 mai 1749, c'est une transaction après jugement et arrêt confirmatif de la table de marbre ; la somme à payer est fixée à 300 livres.

Cependant les jugements sont quelquefois exécutés, comme le prouve la mention suivante du compte de 1750 :

« 38 livres 15 sols qu'il a payé à Jérome Monin, huissier, Jean Marchey et Prudent Marcenet, cavaliers de la maréchaussée, pour avoir mis en exécution le jugement rendu en la mairie de ladite ville le 28 juin 1748 contre les nommés... de Biarne, comté de Bourgogne, condamnés solidairement pour dégradations commises dans les Crochères. »

Les délinquants d'autres fois ne se laissent pas condamner sans appel, mais les magistrats ne craignent pas de défendre la validité de leur jugement ; c'est ainsi qu'ils font imprimer « Un précis pour les habitans d'Auxonne intimés contre Pierre Michel et Claude Dubard, manouvriers aux Granges d'Auxonne, appelant de sentence rendue par le juge gruyer d'Auxonne le 28 août 1753. » A noter dans ce mémoire la phrase suivante :

« La forêt des Crochères, autrefois la plus belle de la province, se trouve aujourd'hui extrêmement dégradée, parce qu'elle a deux sortes d'ennemis : les habitans du Comté qui l'avoisinent et ceux des Granges d'Auxonne, dont quelques-uns ont leurs maisons construites aux reins de cette forêt et qui, tandis que les gardes forestiers sont renfermés dans les murs de la ville, travaillent à réduire à rien la Crochère. »

En effet en 1756 la ville paye 344 livres 17 sols pour faire ramener en ville les voitures de bois de délit.

Il est toutefois difficile de dresser une statistique des délits, aucun document ne permettant d'établir le bilan d'une année. Notons cependant en passant que du mois de mai au mois de septembre 1779, le greffier de la mairie a expédié 104 rapports de délits commis par différents particuliers tant de la ville que des Granges, Billey et Chevigny.

Quant à la régularité des transactions, une délibération du 10 mars 1786 nous renseigne à ce sujet. Des particuliers de Chevigny ayant commis des délits dans les Crochères demandent à transiger et le conseil : « Ouï le procureur syndic, qui s'en est référé à la prudence de la chambre, en vertu du pouvoir accordé par monseigneur l'Intendant de traiter sur les délits commis dans les bois communaux, accorde la transaction moyennant 200 livres. »

La Révolution, qui allait pendant quelques années livrer les forêts au pillage, devait fatalement amener aussi une aggravation dans la répression et il faudra attendre la loi du 18 juin 1859 pour que la faculté de transiger soit de nouveau accordée pour les délits dans les bois soumis au régime forestier.

Il ne suffisait pas de déclarer les forêts biens nationaux pour les mettre à l'abri des déprédations. Le doyen de la cathédrale d'Autun s'étant plaint que depuis le décret de l'Assemblée nationale du 2 novembre 1789, qui déclare les biens ecclésiastiques appartenir à la nation, une infinité de gens se jettent dans les bois de la seigneurie de Champdôtre, le

conseil de ville d'Auxonne, à la date du 8 décembre
1789, « pour se conformer au décret du 13 novembre
qui met les biens des ecclésiastiques sous la sauvegarde des municipalités et milices nationales, enjoint aux gardes citoyennes d'arrêter et conduire aux
prisons de cette ville tous particuliers qui seront rencontrés chargés de bois volés. »

Le conseil de ville va bientôt être remplacé par
le conseil municipal qui dès cette première séance
est obligé de s'occuper de la répression des délits
forestiers.

« Un de Messieurs a représenté qu'au mépris des
décrets de l'assemblée nationale un nombre d'habitans d'Auxonne de tout sexe et de tout âge allait
journellement et en troupes dégrader les bois soit
de cette ville soit des seigneurs et communautés voisines, que toutes ces personnes introduisaient dans
cette ville leurs délits sans y trouver aucun empêchement, ce qui portait un préjudice considérable
au bien public et était une contravention formelle à
la loy, tant pour le bois que pour le gland, il a été
délibéré que le décret concernant les délits qui se
commettent dans les forêts et bois serait de nouveau
publié et affiché ainsi que la présente délibération.
Toutes personnes quelconques qui se présenteront
aux portes de cette ville, chargées de bois, fagots ou
glands seront arrêtées, leurs fardeaux saisis et confisqués. M. le commandant chargé du pouvoir exécutif sera invité et requis de donner les ordres les
plus précis pour l'exécution de la loi et de la présente délibération. »

Le personnel chargé de la surveillance de la forêt

des Crochères ne semble pas en effet, pendant toute la durée du xviiie siècle, avoir été à la hauteur de la tâche difficile qui lui était confiée et les magistrats municipaux devaient se contenter souvent de nommer des préposés illettrés.

« Ce jourd'hui samedy dix sept may mil sept cent quatre, en la chambre du conseil de l'hôtel de ville d'Auxonne, nous maire et échevins de la dite ville, tenans la séance ordinaire, avons nommé et institué pour forestiers des bois communaux de cette ville Claude Hierome, manouvrier audit lieu, et François Aiselin, manouvrier aux Granges; et d'iceux pris et reçu le serment par lequel ils ont promis de s'acquitter bien et duement desdites charges, ce faisant de veiller à la conservation des bois communaux et du finage de ladite ville ainsi qu'il est accoutumé et de rapporter au greffe les mesusans et délinquans qu'ils y trouveront dans les vingt-quatre heures, en tesmoing de quoy nous nous sommes soubsignés, et quant aux dits Hierome et Aiselin ils ont déclaré ne le savoir faire de ce requis et interpellés. »

Cette délibération établit qu'à cette époque les procès-verbaux de constatation de délits forestiers devaient être affirmés dans le délai de vingt-quatre heures. Mais il paraît que les deux gardes rapportaient peu de procès-verbaux.

Le 21 septembre 1715, « les deux forestiers ayant été destitués à raison de leur négligence à la conservation des bois et de l'intelligence secrète qu'ils avaient avec plusieurs particuliers, on décide qu'on nommera une personne pour servir de chef aux deux forestiers qui seront tenus de lui obéir en toute occasion ». Cette nomination a lieu le 6 mai 1716, « les maire et échevins estant assemblés en ladite chambre du conseil ont institué Jean Lebaut en la charge de chef des forestiers et inspecteur des bois communaux de cette ville », aux gages de 100 livres par an.

Tout donne à croire que ce forestier chef n'obtint pas un redoublement de zèle de ses subordonnés, puisque le conseil a recours à une augmentation de gages des gardes « pour les engager à veiller à la conservation de ladite forêt dans laquelle ils répugnent et refusent d'aller par la médiocrité de leurs gages, ce qui fait que par leur peu d'application, la forêt se dégrade journellement ». Ces gages sont portés de 33 livres 10 sols à 75 livres.

Le forestier chef Lebaut est d'autre part remplacé, le 2 août 1717, par Henry Thibaudot.

On augmente plus tard le nombre des gardes, mais le conseil n'a pas été heureux dans ses choix, comme le témoigne le registre à la date du 20 juillet 1738. Les magistrats se réunissent « pour délibérer quels appointemens la ville donnera aux forestiers qu'il est important de nommer pour la conservation de la forêt des Crochères pour remplacer les derniers auxquels le procureur syndic fait le procès dont deux sont écroués aux prisons de l'hôtel de ville et les deux autres fugitifs ». On donnera 100 livres à chacun et le tiers des prises.

Le conseil de ville comprend enfin qu'il est difficile de confier à des manouvriers du pays la charge de gardes forestiers communaux et il se décide à recruter ses préposés parmi les bas officiers invalides. Nous trouvons en effet, à la date du 6 décembre 1748, un procès-verbal d'information de vie et mœurs et d'institution en qualité de forestiers des sieurs Blanchard et Cosme, bas officiers invalides. Nouvelle preuve que la municipalité d'Auxonne, dans la première moitié du siècle dernier, avait songé à réserver des emplois civils aux sous-officiers en retraite et que par conséquent les décisions royales des 27 décembre 1841 et 9 mars 1842, et la loi du 24 juillet 1873 n'étaient pas des innovations.

Mais quel que soit le mode de recrutement, les gardes ne valent que par l'impulsion qu'ils reçoivent de leurs chefs, et les bas officiers devenus gardes communaux de la forêt d'Auxonne, ayant un traitement insuffisant et n'ayant pas de chefs pour leur donner l'exemple et les stimuler, se succèdent à intervalles rapprochés. Nous trouvons en effet des nominations de gardes aux dates ci-après : 1er juillet 1751, 27 mai 1753, 30 juillet 1753, 23 août 1753, 23 juillet 1754, 31 janvier 1755, 17 octobre 1755, 23 février 1756. Nous avons dû nous arrêter dans notre relevé quand nous avons constaté en 1756 que le conseil de ville devait envoyer les sergents de la mairie parcourir la forêt des Crochères pour arrêter les délinquants dans icelle.

D'ailleurs à chacun son métier et les bois seront bien gardés ; les délinquants avaient beau jeu dans la forêt pendant que les magistrats employaient les gardes forestiers à « porter la bannière aux processions des rogations de l'année 1750 et à faire le feu de la saint Jean la même année ».

« Pour qu'une forêt soit bien gardée, il faut aussi que les gardes soient jeunes et en bonne santé et

on ne peut qu'approuver les magistrats qui se réunissent le 16 décembre 1780 « pour délibérer sur ce
que l'état de la forêt des Crochères exigeant un
service actuel et suivi de la part des gardes, il convient de nommer un garde au lieu et place de Claude
Renaud que son âge et sa santé empêchent de remplir son état. Il a été délibéré que François Cha-
puit, invalide, demeure nommé pour faire les
fonctions de garde forstier au lieu et place de Claude
Renaud qui sera tenu de rendre sa bandouillère dès
aujourd'hui ».

Quelques jours après, 26 décembre, « sur ce qu'il
a été raporté que le sieur Verne, l'un des gardes
forestiers, ne s'acquitte point exactement de son devoir, il a été délibéré qu'il sera tenu de remettre
sa bandouillère et que Charles Lebaut, soldat invalide, demeure nommé pour sergent des gardes forestiers des eaux, bois et chasses de cette ville ».

Il est bien compris que l'expression « invalide »
doit être entendue dans le sens de « retraité. »

Ces nominations de préposés se rencontrent dans
chaque registre ; tantôt c'est un garde malade qu'on
remplace, tantôt on remercie un autre qui « a mé-
contenté » ; d'autres fois on fait des destitutions en
masse. C'est ce qui arrive en 1785 et comme le
conseil de ville veut créer deux emplois nouveaux
l'intendant Amelot écrit au maire : « Quelque vastes
que soient vos forêts, il est certain que les quatre gardes que vous avez actuellement, s'ils sont exacts à
leur service, suffiront toujours pour veiller à leur
conservation. »

Les frais annuels de surveillance se montaient en

1788 à la somme de 725 livres ; somme bien supérieure, étant donnée la valeur de l'argent à cette époque, au traitement de 1800 francs actuellement voté pour le brigadier et le garde de la forêt communale d'Auxonne. Et cependant, on peut dire, sans crainte d'être démenti, que ces deux préposés suffisent facilement à leur tâche et qu'à une forêt ruinée par de mauvaises exploitations, par des abus de pâturage, par des délits de toutes sortes, a succédé en moins d'un siècle de bonne gestion une des plus belles forêts communales de Bourgogne et même de France.

Si les Crochères constituent un beau massif forestier, on ne saurait dire qu'elles présentent une belle réserve pour le chasseur, il a dû en être de même au siècle dernier, puisque les registres des délibérations du conseil de ville n'offrent que trois mentions relatives à la chasse, toutes trois en l'année 1778. « M. le marquis, seigneur de Peintre, ayant, malgré les deffenses, chassé dans la forêt des Crochères avec plusieurs piqueurs et quantité de chiens jusqu'à destruction du grand gibier, le Procureur fera les poursuites pour le faire condamner à l'amende encourue ; il fera de même envers M. Delivaray et un autre (inconnu), tous deux officiers au régiment de Strasbourg (artillerie) en garnison à Auxonne, pour chasse dans la forêt. » Ces décisions de juin et de juillet auraient pu soulever des difficultés, aussi dès le 6 août le conseil pense sagement qu'il y a lieu de surseoir aux poursuites. Quant aux habitants d'Auxonne qui auraient été tentés d'aller à la chasse dans la forêt des Crochères, ils ne devaient pas ignorer la rigueur de l'article 28 du titre XXX de l'ordonnance qui défendait aux bourgeois et habitants des villes, de quelque état et qualité qu'ils soient, de chasser en quelque lieu, sorte et manière et sur quelque gibier de poil ou de plume que ce puisse être, à peine de cent livres d'amende pour la première fois, du double pour la seconde et pour la troisième d'être attachés trois heures au carcan du lieu de leur résidence à jour de marché et bannis durant trois années du ressort de la maîtrise, sans que, pour quelque cause que ce soit, les juges puissent remettre ou modérer la peine. »

D'ailleurs les décrets de l'Assemblée nationale allaient bientôt abolir le droit exclusif de chasse et la loi du 30 avril 1790 autorisera les propriétaires ou possesseurs à chasser ou faire chasser en tout temps, sans chiens courants, dans les bois et forêts. La juridiction des eaux et forêts a également perdu l'attribution des délits de chasse, comme elle va bientôt perdre toutes attributions et disparaître.

L'Assemblée nationale mettra sous la sauvegarde des assemblées administratives et municipales les forêts, les bois et les arbres et elle leur en recommandera la conservation, mais elle sera bientôt obligée de reconnaître qu'en quelques mois le désordre est devenu véritablement effrayant et elle rappellera aux directoires que s'ils sont chargés de veiller à la conservation des bois, ce n'est pas seulement contre les délits des particuliers, mais c'est aussi contre les erreurs et les entreprises des municipalités, qu'ils doivent défendre cette propriété précieuse.

Ce sont les termes mêmes de la proclamation des 12 et 20 août 1790, concernant les fonctions des assemblées administratives et l'administration des domaines et bois.

La ville d'Auxonne avait lutté jusqu'à la révolution contre la maîtrise des eaux et forêts pour se soustraire au droit commun et Louis XVI, au mois d'août 1778, avait confirmé les privilèges de cette ville en défendant aux officiers de la maîtrise de Dijon de troubler les habitants dans la jouissance de la forêt des Crochères, ni d'en prendre connaissance.

La forêt est ruinée, les exploitations sont abusives, les arbres de futaie ont disparu, les taillis sont rabougris, les vides et les places vagues s'étendent chaque année, les dégâts dus au parcours deviennent de plus en plus menaçants, les délinquants se multiplient ; et grâce à l'autonomie, les bois communaux, qui devaient être la plus précieuse portion du patrimoine de la ville, ne sont plus que des terrains presque sans rapport.

L'assemblée nationale, en supprimant les privilèges, en soumettant toutes les municipalités au droit commun et en promulguant la loi du 29 septembre 1791 sur l'administration forestière, sauvera la forêt des Crochères.

En moins d'un siècle les vides seront repeuplés, les peuplements seront régularisés, de nombreuses et excellentes voies de vidange seront créées, un aménagement régulier sera appliqué et le massif des Crochères pourra être réputé l'une des plus belles forêts communales de France.

Il ne nous reste plus qu'à montrer dans un dernier

chapitre comment ces résultats ont pu être obtenus
grâce à la fermeté de l'administration forestière et
aux sacrifices bien entendus des diverses municipalités qui se sont succédé.

LIVRE III

LA FORÊT COMMUNALE D'AUXONNE DE 1790 A 1897

Etat de la forêt au commencement de la Révolution. — Délit d'exploitation. — Fermeté des autorités de l'an XI. — Révision de l'aménagement par les agents forestiers de la maîtrise de Dijon. — Plan de Limonet et Bauzon-Vallée. — Description de la forêt. — Assiette de l'aménagement. — Elargissement de la sommière. — Division du quart en réserve (1841). — Tracé, redressement, élargissement, rétrécissement des routes et chemins. — Fontaines publiques. — Délimitations. — Soumissions au régime forestier. — Plantations. — Concessions de vides à charge de repeuplement. — Application de l'aménagement. — Vente et délivrance des coupes ordinaires. — Coupes extraordinaires. — Quart en réserve. Projet de division. — Bois mort. — Herbes vertes et sèches. — Pâturage. — Chasse. — Cahier des charges de l'an XIII. — Production de la forêt. — Revenu. — Contrôle des exploitations.

L'article IV du titre I de la loi sur l'administration forestière, promulguée à Paris le 29 septembre 1791, porte : « Les bois appartenant aux communautés d'habitans seront soumis à ladite administration, suivant ce qui sera déterminé. »

Le titre VIII est tout entier relatif aux fonctions des corps administratifs et des municipalités en ce qui concerne l'administration forestière, et le titre XII règle ce qui se rapporte à l'administration des bois appartenant aux communautés d'habitants.

Or, la première pièce restée aux archives pour la période de la Révolution est précisément, à la date

14*

du 22 juillet 1792, un arrêté du directoire du département de la Côte-d'Or à MM. les officiers municipaux de la commune d'Auxonne qui s'étaient plaint que M. Leblanc, nommé par le Roi conservateur des forêts dans ce département, n'avait point encore visité les bois de leur communauté. Les idées au point de vue de l'administration forestière ont été promptement et radicalement modifiées dans la population d'Auxonne, puisque dans cette ville, qui regardait comme un de ses plus grands privilèges, d'être soustraite à l'action des officiers de la maîtrise, un des premiers actes de la municipalité imbue de l'esprit nouveau est de réclamer la visite de ses bois patrimoniaux par le conservateur.

Le Roi avait en effet choisi comme conservateur à Dijon un des trois sujets qui lui avaient été présentés par la conservation générale; mais s'il avait été facile de pourvoir de titulaires les emplois supérieurs, il avait été plus difficile de trouver des titulaires pour le s emplois inférieurs qui continuaient à être exercés par les officiers des cy-devant maîtrises.

C'est ainsi que nous trouvons, à la date du 13 mars 1793, un procès-verbal de Nicolas Aubriot, garde marteau de la cy-devant maîtrise de Dijon, qui visite un canton de la forêt des Crochères contenant 1200 arpents au moins, où il ne trouve que des arbres épars dans certaines parties et dans d'autres quelques brins de taillis malvenants. Aubriot marque 490 arbres, les seuls qui lui aient paru en état de croître en futaie et il en abandonne 1174 dont la commune pourra disposer en faisant recéper ledit canton.

Aubriot ne quitte pas la forêt des Crochères sans

aller, les 15 et 16 mars 1793, reconnaître l'état des coupes en exploitation. L'adjudicataire lui fait remarquer que les cantons de bois qu'il exploite sont entourés de villages et que leurs habitants, ainsi que ceux de la ville d'Auxonne, s'y portent et y commettent impunément des délits qu'il n'est pas possible d'arrêter dans les circonstances où on se trouve, et il demande de faire faire le récolement des parties exploitées qui se montent à environ 421 arpens.

Le garde marteau conclut que l'opération du récolement est prématurée, le terrain étant couvert de moules et de cordes qui peuvent cacher des délits. L'adjudicataire des 600 arpens dont il s'agit, le sieur Four, était, paraît-il, le délinquant le plus à redouter pour le peuplement, ainsi qu'en témoigne une lettre du directoire au citoyen Coqueau, agent national de la maîtrise à Dijon, pour l'inviter à vérifier les délits commis. Dans les 600 arpens vendus par la commune au sieur Four, il avait été martelé 10818 baliveaux, 5636 modernes, 1209 vieilles écorces, 397 arbres de lisières et 48 pieds corniers, or on a abattu les arbres, les pieds corniers et les baliveaux, on a ébranché les quelques modernes laissés sur pied.

Nous n'avons pas pu connaître la suite donnée à la plainte du directoire; mais tout laisse à penser que les délits commis par le sieur Four restèrent impunis grâce aux circonstances.

Cependant le conseil général de la commune d'Auxonne, qui venait de vendre 600 arpents de bois au sieur Four, trouvait que la forêt devait fournir à tous ses besoins et, par une délibération du 9

frimaire an II, il demandait la vente du quart en
réserve. Le directoire du département arrêtait, à la
date du 23 de ce mois, que la pétition serait com-
muniquée au directeur de la régie nationale. Celui-
ci faisait connaître, le 9 nivôse, que la commune
devait commencer par fournir l'état général de son
actif et de son passif et que ce ne sera qu'ensuite
qu'on pourra savoir si la vente du quart en réserve
sera dans le cas d'être ordonnée au profit de la commune. L'administration du département, adoptant
les considérations du directeur de la régie nationale,
arrête « qu'il n'echet de délibérer quant à présent
sur la demande relative à la vente du quart en réserve ». Les dettes de la commune se montaient
alors à 72.898 livres 12 sols 4 deniers. Ce rejet de
demande de coupe extraordinaire date du 2 pluviôse
an II et cependant ce n'est que par arrêté du 29 nivôse an IV que le directoire exécutif autorise :

1° La vente de la superficie qui se trouve sur 75
hectares formant la partie abroutie de la réserve ;

2° La vente des taillis qui se trouvent sur une
égale étendue de la même réserve, à prendre dans
les cantons les plus dépérissants, et décide qu'il sera
sursis à l'exploitation du surplus de la réserve.

En pleine période révolutionnaire, le pouvoir central a pu résister pendant cinq ans à une demande
de coupe extraordinaire et encore n'a-t-il en 1799
accordé qu'une coupe de 150 hectares.

Ce sont encore les agents forestiers de la cy-devant
maîtrise de Dijon qui, les 5, 6 et 7 prairial an VIII,
font arpenter cette coupe et la font diviser en
deux lots, le premier par le citoyen Bauzon-Vallée,

arpenteur de la cy-devant maîtrise. Ce lot est limité à l'ouest par les pâtis communs d'Auxonne, au nord par les terres et les bois communaux de Flammerans, à l'est par les bois du cy-devant seigneur de Flammerans réclamés par les habitants, et au sud par une ligne droite ; le second lot est arpenté par le citoyen Limonet, autre arpenteur ; il est limité au nord par la ligne, à l'ouest par des terres et prés, à l'est par les bois du seigneur de Flammerans et enfin au sud par une ligne. Dans le premier lot on marque 2560 baliveaux et dans le second lot 2750. Le procès-verbal est signé Dagallier, Rameau, Junot et Coqueau fils, et Boivin, administrateur municipal. Les récolements furent faits les 9, 10, et 11 floréal an X par les soins du conservateur en personne, assisté du sous-inspecteur forestier de l'arrondissement d'Auxonne, du garde général et des deux gardes de la forêt. Le récolement du premier lot adjugé à Chinard et Petret, marchands de bois à Seurre, constate une surmesure de 49 ares. Quant au récolement du second lot, vendu aux citoyens Détourbet et Besson, il donne lieu à constater une anticipation de 44 ares sur le bois restant et la substitution de 420 baliveaux non marqués. Dans le premier lot la substitution n'avait porté que sur 200 baliveaux.

Ces délits d'outrepasse, d'exploitation de baliveaux marqués remplacés par des baliveaux non marqués ne resteront pas impunis, bien que le jugement se soit fait attendre jusqu'en frimaire an XI.

A la date du 10 frimaire le préfet de la Côte-d'Or écrit au commissaire du gouvernement près le tribunal de première instance que « l'intérêt public et celui de la commune d'Auxonne exigent la prompte répression d'un délit qui a été commis par les citoyens Besson, Détourbet et autres. L'intention du gouvernement, qui met le plus grand intérêt à la précieuse conservation des forêts, exige une punition aussi rigoureuse qu'exemplaire. »

Le 8 brumaire, le conservateur fait connaître au préfet que, d'après le vœu de l'ordonnance de 1669, les délits reconnus donnent lieu à une amende de 21.321 francs 67 contre les citoyens Besson et Détourbet et de 10.150 francs 98 contre les citoyens Chinard et Petret.

Le 28 brumaire, le commissaire du gouvernement près le tribunal de première instance, séant à Dijon, écrit au citoyen préfet de la Côte-d'Or, que le jugement a condamné Besson et Détourbet à 3000 francs d'amende envers la république, 3000 francs de dommages-intérêts envers la ville d'Auxonne et aux frais, et que l'affaire Chinard et Pétret viendra à la prochaine audience.

Les idées d'autorité et de fermeté ne faisaient pas défaut ; préfet, conservateur, commissaire du gouvernement, juges, unissaient leurs efforts pour donner de salutaires exemples ; aussi l'administration forestière va-t-elle pouvoir poursuivre avec succès l'assiette d'un nouvel aménagement, son application et le repeuplement des vides de la forêt des Crochères.

Ce sont encore les agents forestiers de l'ex-maîtrise de Dijon qui procèdent à l'aménagement ou mieux à la révision de l'aménagement de la forêt des

Crochères et qui dressent le plan d'exploitation des
coupes ordinaires servant de base depuis un siècle
à l'assiette de ces coupes.

Ce document, dont les considérants font connaître
l'état de la forêt communale d'Auxonne en 1800,
mérite d'être cité :

« Nous agens forestiers de l'ex-maîtrise de Dijon,
en exécution de l'arrêté de l'ex-administration
centrale du département de la Côte-d'Or, sur la régénération des bois communaux de son arrondissement, du 12 ventôse an VI,

« Considérant :

« 1° Que les coupes des bois de la commune
d'Auxonne ont jusqu'ici été exploitées sans ordre et
par anticipation, ainsi que nous l'avons établi dans
notre procès-verbal de reconnaissance de l'état de
ces bois en date du 12 ventôse an VI ;

« 2° Que l'aménagement projeté de ces bois, à
raison de 25 coupes, en 1769, n'a jamais reçu d'exécution, autant à raison de la suspension qu'il a
éprouvé, que par l'effet de l'arrêté du cy-devant
conseil du 2 avril 1771, qui a ordonné que distraction
fût faite, dans ces bois, de treize aiges de broussailles
disséminées sur le territoire de la commune et
formant environ deux coupes et demie de ce projet
d'aménagement dont, au surplus, il n'existe pas de
plan ;

« 3° Que la division de ces coupes dans le système
de cet ancien aménagement était d'autant plus
vicieuse, à raison de leur longueur et de l'état de
dégradation où se trouve une partie considérable de
la masse qu'elles divisent, que la commune ne s'y est

jamais conformée dans ses exploitations, ne coupant habituellement que des parties peuplées ;

« 4° Que par une division mieux entendue de ces mêmes coupes, la régénération indispensable et déjà commencée par les soins de l'administration municipale s'en opérera plus sûrement, en faisant replanter ou resemer les places vagues sur chacune d'elles à fur et mesure de leur exploitation dans un ordre suivi et régulier, qu'en le faisant simultanément sur la totalité des places ruinées, la commune d'Auxonne n'ayant au surplus obtenu du gouvernement l'authorisation pour abattre les vieilles futayes répandues sur les places vagues que pour fournir aux frais de resemis et de replantations ;

« 5° Que tous ces motifs nécessitaient un nouvel aménagement.

« Nous sommes transportés dans lesdits bois, sous le nom collectif de forêt des Crochères, accompagnés des citoyens Limonet et Bauzon-Vallée, géomètres forestiers de l'ex-maîtrise de Dijon, et après les avoir parcourus et visités dans toute leur étendue, même le petit canton isolé appelé Bois-Joly, à l'occident et peu éloigné du massif de ladite forêt, nous avons reconnu que dans les parties peuplées les essences en sont de chêne et de charme en majorité, le surplus de tremble, aulne et coudrier ;

« Qu'il n'y existe presque plus de futayes de tous âges ;

« Qu'à la suite de l'abatage de celles crues en masse sur différentes parties de cette forêt et exécuté à différentes époques, l'abus du pâturage exercé sur le peu de recru qui y avoit surgi a

réduit plusieurs de ces parties à l'état de paquier
proprement dit dépourvu de toutes essences forestières, et d'autres à celui de broussailles claires et
rabougries et peuvent former ensemble un objet de
cent cinquante hectares.

« Que cette dégradation a pour cause principale
l'établissement d'un grand nombre de barraques sur
les reins de cette forêt et qui n'y ont été établies que
par l'appui du maraudage et la facilité du pâturage ;

« Que le sol de l'intégralité de cette même forêt
est généralement bon, que la régénération des
parties ruinées en est praticable par le recépage
des contrées pourvues encore de quelques essences
forestières et par le resemis ou replantation de
celles qui sont dépourvues de toutes essences et
par l'éloignement ou la destruction des barraques
susdites.

« Enfin, que le sol du quart de réserve, tel qu'il
a été choisi en 1769, est encore celui qui convient le
mieux à son emplacement, tant par sa qualité que
par les essences dont il est peuplé ;

« Ayant fait faire le mesurage général de cette
forêt par les susdicts géomètres, elle s'est trouvée
contenir, y compris le petit canton dit Bois-Joli :
treize cent cinquante-quatre hectares soixante-un
ares (2653 arpens 68 perches), dont le quart à laisser
en réserve est de trois cens trente-huit hectares
soixante-un ares (663 arpens 42 perches), composé
du petit canton appelé Bois-Joli, joignant de toutes
parts des terres labourables et des cantons dits de
la Feuillée, le Germinié et partie de celui dit le
canton du Roi, tous contigus, joignant ensemble

d'orient les prés de Chevigny et de Peintre, les bois
dudit Peintre, puis les terres et prés de la rente
de Brize ; de nord les bois et terres labourables
de Flammerans ; d'occident les terres labourables
d'Auxonne et de midi le surplus de ladite forêt dont
ils sont séparés par une tranchée de deux mètres
de largeur et sur la longueur de laquelle nous avons
planté neuf bornes taillées et bouchardées portant
pour empreinte la lettre R du côté dudit quart en
réserve, afin d'en maintenir la direction, la moitié
au surplus de ce quart de réserve, ou environ, à sa
partie septentrionale étant actuellement en exploitation, en vertu d'authorisation du gouvernement et
le taillis du restant ayant atteint l'âge d'à peu près
vingt-neuf à trente ans.

« Ce quart de réserve ainsi déterminé, il demeure
interdit à la commune de s'y entremettre de quelque
manière que ce soit, sans préalable et légale authorisation aux peines de droit.

« Pour parvenir à diviser convenablement le
surplus de la susdite forêt consistant en mille quinze
hectares quatre-vingts-trois ares (1990 arpens 26
perches), et éviter les inconvénients résultants de
la trop grande longueur des coupes, tant par
rapport à la difficulté de l'exploitation qu'au danger
du broutage, nous l'avons fait séparer en deux
parties, par une ligne sommière de deux mètres de
largeur dirigée du sud-ouest au nord et sur laquelle
lesdites coupes viendront aboutir des deux parts.

« Nous avons ensuite procédé sur le terrain à la
distribution de ce surplus en vingt-cinq coupes
égales de chacune quarante hectares soixante-trois

ares (79 arpens 60 perches) lesquelles sont distinguées par des bornes numérotées et seront exploitées dans l'ordre qui suit :

« La première sera prise dans la partie orientale
du massif, joignant des prés de Chevigny et aboutissant en partie sur la ligne sommière et délimitée
par deux bornes portant le n° 1. »

« La seconde, au sud et à la suite de la première,
est délimitée par quatre bornes portant le n° 2 et
ainsi de suite jusqu'à la treizième inclusivement pour
dix hectares quatre vingt-deux-ares (21 arp. 19 p.)
qui terminent au sud la partie de l'orient de la ligne
sommière. Partie de la treizième, pour vingt-neuf
hectares quatre-vingt-un ares (58 arp. 42 p.) sera
prise à l'extrémité méridionale de la portion qui est
à l'occident de ladite ligne sommière, joignant les
terres labourables d'Auxonne, et ainsi de suite en
retournant au nord depuis et compris la quatorzième,
jusques à la vingt-cinquième inclusivement.

« La quatorzième qui se trouve joignant la dernière
exploitation de la commune demeure appliquée à
l'ordinaire de l'an X, la quinzième à celui de l'an
XI et en continuant de la sorte jusqu'à la vingt-cinquième, pour après cette révolution, la première
être prise pour l'ordinaire de l'an 22 et de suite par
ordre de numéros, sans qu'il puisse y être fait aucune anticipation ni interversion,

« Considérant que le taillis de la coupe n° 1er a dé-
passé vingt-cinq ans, nous en avons ordonné l'exploitation pour tenir lieu à la commune de coupe en
l'an IX.

« Les habitants d'Auxonne ne pourront s'entremettre dans l'exploitation d'aucunes desdites coupes que l'assiette et le balivage n'en aient été préalablement et légalement faits.

« Leur enjoignons, dans la personne de leur maire, d'entretenir et nettoyer la ligne sommière et celle séparative du quart en réserve, dans la largeur ci-dessus indiquée seulement, de veiller à la conservation des bornes et de prévenir les officiers forestiers de tout déplacement qui pourrait en être fait, le tout aux peines portées par les lois.

« Leur enjoignons, en outre, de remplir les conditions sous lesquelles il a été accordé à la commune de couper les arbres répandus sur les places vagues de ses bois, et à cet effet de faire recéper dès cette année, à charge de reconnaissance par les officiers forestiers, lors du balivage de l'ordinaire an X, la portion du Champ Rougeot, le Grand Parc et le Vanoi formant ensemble partie de la vingt cinquième coupe, afin que ce terrain qu'elle avait destiné au pâturage, après y avoir authorisé l'enlèvement des broussailles qui la couvrent, soit ramené, par un plus exact recépage et par la proscription de toute espèce de pâture, à l'état de taillis propre à être exploité avec le surplus au tour d'ordre de ladite coupe.

« Leur enjoignons de même, à l'époque ci-dessus prescrite de l'exploitation de chacune des coupes où il se trouvera des places vagues, de faire soit recéper, soit resemer, soit replanter ces places vagues, au fur et mesure de leur destination, suivant qu'il sera prescrit chaque année par le procès-verbal d'assiette de chacune desdites coupes.

« Leur enjoignons enfin de faire disparaître, dans le

délai de six mois à dater de ce jour, les baraques de
nouvel établissement existant sur les reins de leur
forêt, en se conformant à la loi qui ordonne que les
bois communaux seront régis de la même manière
que les bois nationaux, autour desquels et à la distance de demi-lieue, l'ordonnance de 1669 veut qu'il
ne subsiste aucun établissement de ce genre.

« Et pour l'exécution de tout ce que dessus, de ce
pourvoir au secrétariat de l'agence forestière, de
l'expédition en forme tant des présentes que du plan
qui y demeurera annexé.

« Dont procès-verbal, que nous avons clos et signé
avec lesdits citoyens Limonet et Bauzon Vallée, géomètres forestiers, le vingt-neuf brumaire an neuf de
la République française. »

Il s'agissait de payer les frais d'aménagement et
le 4 prairial an IX les agents forestiers et géomètres
fournissent l'état des sommes dues, savoir :

Aux agents forestiers pour l'aménagement général
de la forêt des Crochères. . . . . 1200 fr. »

Pour expédition et papier . . . . 12 fr. »

1212 fr. »

Aux géomètres :

1° Pour arpentage de 2653 arpents 68
perches, à raison de 0 fr. 75 par arpent. 1990 fr. 26

2° Pour douze journées employées à
la division des coupes et à la plantation
des bornes, à raison de 12 fr. chacune. 144 fr. »

3° Pour expédition du plan général desdits bois . . . . 66 fr. »

2200 fr. 26

Le 2 thermidor le maire d'Auxonne demande la délivrance du mandat de 3412 fr. 26 sur le receveur général et sur le prix de la vente du quart en réserve.

Le 19 thermidor le préfet répond que l'arrêté du directoire exécutif du 29 pluviôse an VII, qui a autorisé la vente d'une portion du quart en réserve, a spécifié l'emploi à l'acquittement du capital des dettes et de l'excédent à des réparations d'utilité générale, qu'on ne saurait en faire un autre emploi, que d'ailleurs son arrêté qui a autorisé la vente de la coupe ordinaire de l'an IX en a affecté principalement le produit au paiement des honoraires dont s'agit.

Le procès-verbal d'aménagement, dressé par les agents forestiers du département, ne spécifiait ni l'âge des coupes, ni l'étendue des vides, ni les anticipations ; mais un rapport, en date du 23 pluviôse an IX, adressé par le garde général des bois communaux d'Auxonne aux magistrats et conseil municipal de cette ville nous fournit les renseignements que nous résumons dans un tableau (A) indiquant l'ordre et la marche de ces exploitations. L'auteur du rapport, le citoyen Franchet, nous déclare qu'il s'est acquitté « de ce devoir avec l'intégrité d'un ami de l'ordre et de la conservation des propriétés d'une commune à laquelle il doit sa sollicitude ». Tout nous porte à croire que son rapport est bien exact. Il reconnaît 530 arpents de vides dans les coupes ordinaires et 50 arpents dans la réserve ; 9 granges bâties sur la forêt au canton de la Feuillée, 14 au Pays Neuf, 2 à la Louvière. Il ajoute que le garde Dautrey a bâti une petite maison à la Cour, sur l'emplacement d'une baraque de coupeur que lui avait

fait placer l'administration municipale. Enfin le garde
général explique qu'il a divisé la forêt en deux sec-
tions surveillées chacune par deux gardes qui font
ensemble des tournées de nuit ; mais qu'il y a lieu
de remplacer un des gardes de la section méridionale, le sieur Begrand, qui ne fait plus de service à
cause de son grand âge. Comme le citoyen Garnier,
maire, s'intéresse à Begrand, son chef estime que
« la commune pour laquelle il a sacrifié sa jeunesse
lui doit une récompense ».

Les arpenteurs avaient bien dressé un plan général
de la forêt des Crochères, mais l'aménagement n'était
pas assis sur le terrain ou du moins la sommière et
les lignes de division n'étaient points ouvertes. Un
arrêté de la mairie d'Auxonne du 22 nivôse an X,
visant le procès-verbal d'aménagement du 29 brumaire an IX, ordonna le défrichement de la ligne
sommière et de la ligne séparative du quart en réserve sur une largeur de deux mètres, avec plantation
de charmes dans les places vagues pour indiquer le
tracé de ces lignes.

Cependant les coupes des ans XI et XII sont
vendues à l'hectare et ce mode de vente donne lieu
à un réarpentage. L'arpenteur Perille, chargé de
cette opération, signale 80 ares de déficit sur la
contenance de la coupe de l'an XII et dans sa
séance du 2 floréal le conseil municipal demande que
les arpenteurs qui ont exécuté le dernier aménagement soient invités (et au besoin poursuivis par
toutes voies) à rectifier, à leurs frais, leur travail
et à fournir à la ville un plan exact dudit aménagement. Le conservateur est d'avis qu'il y a lieu

de faire procéder à une vérification en leur présence. Limonet et Bauzon prétendent que leur responsabilité est établie par l'ordonnance de 1669 au vingtième de la contenance arpentée, qu'ils se sont engagés à lever le plan des Crochères, à le diviser en quart de réserve et coupes annuelles distinguées sur le terrain et sur le plan par des bornes. Ils ajoutent que les tranchées ouvertes par les gardes pour le réarpentage fait par Perille peuvent être imparfaites mais que l'aménagement ne sera certain que quand les tranchées seront ouvertes de borne en borne. Ils s'offrent à ouvrir ces tranchées, mais ils disent que ce ne doit point être à leurs frais ; ils demandent 12 francs par kilomètre, les ouvriers étant payés par la commune. Ils placeront gratuitement des bornes intermédiaires au milieu de la longueur des tranchées et quand les tranchées passeront dans des vides, on creusera des petits fossés d'un mètre, de distance en distance, pour conserver la direction, la dépense ne dépassera pas la somme de 300 francs. Le conservateur ayant donné un avis favorable, le conseil municipal, dans sa séance du 21 brumaire an XIII, émet à l'unanimité le vœu que la proposition des arpenteurs soit acceptée et que la somme de 300 francs fixée pour toute indemnité leur soit payée après leur travail fait et parfait, la ville se réservant le bois qui proviendra des essartements à faire pour routes entre les différentes coupes, lequel bois sera vendu et son produit employé au paiement des arpenteurs et des ouvriers et le surplus, si surplus il y a, distribué aux indigents de la ville soit en nature de bois soit **en deniers.**

Le 20 germinal an XIII, le conservateur ordonne l'exécution du travail ; la décision est approuvée par arrêté préfectoral du 30 messidor.

Nous possédons dans les archives de l'inspection le plan géométral des bois, appartenant à la commune d'Auxonne, sous la dénomination générale de Crochères, levé, rédigé et calculé par Bauzon-Vallée et Limonet, géomètres forestiers de la cy-devant maîtrise de Dijon. Ce plan, à l'échelle de 1/20.000, est une simple figure sans cotes d'angles ni de longueurs ; il attribue à la forêt 1354 hectares 45 ares ou 2653 arpens 68 perches, dont 1015 hectares 83 ares forment les vingt-cinq coupes ordinaires qui auraient dû être chacune de quarante hectares soixante-trois ares.

Quand les arpenteurs, conformément à l'arrêté préfectoral du 30 messidor an XIII, eurent procédé au routement des 25 coupes ordinaires dans le courant de mai 1808, les lignes ne furent point ouvertes ni perpendiculairement à la sommière, ni parallèlement entre elles, et si leurs contenances réunies formèrent bien 1015 hectares 83, leur étendue spéciale varie de 38 hectares 67 à 44 hectares 97. On peut affirmer que le travail de vérification de 1808 n'est point un travail sérieux et si, aujourd'hui encore, on prend comme contenance de chaque coupe la contenance indiquée dans la légende (B) inscrite par Bauzon et Limonet en marge de leur plan, on ne peut que regretter qu'une ville comme Auxonne n'ait jamais jugé à propos de faire procéder à un lever régulier de sa forêt avec canevas trigonométrique et de faire établir un plan coté sur lequel on ferait

15*

au moins figurer les nombreux chemins vicinaux qui traversent le massif, la ligne des conduites d'eau, les rectifications de limites à la suite de délimitation, les terrains soumis au régime forestier ou ceux qui en ont été distraits, les nouvelles sommières ouvertes dans le quart en réserve.

L'assiette de l'aménagement, tout en subsistant telle qu'elle avait été établie par Bauzon et Limonet, a cependant subi quelques améliorations depuis 1808.

Un arrêté préfectoral du 1er mars 1832 a autorisé la ville d'Auxonne « à donner à la tranchée sommière traversant ses bois une largeur de neuf mètres, y compris les fossés qui seront ouverts de chaque côté. »

Un second arrêté du 16 novembre 1835 a autorisé M. le maire d'Auxonne « à faire élaguer toutes les branches des arbres et des taillis qui s'étendent sur la ligne sommière et sur les chemins, toutes les fois que cette opération sera reconnue nécessaire par la conservation forestière. »

En 1841, le conseil municipal demande : 1° la division en huit parties du quart en réserve de sa forêt de manière à établir une ligne sommière séparant les coupes anciennes des nouvelles, 2° l'élargissement et le nettoiement des lignes de division des coupes ordinaires.

Sur le rapport du garde général Collas, visé par l'inspecteur et le conservateur, une décision du directeur général des forêt du 23 mars autorisa ces travaux qui furent confiés, par arrêté préfectoral du 16 février 1842, à l'arpenteur forestier Roger, moyennant la somme de 800 francs. Roger se contenta de repro-

duire le plan de Bauzon et Limonet sur lequel il fit
figurer par des lignes rouges les deux sommières
ouvertes dans le quart en réserve et les lignes sommières et de division des coupes ordinaires avec les
largeurs en 1842. Les deux sommières du quart
en réserve sont tracées : l'une du nord au sud, depuis la limite sur les terres entre les territoires d'Auxonne et de Flammerans jusqu'à la ligne séparative
du quart en réserve et des coupes ordinaires ; l'autre
de l'est à l'ouest depuis la forêt communale de Flammerans où elle fait suite à la sommière de Flammerans, jusqu'au pâquier communal de la Feuillée. Deux
autres simples lignes de division avaient été amor-
cées pour séparer les coupons 4, 5, 6, 7, 8, mais cette
division en huit coupons n'a jamais été appliquée et
ces lignes ont disparu.

Par contre, sur la demande très justement motivée du conseil municipal dans sa séance du 7 août
1843, un arrêté préfectoral du 3 octobre suivant autorisa la ville à prolonger, sur une largeur de treize
mètres dans la coupe n° 25, la ligne sommière ouverte
dans le quart en réserve, pour aboutir jusqu'au
chemin de Chevigny.

Enfin le conseil municipal ayant, dans sa délibération du 11 février 1852, demandé que la ville fût
autorisée à élargir la sommière qui traverse la forêt
afin de faciliter la vidange des coupes, un arrêté
préfectoral du 29 mai 1852 autorisa « à donner à la
ligne sommière qui traverse la forêt communale des
Crochères sur une longueur de 4787^m,50 une largeur de 12 mètres dont 9 seront occupés par la
chaussée et 3 par les fossés bordiers. » Les travaux

devaient être exécutés au fur et à mesure des exploitations en commençant au nord par la coupe 1 et en finissant par la coupe 13. Le 23 septembre de la même année un nouvel arrêté prescrivit de commencer au sud par la coupe 13. Enfin le 15 mai 1854 le préfet décida que les fossés bordiers auront deux mètres d'ouverture au lieu de $1^m,50$, et que cet excédent de largeur sera pris sur la chaussée qui se trouvera ainsi réduite à 8 mètres.

L'aménagement de la forêt des Crochères est maintenant bien assis sur le terrain, la sommière des coupes affouagères forme une excellente voie de vidange, bien empierrée et bien entretenue par la voirie municipale. Les sommières du quart en réserve sont bien ouvertes, mais ne sont praticables que par tronçons, attendu que la plus grande, celle qui va du sud au nord, a été tracée en ligne droite sans s'occuper des cours d'eau qui la coupent en différents endroits et que, jusqu'à ce jour, on n'a pas construit les ponts qui seraient cependant bien nécessaires, pour ne point dire indispensables.

Toutefois il convient de reconnaître que la desserte se fait dans d'excellentes conditions, grâce aux chemins :

De grande communication d'Auxonne à Moissey (1615^m) ;

De petite communication d'Auxonne à Rainans (2233^m) ;

De petite communication d'Auxonne à Chevigny (2313^m) ;

Vicinal de la Feuillée à Peintre (1325^m) ;

Vicinal d'Auxonne au moulin de la Bruyère(1414^m);

soit en tout 8900 mètres de chemins empierrés en bon état d'entretien.

Il était loin d'en être ainsi au commencement du siècle ainsi qu'en témoigne la lettre adressée le 30 ventôse an X, par le garde général des bois communaux d'Auxonne, aux maire et adjoints de ladite ville :

« Citoyens,

« Permettez que je vous observe que tous les chemins vicinaux et de desserte sur l'étendue du territoire, ou ont été usurpés par les riverains, ou sont tellement devenus impraticables qu'on ne peut plus s'en servir d'une manière utile.

« Que cet abus a multiplié partout l'exercice des faux chemins, ce qui, en offensant les droits de la propriété, a enlevé à l'agriculture des terrains féconds et précieux, surtout dans la forêt de cette commune.

« Que les réclamations s'élèvent de toute part, qu'il est urgent d'y faire droit par des mesures générales applicables à toutes les localités et également utiles pour tous les propriétaires, le commerce et l'industrie dans la ville.

« Que la plupart de ces abus se sont pratiqués depuis la Révolution, malgré que les articles 2 et 3 de la loi du 6 octobre 1791 et l'arrêté du directoire exécutif du 23 messidor an V ordonnent la réparation et l'entretien des chemins vicinaux de commune à commune et de ceux de desserte dans les finages pour les récoltes.

« Eh bien, citoyens magistrats, connaissant vos

vues sages et bienveillantes pour tous les intérêts des administrés, je vais vous faire connaître l'importance et l'exposé que je crois devoir vous soumettre relativement aux communes du Jura qui communiquent chaque jour dans cette ville.

« Ces communes s'occupent présentement à la confection de leurs chemins et communications qui sont déjà en grande partie tracés jusqu'au territoire d'Auxonnne en vertu d'un arrêté du préfet de ce département approuvé par le ministre de l'intérieur.

« 1⁰ La commune de Peintre a fixé un chemin dans la direction de l'ancien qui tombe au pont du Roy, près le moulin de la Bruyère ; je pense que si la ville faisait continuer ce même chemin en lui donnant seulement six mètres de largeur, non compris les fossés, le diriger par la grande plaine, le Closminos et la rue dite Colombière donneraient la facilité de supprimer un grand nombre d'anciens ou faux chemins dans la forêt, objet le plus précieux eu égard que ce chemin, en temps d'hiver, est impraticable jusques aux portes de la ville.

« 2° La commune de Chevigny a également tracé un grand chemin de communication jusqu'à l'entrée de la forêt d'Auxonne où les habitans dudit Chevigny ont toujours pratiqué plusieurs chemins et surtout en temps d'hiver, qu'il est instant de supprimer, et voici le seul moyen.

« 3° Le chemin de Peintre, dont est parlé à l'article précédent, dirigé par les nouvelles granges dites Pays Neuf, se trouverait parfaitement fixé pour que celui de Chevigny y tombe à l'occident de la forêt directement aux premières granges, de sorte que l'étendue de ce dernier en longueur n'auroit que la traversée de la forêt dans sa moindre largeur, et dans un terrain plat, qu'en prenant ce parti il n'y aurait que deux petits ponts déjà construits en bois brut, mais à reconstruire en pierre, celui sur le grand fossé qui reçoit les eaux du Champ Rougeot à la tête du paquier de la Grande Plaine et le second au bastar d'eaux près la rente du Closminos.

« Il est même facile à se convaincre qu'en prenant ce parti, on supprimerait celui qui traverse la Grande Roye, en bas du four à chaux, une autre roye à peu de distance, endroits impraticables en tout temps, ainsi que celui de la Galère, où l'on conserverait seulement un sentier pour les personnes à pied et l'on supprimeroit trois chemins à voitures qui sont, celui appelé chemin du haut de Chevigny, celui dit chemin Cadot et celui de Layot, la suppression de ces trois chemins produiroit environ quatre hectares de terrain à repeupler en bois, indépendamment des nouveaux faux chemins qui pourroient être pratiqués par la suite malgré la vigilance des gardes.

« 4° Le chemin de Rainans qui se dirige par les Granges dites la Louvière et celles dites Hautes, pour l'utilité des habitans des Granges du midy, tel est l'ancien chemin de Rainans. Par conséquent l'endroit appelé la Massillère si redoutable ne se pratiquerait qu'en temps d'été pour l'agriculture, ledit chemin de Rainans offriroit au moins trois hectares de terrain à repeupler dans la forest.

« 5° Le grand chemin de Biarne serait entièrement supprimé, excepté cependant un sentier pour les personnes à pied, cette commune de Biarne devant faire son chemin de communication à celle la plus voisine qui est celle de Billey à proximité de la grande route de Dôle, et la suppression de ce chemin, qui est multiplié jusqu'à quatre produiroit au moins quatre hectares de terrain à repeupler et éviteroit beaucoup de délits commis de la part des habitans de la commune de Biarne qui doivent passer par celle de Billey, chemin ordinaire pour les voitures venant à Auxonne ou au retour.

« 6° Enfin, en traçant seulement ces trois chemins dans la forêt, fixés et délimités par de bons fossés, la suppression des faux ou anciens, offriroit au moins environ quinze hectares de bois à repeupler ainsi qu'il est ordonné par le procès-verbal d'aménagement du 29 brumaire an IX.

« 7° Le canton de la Feuillée, qui vient d'être exploité et qui n'est pas même recolé, a été beaucoup endommagé par les faux chemins pratiqués de tout temps par le meunier du moulin de Flammerans et par les habitans des Granges du nord et la commune ne doit point de chemin dans cette partie de bois pour aller à ce moulin, puisqu'il est situé à l'extrémité orientale du bois dudit Flammerans, joignant le domaine de Brize, puisqu'aussi de ce moulin à Flammerans, il y a un grand chemin qui traverse les bois de cette commune et tombe dans la grande route de Pesmes à l'entrée du village. Il paraît donc inutile que le meunier ait un nombre de chemins dans les bois d'Auxonne, canton de la Feuillée, et il n'est pas moins vrai que dans les 150 hectares que contiennent ces deux dernières ventes, il y existe au moins dix à douze charrières, faux ou anciens chemins, qu'étant pratiqués ils occasionnent fréquemment des délits en passant à travers le tailly avec des voitures, j'estime qu'ils doivent être suprimés, en conservant seulement la charrière de Brize qui passe à l'emplacement des baraques pour aller à ce même moulin.

« 8° Pour parvenir à la suppression de ces chemins, qui est nécessaire à la conservation de ce canton de bois, il faut de toute nécessité ouvrir des fossés près les baraques de la Feuillée nouvellement construites, ces fossés sont indispensables au nord et au midy pour délimiter définitivement les deux petites parties de ce canton de bois qui ont été laissées en paquiers pour faciliter les habitans des Granges, du Pont-de-Pierre et de l'Oré, à y passer la vacherie. Cette dernière opération est d'autant plus essentielle qu'elle produiroit environ trois hectares de terrain à repeupler de bois et écarteroit une infinité de délits dans ces jeunes revenues.

« Les bois deviennent de plus en plus précieux, non seulement leur conservation est importante, mais encore leur régénération autant qu'il est possible aux autorités administratives. La conservation forestière l'a bien ordonné dans son procès-verbal d'aménagement, et j'ai la flatteuse espérance que les observations ci-dessus mériteront l'attention des magistrats de cette ville, les faisant vérifier, ils connaîtront la légitimité de l'exposé du présent rapport. »

Les observations du garde général Franchet avaient peut-être mérité l'attention des magistrats de la ville d'Auxonne, en tout cas ils ne se hâtèrent pas d'en tenir compte. C'est seulement à la date du 13 juillet 1818 que le préfet de la Côte-d'Or autorise le maire à faire procéder au redressement du chemin vicinal de la Feuillée à Peintre, à travers la forêt de la Crochère, afin d'assurer sur ce chemin un passage facile pour la circulation des voitures.

Quant au chemin vicinal d'Auxonne à Rainans, c'est seulement en janvier 1821 qu'un arrêté préfectoral autorisa son redressement et son empierrement. L'adjudication des travaux eut lieu le 2 février et fut tranchée au profit de M. Noblecour moyennant le prix de 1.987 francs. La main-d'œuvre et les transports étaient alors à bon compte, puisque pour cette somme l'entrepreneur devait curer 1771 mètres de fossés, en ouvrir à neuf 2.632 mètres et enfin fournir, transporter, casser et employer 330 mètres cubes de pierre dure.

Le 25 novembre 1831 le conseil municipal demande :

1° L'élargissement de 3 à 9 mètres de la sommière des coupes affouagères.

2° L'essartement sur 6 mètres de chaque côté des chemins vicinaux de Rainans, Chevigny et Peintre qui ont déjà douze mètres de largeur y compris les fossés.

3° L'exploitation d'arbres qui nuisent au passage des voitures sur le chemin de Billey.

4° Le rétrécissement du chemin du Pont-du-Roi servant de communication avec les villages de Comté et sa délimitation par des fossés.

5° Enfin le redressement du chemin de desserte de la ferme de l'Ozerolle et sa délimitation par des fossés.

Un arrêté préfectoral du 1er mars 1832 autorise tous ces travaux, sauf ceux d'essartement ; « attendu que la sûreté des voyageurs n'y a jamais été compromise et l'essartement amènerait un déboisement d'environ dix hectares sans véritable but d'utilité. »

Les magistrats municipaux tenaient à l'essartement, ils reviennent à la charge en 1835 en demandant à essarter cinq mètres de chaque côté des chemins existants dans le bois communal des Crochères ; mais le préfet, par un premier arrêté du 25 avril, refuse l'autorisation qui eût entraîné le défrichement de 8 hectares de bois. Le conseil municipal insiste et dans un esprit de conciliation très louable le préfet autorise le maire à faire essarter sous la surveillance et direction des agents forestiers, sur 2 mètres de largeur de chaque côté du chemin de Chevigny dans la traversée de la coupe n° 2, sur un mètre de largeur de chaque côté du chemin de Rainans, dans la partie la plus étroite de la coupe 7, sur un mètre également de chaque côté des chemins de la Feuillée à Peintre et de la Cour à Peintre.

Enfin l'arrêté décide en principe que le maire d'Auxonne pourra faire élaguer toutes les branches d'arbres et des taillis qui s'étendront sur la ligne sommière et sur les chemins traversant la forêt, toutes les fois que cette opération sera reconnue nécessaire par la conservation forestière.

Après avoir demandé des essartements, la municipalité, sans autorisation, fait rétrécir le chemin des Vaches ; les habitants des Granges s'empressent de réclamer, mais par arrêté du 8 mars 1836, le préfet déclare que l'administration municipale paraissant avoir agi de bonne foi en cette circonstance, le chemin des Vaches sera maintenu dans son état actuel et conservera la largeur qui lui a été tout récemment donnée par la ville, que par suite les fossés existant en arrière de ceux nouvellement ouverts seront comblés et repeuplés.

Par délibérations des 14 avril et 23 mai 1845 le conseil municipal demande de nouveau l'essartement sur 6 mètres de largeur de chaque côté des chemins et qu'une partie de bois dépendant de la coupe 17, joignant les maisons du hameau de la Louvière et séparée de la forêt par le chemin de Rainans, soit concédée à la ville pour en disposer suivant sa convenance.

La plaisanterie de l'essartement commençait à s'éterniser et comme on est obligé de faire intervenir une ordonnance royale pour autoriser la distraction du régime forestier et le défrichement des 69 ares 30 centiares joignant le hameau de la Louvière, le Ministre des finances profite de la circonstance pour faire rejeter par l'ordonnance la demande d'essartement. Enfin, par arrêté du 20 février 1869, la rectification du chemin vicinal d'Auxonne à Moissey fut approuvée, le bois situé sur l'emplacement de la rectification fut adjugé, l'emprise s'étendit sur 1.597 mètres de longueur et 11 mètres de largeur ; le défrichement et l'établissement du chemin ont été pratiqués dans les années qui ont suivi la guerre et terminés à l'automne 1876. Les travaux ont néces-

sité la cession de 1 hect. 76, et réduit la contenance de
la forêt à 1352 hect. 69.

La dernière mesure relative aux chemins traversant la forêt d'Auxonne est la décision de la commission départementale qui, dans sa séance du 31 mai 1893, a fixé à 12 mètres la largeur du chemin vicinal n° 3 d'Auxonne à Chevigny dans la partie comprise entre la ligne sommière des affouages et la limite du Jura, en spécifiant que la berge extérieure du fossé bordier à ouvrir à neuf formera la limite entre le chemin et le sol forestier.

Outre les chemins qui traversent la forêt des Crochères, il existe encore une ligne sinueuse défrichée sur 2 mètres 80 de largeur qui se profile dans les coupes 2, 1, 23, 24 et 25 et qu'on appelle la ligne des Fontaines.

Une décision du conservateur des forêts en date du 30 juin 1851 avait autorisé le maire de la ville d'Auxonne à faire effectuer, dans la forêt, les études nécessaires pour la création de fontaines publiques. Mais c'est seulement à la date du 14 novembre 1857 que le préfet de la Côte-d'Or a autorisé le défrichement du bois existant sur le tracé. Les travaux étaient en pleine exécution pendant l'été suivant, puisqu'à la date du 22 juillet 1858, intervient un nouvel arrêté préfectoral pour autoriser l'entrepreneur à construire sur le chemin des Vaches une baraque pour loger ses ouvriers. La longueur de la ligne des Fontaines est d'environ 2.200 mètres, les cantonniers de la ville, chargés de la surveillance des conduites, procèdent de temps à autre, sur l'autorisation du service forestier, à l'élagage de ladite ligne.

Des demandes d'élagage sont aussi très fréquemment produites par des riverains, elles ne donnent lieu à aucunes difficultés, bien que la forêt des Crochères n'ait été délimitée que partiellement. La limite avec les bois de Flammerans a été fixée par acte du 10 novembre 1811.

A la suite d'un arrêté du préfet du Jura, il a été procédé, le 14 novembre 1834, à la délimitation de la forêt communale de Chevigny et de celle de la ville d'Auxonne et un arrêté du préfet de la Côte-d'Or, du 19 février 1835, a autorisé l'ouverture entre les deux bois d'une tranchée mitoyenne de deux mètres.

Une ordonnance royale du 10 janvier 1837 a approuvé la délimitation entre la forêt des Crochères et les bois communaux de Peintre.

Mais le périmètre de la forêt des Crochères est beaucoup plus étendu sur les terres que le long des bois, et les délimitations sur les terres ne sont pas nombreuses.

Une ordonnance royale du 19 février 1836 a approuvé la délimitation avec la propriété en nature de terre appartenant à M. Joseph Gruet, coupe n° 25.

Le 27 août 1836 les experts signent un procès-verbal de délimitation, avec plan annexé, entre les bois communaux d'Auxonne et ceux de M. Royer, de Moissey, conformément à un arrêté préfectoral du 14 novembre 1835.

Le 15 septembre 1844, nouveau procès-verbal et nouveau plan pour établir la limite entre la forêt d'Auxonne (coupes 8, 9, 10) et un pré appartenant à M. Dalloz, propriétaire à Rainans.

En 1847, M. Garnier, notaire à Auxonne, demande qu'il soit procédé à une délimitation entre des terrains lui appartenant et la forêt communale d'Auxonne, canton de la Feuillée ; un arrêté préfectoral du 22 septembre autorise cette délimitation, le procès-verbal est clos le 8 janvier 1848, le 3 novembre 1851, le conseil municipal approuve les résultats de l'opération qui est ratifiée par décret du 22 décembre 1851.

Le même propriétaire obtient une délimitation entre son pré dit l'Etang Verdelet et la forêt communale ; l'arrêté préfectoral est daté du 7 mai 1857 et le procès-verbal du 6 novembre suivant.

La plus importante opération de délimitation est autorisée par arrêté préfectoral du 31 décembre 1864, et elle est exécutée pendant le mois de mai 1865. Deux tracés géométriques datés du 11 mai 1865 établissent la limite entre les coupes 1 et 2 et 64 propriétés en nature de pré, sur le territoire de Chevigny.

Enfin en vertu d'un arrêté préfectoral du 7 janvier 1866, le garde général à Auxonne procède à la délimitation partielle entre la forêt, coupe n° 8, et un pré sis sur le territoire de la commune de Rainans appartenant à M. Boussenard.

Dans le dossier qui contient ces différents procès-verbaux de délimitation, se trouve un rapport du garde général des forêts à Auxonne, en date des 8, 9 et 10 mars 1844, qui a reconnu toute l'étendue du périmètre de la forêt des Crochères soit 29484 mètres ; on trouve également un état avec noms, prénoms et demeures des riverains de la forêt des Crochères qui ne sont pas en nombre moindre que 371. Le 26 mars 1844, le sous-inspecteur transmet ce rapport avec avis qu'il n'y a pas à hésiter à demander la délimitation générale de la forêt. Le rapport n'a reçu aucune suite ; la ville d'Auxonne ne possède pour sa forêt, ni un plan coté, ni un procès-verbal de délimitation générale. L'étendue de la forêt des Crochères s'est cependant modifiée pendant les dix dernières années.

Par délibération du 18 août 1886, le conseil municipal a demandé la soumission au régime forestier de 5 hect. 30 ares de terrains vagues situés en arrière de la butte de tir du polygone de la garnison ; ces terrains situés lieux dits la Crochère, le Baivot et le Vannoir ont été soumis au régime forestier par décret du 26 juillet 1887, et rattachés à la coupe n° 25 à laquelle ils sont attenants.

L'étendue du sol forestier a été fixée à 1357 hect. 99 ares.

L'administration forestière a fait reboiser ces parcelles dès 1888, en employant les essences chêne, frêne, aulne et bouleau. Cependant la municipalité faisait planter en acacias des terrains contigus également situés dans la zone dangereuse et pour lesquels elle ne trouvait plus preneurs. Par délibération du 22 novembre 1894, le conseil municipal demandait la soumission de ces terrains, d'une étendue de 9 hect. 75 ares 60 cent., situés aux lieux dits le Baivot et le Vannoir, et d'un terrain vague d'une étendue de 25 ares 02 centiares provenant de la rectification du chemin rural de Villers-Rotin à Billey, au lieu dit : le Bief Marsouin. Un décret du 10 juillet

1895 autorisa cette soumission; l'étendue du sol
forestier est aujourd'hui réglée à 1368 hectares;
toutes les plantations du Baivot et du Vannoir, 15 hect.
05 ares 56 centiares, sont rattachées au quart en
réserve, et la plantation du bief Marsouin est incor-
porée à la coupe 13.

Ces plantations ont été recépées et complétées, on
y a exécuté des travaux de clôture et d'assainissement
et les préposés les entretiennent par des semis et
des plantations; le reboisement est à peu près complet. On ne peut d'ailleurs douter de sa réussite en
voyant les résultats des repeuplements exécutés dans
tous les vides de la forêt des Crochères; travaux sur
lesquels nous allons donner les renseignements
les plus complets, parce qu'ils montrent qu'avec
l'application de la devise du forestier : Observation
et patience, on est certain d'arriver à des résultats
non seulement satisfaisants mais surprenants.

Une lettre du garde général des bois communaux
d'Auxonne au garde général forestier des bois
nationaux et communaux de l'arrondissement de
Dijon, en date du 5 floréal an X, nous fait connaître
que « le vuide de la réserve se trouve dans sa partie occidentale lieu dit les Claires de Peintre estimés
à 24 hectares, y compris les parcelles de vuides qui
se trouvent dans les deux ventes du canton de la
Feuillée » et que « le vuide des coupes ordinaires,
qui est d'environ 225 hectares se trouve en majorité
au centre de la forêt, la plus forte partie à l'occident
de la ligne sommière jusqu'à la 25e et dernière coupe
où s'opère présentement un recépage de mauvaises
épines ».

16*

Le même agent, dans une lettre adressée, le 2 pluviôse an XI au maire d'Auxonne, qui lui avait demandé un rapport sur l'état actuel de la superficie de la coupe nº 17 ordinaire an XIII, écrit à ce magistrat :

« 1º J'ai reconnu que la superficie de cette coupe n'était autre chose que des broussailles ou buissons parmi lesquels il y aura au moins environ quinze hectares à repeupler lors du recépage qui en sera fait au tour d'ordre l'an XIII.

« 2º Que dans la partie orientale de cette coupe, il s'y trouve un vuide d'environ 12 hectares sur la ligne sommière appelé les Clairs Chaigniaux, absolument dépourvu de toute essence forestière.

« 3º Que l'on peut facilement se convaincre qu'il y aura au moins 26 hectares à repeupler, ainsi qu'il est ordonné par le procès verbal d'aménagement du 29 brumaire an IX.

« 4º Que dans la partie occidentale et au nord du chemin de Rainans, environ 2 hectares seulement sont peuplés d'un tailly de l'âge d'onze ans, le surplus confiné par le finage d'Auxonne est encore peuplé de broussaille essence de chêne, charme et coudre, ruiné et rongé par le bétail dans les premières années de sa croissance, abus qui n'a été que trop pratiqué de tout temps dans la forêt patrimoniale.

« 5º Que dans cette même partie de coupe y peut y exister environ 600 mauvais arbres, presque tous, rafaux, rabougris, dépérissans et perd chaque jour de leur valeur n'ayant d'hauteur les uns 2 mètres, d'autres un peu plus allongés, les branchages écartés formant un ombrage qui a incontestablement contribué à la ruine du tailly.

« 6' Qu'en laissant exister tous ces arbres, l'espoir de la régénération de cette coupe se trouverait anéanti ainsi que le repeuplement ordonné par les officiers forestiers.

« 7° Que l'abatage et la traite, au moins de 200 de ces arbres, est absolument nécessaire et doit être sollicitée pour que l'abatage en soit fait en même temps que le recépage.

« 8° Que d'avance l'on est convaincu que le produit du tailly et broussailles sera bien éloigné d'atteindre le but des frais du repeuplement des 26 hectares que la ville est obligée de repeupler, si les 200 arbres qui nuisent au recru n'étoient pas exploités. »

Ce rapport donne une idée assez exacte du fâcheux état dans lequel se trouvaient les coupes ordinaires de la forêt des Crochères; un arrêté de l'adjoint au maire en date du 5 floréal an XI nous renseignera sur les messures que la municipalité veut prendre pour commencer et mener à bien le repeuplement des vides.

« Vu le procès-verbal d'aménagement de la forêt d'Auxonne du 29 brumaire an IX, la délibération du conseil municipal du 24 pluviôse même année, l'avis du conservateur de la 18e conservation forestière du 24 fructidor suivant, et l'arrêté du préfet du 24 vendémiaire an X, tous relatifs au repeuplement et semis à faire dans les places vides de ladite forêt, enfin les arrêtés par nous pris les 30 ventôse et 29 germinal derniers;

« Considérant que la visite que nous avons faite le 2 de ce mois avec le citoyen Segret, sous-inspecteur de la 18e conservation forestière, d'une

grande partie des bois communaux d'Auxonne, nous
a convaincu qu'on devoit compter sur le succès du
repeuplement de cette forêt, puisque nous avons eu
la satisfaction de voir que les plantations que nous
avons fait faire l'hiver dernier dans les 14e et 15e
coupes de trente milliers de replants sont en pleine
vigueur et qu'il n'en manque pas la centième partie;

« Que cette expérience prouve qu'on peut par des
soins plus assidus et plus prévenans que ceux qu'on
a inutilement employés jusqu'à présent, venir à bout
de repeupler entièrement les 300 hectares de
places vides de la forêt au fur et mesure de l'exploitation des coupes, mais que, pour y parvenir, il
faut que la commune ait toujours à sa disposition
une certaine quantité de replants, qu'elle ne trouveroit pas toujours dans la forêt ni bien facilement
dans les forêts voisines;

« Qu'il convient aussi d'employer au repeuplement
différentes essences qu'on ne rencontre pas dans la
forêt d'Auxonne, et qui, cependant, pourroient aisément s'y reproduire, notamment l'orme dont nous
avons déjà fait 10.000 chevelus dans les 14e et 15e
coupes, qu'on peut aussi y employer l'acacia, dont
l'accroissement est des plus rapides et le bois aussi
utile dans les arts que pour le chauffage; que l'essai
qui en a été fait dans différentes parties de la France
et même dans le département de la Côte-d'Or, par
les soins du conservateur, assure un succès complet,
d'autant mieux que le sol de la forêt d'Auxonne est
on ne peut pas plus propre à la reproduction du
bois;

« Qu'étant à la veille de vendre le restant du quart

de réserve, on doit se trouver toujours en mesure
pour repeupler les grandes places vagues qui s'y
trouvent et à cet effet avoir à sa disposition suffisamment de replants ; qu'on doit aussi préparer
pendant l'été les trous destinés à recevoir les replants
afin que l'influence du soleil et de l'air puisse rendre
la terre plus meuble, mieux disposée à féconder la
végétation ;

« Considérant qu'il importe de régler dès à présent et pour toutes les fois qu'il y aura lieu, par
les exploitations des coupes, à faire de nouvelles
plantations, quelles seront les précautions à prendre
et la marche à suivre, afin que les plantations se
fassent régulièrement chaque année,

« Arrête :

« Art. 1er. — Chaque année, à mesure de l'exploitation des coupes, le garde général des bois d'Auxonne fera faire, pendant le printemps et le commencement de l'été, dans les places vagues desdites
coupes, des trous quarrés de la largeur et profondeur
d'un fer de bêche et à la distance les uns des autres
d'environ 1 m. 2, le gazon en sera brisé et renversé
pour que l'herbe périsse et que la terre en devienne
plus meuble.

« Art. 2. — Il sera écrit aux citoyens Tollard frères,
marchands grainiers pépiniéristes à Paris, rue de la
Monnoye, n° 2, pour se procurer différentes graines,
notamment d'acacia.

« Art. 3. — Au moment de la prochaine chute de la
graine des ormes qui sont sur les remparts d'Auxonne, il en sera ramassé une certaine quantité qui

sera disposée pour être semencée aussitôt qu'une légère fermentation se sera annoncée.

« Art. 4. — Le garde général Franchet disposera en faveur de la commune de partie du terrain de son jardin qu'il préparera à recevoir incessamment des semis.

« Art. 5. — Il fera ou fera faire les semis d'après les instructions qui lui seront données par écrit auxquelles il sera tenu de se conformer exactement et il apportera le plus grand soin aux semis qu'il aura faits soit par le sarclage, soit pour les arrosements, soit enfin pour les préserver des accidens auxquels ils pourroient être exposés.

« Art. 6. — Chaque année il sera fait de nouveaux semis et autant que le besoin de replants l'exigera, de manière que l'on ait toujours suffisamment de replants jusqu'à ce que la forêt soit entièrement repeuplée.

« Art. 7. — Lorsqu'on pourra se servir des jeunes plants qui proviendront des semis, ils seront arrachés avec les précautions nécessaires à ne pas endommager les racines et il n'y sera procédé qu'ensuite de l'avertissement qui en aura été donné au maire ou à l'un de ses adjoints par le garde général, lequel ne pourra disposer d'aucuns replants au préjudice de la commune.

« Art. 8. — Sur la fin de l'été de chaque année, le garde général préviendra le maire ou l'un des adjoints du parachèvement des trous pour vérifier s'ils ont été faits convenablement et en assez grande quantité.

« Art. 9. — Les plantations se feront de suite en suite et par coupes ou cantons par mélange de différentes essences, en observant de ne planter que celles qui conviendront au sol, suivant qu'il sera plus ou moins aquatique.

« Art. 10. — On usera de toutes les précautions possibles pour la prospérité des plantations. Les replants ne seront pas arrachés en trop grande quantité afin qu'ils ne soient pas exposés longtemps aux influences de l'air, on les placera dans les trous perpendiculairement, à une profondeur suffisante, on les recouvrira avec la terre la plus meuble qu'on posera légèrement et on veillera à ce que le trou ne soit pas recouvert d'un gazon.

« Art. 11. — Pendant le courant de l'été qui suivra la plantation, le garde général visitera tous les sujets pour savoir s'ils ont repris et ceux qui auront péri seront arrachés, le trou fait de nouveau et le sujet sera remplacé au mois de brumaire suivant. Les maire et adjoints feront une nouvelle visite à l'époque qui sera par eux fixée.

« Art. 12. — Dès à présent le garde général commencera à faire faire des trous dans les cantons appelés le Grand Parc, le Champ Rougeot et le Vaneois, qui viennent d'être récemment recépés, ainsi que dans la vingt-cinquième coupe, afin qu'ils soient disposés à recevoir des replants aux mois de brumaire et frimaire prochains, la même opération sera aussi faite dans les coupes Chinard et Besson, sur les parties qui joignent les granges de la Feuillée.

« Art. 13. — Pour parvenir à la plantation qui doit être faite aux mois de brumaire et frimaire prochain dans le cours indiqué sous l'article précédent, il sera fait quelques arrachements de petits charmes et coudriers dans la forêt aux endroits qui peuvent le permettre, mais la plus grande partie sera en replants d'ormes qui seront arrachés le long de la chaussée d'Auxonne ; on se procurera des replants de vernes pour placer dans les endroits marécageux et on employera aussi les plants d'acacia qui pourront déjà servir. Cette prochaine plantation sera au moins de cent mille sujets qui seront tous préparés convenablement ainsi que l'ont esté ceux de la dernière plantation.

« Art. 14. — Le garde général rendra compte par écrit, tous les trois mois, des places à repeupler, des travaux faits et à faire, de l'état des plantations, des semis faits ou à faire, de l'accroissement de la pépinière.

« Art. 15 — Il fournira aussi son état circonstancié et détaillé de toutes les dépenses qui seront vérifiées et du montant desquelles il lui sera délivré mandat.

« Art. 16. — Le citoyen Franchet sera annuellement indemnisé de l'occupation du terrain de son jardin et des soins qu'il donnera à la pépinière qu'il entretiendra pour la forêt.

« Art. 17. — Il sera par nous sollicité auprès du conseil municipal, en faveur dudit Franchet, garde général de la commune, une indemnité à titre d'encouragement, à raison des soins particuliers qu'il a donnés tant à la plantation faite l'hiver dernier qu'à la surveillance et conservation de la forêt et des autres propriétés rurales de la commune, comme encore d'être autorisé à accorder et régler l'indemnité que mériteront les soins que ledit Franchet aura

donnés aux semis et plantations que nous nous pro-
posons de faire.

« Art. 18. — Extrait du présent arrêté sera adressé
au citoyen préfet de la Côte-d'Or qui demeure prié
de l'approuver, au citoyen conservateur, qui demeure
prié d'aider de ses conseils sur le repeuplement
projeté, extrait en sera aussi remis audit citoyen
Franchet. »

Cet arrêté ne resta pas lettre morte ; le garde général Franchet rend compte de son exécution dans
un rapport du 20 ventôse an XII. Nous ne retiendrons
de l'exposé de ce rapport que la précaution prise
d'employer un jardinier et un vigneron connaissant
parfaitement la taille pour rabattre les plançons avant
leur plantation et d'autre part la nécessité de remplacer les plants de vernes qui avaient péri par la sé-
cheresse dans les plantations de l'année précédente.

Les plantations ont porté sur 34 hectares 68 ares
qui ont été repeuplés de 130.000 plants, répartis
dans la coupe 25 précédemment recépée, dans la
coupe 14 (assiette de l'an X), dans la coupe 15 (assiette de l'an XI) et dans le second lot de la réserve
adjugé le 18 vendémiaire an VIII.

La confection des trous de 0^{m}50 au carré sur 0^{m}27
de profondeur a coûté 0 fr. 60 le cent ; les fossés
de 1^{m}54 centimètres d'ouverture ont été curés à
la journée ; ce travail s'est étendu sur 1062 hectares ; la plantation a été payée 970 francs 75, la
dépense totale pour le repeuplement des 34 hectares
68 a été de 1044 francs 50. On a planté dans la
25e coupe, comprenant environ 26 hectares de places
vagues :

1° Essence de chêne petit en chevelu mêlé 22.400
2° Essence d'orme petit, mêlé suivant le sol 11.400
3° Essence de tremble petit, en chevelu suivant le sol. .   21.400
4° Essence de coudre petit, en plançon mêlé 8.000
5° Essence de charme en petit chevelu et plançon. . .   8.000
6° Essence de saule en chevelu dans les endroits aqua-
      tiques   1,100
7° Bois de bourdaine, érable, ozerolle et bois rouge . .   800
8° Bouture en peuplier d'Italie au Vanois, Fonteny . .   12.500
9° Bouture en saule, au Vanois et la Grande Roye. .   7.500
10° Orme en bordure entremêlé de fruitiers sur les fossés.   400
11° Cerisiers en bordure entremêlés avec les ormes . .   400
12° Pommier et poirier sauvage en bordure épars. . .   100
13° Petits cerisiers plantés épars dans le repeuplement .   850
14° Ormes en plançons épais dans le repeuplement . .   800
                                                            ─────────────
                                         TOTAL. . .   95.650

Le garde-général Franchet a-t-il continué le repeuplement en régie des coupes 16 et 17, aucun
document ne nous est parvenu à ce sujet.

Mais en 1809 nous trouvons une lettre du conservateur émettant l'avis d'autoriser la concession des
vides à charge de repeuplement. La soumission,
datée du 27 avril 1809, a été approuvée par le direc-
teur-général, le 26 septembre suivant.

Toussaint Macherat, marchand de bois à Auxonne,
s'engage, par cette soumission :

A procéder sans aucuns frais au repeuplement des
18ᵉ, 19ᵉ, 20ᵉ et 21ᵉ coupes de la forêt des Crochères
exploitées pour les années 1806, 1807, 1808 et 1809,
à repeupler les coupes 22, 23, 24, 2, 3, 4, 5 et 6
à mesure qu'elles seront exploitées, ainsi que le
vide de 25 hectares environ existant dans le quart
en réserve sur la limite de la coupe 25 ;

A faire ces repeuplements par semis dans tous

les terrains où la culture des céréales sera praticable, et par plantations dans les terrains aquatiques ;

A établir et entretenir une pépinière pour fournir les plants nécessaires au remplacement des plants manquants ;

A employer, dans les bons terrains, les glands, les graines de frêne et d'acacia, et dans les terrains aquatiques le marsaule et le tremble ;

A extirper les épines et ronces et petits buissons nuisibles, tout en ménageant les endroits où se trouveront quelques sujets qui, après recépage, pourront donner un recru utile ;

A faire les semis après la troisième année de jouissance, dans une semaille de seigle à la charrue et à la herse ;

A soigner et entretenir le repeuplement pendant cinq années à compter de la date de la réception des semis par l'administration forestière et sous sa surveillance, le tout à condition d'avoir le droit de faire cultiver à la charrue pendant trois années consécutives et de semer en céréales les terrains destinés au repeuplement et susceptibles de cette culture préalable.

Dans le cas où les graines forestières manqueraient une année en totalité, il serait renvoyé à l'année suivante pour la partie de terrain qui n'aurait pu être ensemencée.

L'entrée en jouissance était fixée à la semaille des blés.

L'invasion de 1814 sert de prétexte à Macherat pour demander la résiliation de sa soumission et même pour solliciter des dommages-intérêts, il prétend que le séjour des troupes ennemies l'a privé d'une année de jouissance et qu'il ne peut plus espérer jouir de ces terrains, les cultivateurs des Granges n'ayant plus ni chevaux ni charrues. Il allègue aussi que le passage des troupes, leurs campements et leurs feux ont endommagé la majeure partie des plantations déjà faites.

Par arrêté du 18 novembre 1814, le préfet rejette la demande de résiliation et il motive son refus sur ce que le pétitionnaire a joui sans trouble jusqu'au blocus d'Auxonne, que le séjour des troupes n'a duré que trois mois seize jours, qu'au moment où le blocus a été levé, il avait encore plus d'un mois pour semer les avoines. Le préfet décide en outre qu'on allouera à Macherat, à titre de dommage, la jouissance pendant une année d'une partie de terrain équivalente à celle qu'il aura été dans l'impossibilité de semer.

Macherat oppose la force d'inertie, il n'exécute pas les conditions de sa soumission et, sur la proposition du conservateur, le préfet prend, à la date du 14 novembre 1816, l'arrêté dont la teneur suit :

1° La soumission du sieur Toussaint Macherat demeure résiliée.

2° La culture que le soumissionnaire a faite en 1816 sur les terrains qui auraient dû être repeuplés en 1814 et 1815, est regardée comme constituant l'indemnité qui lui a été accordée par l'arrêté du 18 novembre 1814.

3° Il ne sera admis comme repeuplée qu'une superficie de cinq hectares.

4° Il sera nommé par M. le maire et par le sieur

Macherat des arbitres pour évaluer les dommages-intérêts que devra payer ledit sieur Macherat, tant pour la culture des terrains à son profit durant six années, que pour lésion résultante envers la ville d'Auxonne.

5° Le prix qui proviendra de ces dommages-intérêts sera spécialement affecté à la reprise desdits repeuplements auxquels il sera procédé par adjudication partielle au rabais et dont les conditions seront réglées ultérieurement par l'administration forestière.

Les experts estimèrent l'indemnité à payer à 5920 francs ; le conservateur, par lettre du 26 février 1817, proposa de valider l'arbitrage, ce que fit un arrêté préfectoral du 18 mai.

L'administration des forêts fut alors chargée de préparer les cahiers des charges et les affiches des travaux à exécuter, dont l'adjudication devait avoir lieu à la diligence du conservateur, le samedi 30 août 1817, par devant M. le maire d'Auxonne.

Une affiche comprenait l'ouverture de deux fossés principaux de deux mètres de largeur sur un mètre de profondeur et 0 m. 83 de plafond dans les coupes 17, 18 et 19, et de rigoles de 1 m. 33 sur 0 m. 66 et 0 m. 66.

Le sieur Limonet, arpenteur forestier, avait été délégué pour procéder à la reconnaissance du niveau du terrain, déterminer d'une manière précise l'emplacement et l'étendue de chacun des fossés et rigoles, et dresser du tout un plan détaillé. La dépense était imputable sur les fonds mis en réserve pour le repeuplement des bois de la ville, en conformité de l'arrêté du 18 mai. L'affiche, signée par l'inspecteur Regnard, le 12 août, fut approuvée par le conservateur Lahorie, le 13, et par le préfet Lachadenède, le 14.

A cette époque on n'aurait pas pu accuser les bureaux de lenteur dans l'instruction et la transmission des affaires.

Une seconde affiche, rédigée dans les mêmes conditions, concernait le repeuplement des coupes.

N° des coupes	Vides à regarnir
2	4 hectares
3	13 —
4	11 —

aux charges et conditions ci-après :

« Art. 8. — Chaque adjudicataire devra préparer le terrain d'une manière convenable par un labour à petits sillons, partout où la charrue pourra être employée, ou, à défaut de ce, par un labour à la pioche.

« Art. 9. — La bonne confection de ce labour devra être reconnue avant que les adjudicataires puissent entreprendre les semis et plantations.

« Art. 10. — Les graines et les plants ne pourront de même être employés par eux qu'après la visite et l'examen qui seront faits de leur bonne qualité, et que d'après le permis qui leur sera en conséquence délivré.

« Art. 11. — Les semis se feront en glands, graines de frêne, d'aulne, de charme et bouleau.

« Art. 12. — Les plantations se feront en plants chevelus de frêne, d'orme, de marsaulx, d'aulne et de bouleau de l'âge de deux à trois ans.

« Les plants seront placés à la bêche à la distance
d'un mètre 33 centimètres (4 pieds) les uns des autres, tant dans l'intérieur des vides que sur la crête
des fossés et rigoles, dont la confection a été l'objet
d'une adjudication particulière.

« Art. 13. — Le labour sera entrepris aussitôt après
l'adjudication : les semis et plantations devront s'effectuer et être terminés dans le délai du 1ᵉʳ novembre au 20 décembre prochain au plus tard.

« Art. 14. — Les adjudicataires seront tenus, chacun en ce qui le concerne, d'entretenir les plantations,
de pourvoir au remplacement des plants dépéris et
d'en répondre jusqu'au 1ᵉʳ mai 1819. »

La tentative d'adjudication du 30 août fut vaine,
les particuliers qui se sont présentés ayant tous ob-
servé que le délai prescrit était trop court pour préparer le terrain d'une manière convenable à recevoir
les repeuplements qui seraient tous exposés à périr,
que d'ailleurs les grandes pluies ont rempli d'eau
les coupes, en sorte que tous les travaux seraient
en pure perte pour les entrepreneurs comme pour
la ville. Le 5 octobre 1817, trois manouvriers de
Chatenois, canton de Rochefort (Jura) soumission-
nèrent les travaux à raison de 80 francs par hectare
plus le foin et les lèches qui pourraient se trouver
dans ces coupes 2, 3 et 4. La soumission fut approuvée par le préfet le 23 octobre suivant.

Mais comme il s'agissait de ne pas retarder la mise
en œuvre, le conservateur décide, à la date du 16
décembre, qu'il faut prendre les plants nécessaires
dans les bois des communes les plus rapprochées,
sous la condition que les quantités extraites seront

constatées par procès-verbaux et que le montant de
la valeur sera versé par l'entrepreneur dans la caisse
municipale de chaque commune.

Labergement fournit	37.700 plants
Villers-Rotin	2.000 —
Billey	8.200 —
Flammerans	40.000 —
Total. .	87.900 plants

Les travaux d'assainissement furent exécutés conformément au cahier des charges, ainsi que le constate un procès-verbal de réception définitive en date
du 1ᵉʳ mai 1818, qui liquide la dépense à la somme
de 560 fr. 60 pour 1925 mètres de grands fossés à
0 fr. 20 et 1736 mètres de rigoles à 0 fr. 10.

Il n'en fut pas de même des travaux de repeuplement, l'entrepreneur le sieur Ravier se fait payer
1440 francs par parts égales le 5 janvier et le 2
mai 1818 pour les travaux qu'il a commencés, l'in-
tempérie des saisons empêche la réussite des repeuplements, l'inspecteur ordonne au sous-inspecteur
de faire reprendre les travaux, mais Ravier répond
qu'il a épuisé toutes ses ressources, qu'il est inutile d'exercer des poursuites puisqu'il ne possède
rien, ni meubles, ni immeubles, que son associé, qui
servait de caution, ayant tout perdu, a abandonné le
pays. Un acte par devant Mᵉ Garnier, notaire royal
à Auxonne, en date du 28 novembre 1818, constate
le désistement de Ravier pour toute réclamation de
ce qui lui restait dû.

Cependant la municipalité ne se décourage pas,
elle entend mener à bien le repeuplement des vides

de sa forêt patrimoniale, et une nouvelle affiche rédigée par l'inspecteur, le 6 janvier 1819, et approuvée par le préfet le lendemain 7, annonce qu'il sera procédé, le 29 janvier, à l'adjudication des repeuplements des bois d'Auxonne, dans les coupes 2, 3 et 4. Les charges et conditions de la nouvelle adjudication portent :

Que chaque coupe à repeupler sera adjugée séparément à l'hectare et are ;

Que chaque adjudicataire devra, pour les parties qui n'ont point encore été labourées ou piochées, préparer le terrain d'une manière convenable, qui sera reconnue avant que les adjudicataires puissent entreprendre les semis et plantations ;

Que les plants seront placés à la bêche ;

Que les plantations s'effectueront immédiatement après les semis et labours, et devront être terminées avant le 15 avril prochain, ou, dans le cas d'impossibilité reconnue, au 1er décembre suivant pour dernier délai ;

Enfin que les adjudicataires seront responsables jusqu'au 1er mai 1820, sans pouvoir éluder, sous aucun prétexte, ladite responsabilité.

L'adjudication fut tranchée au profit du sieur Julien Jacques, manouvrier aux Granges de la Cour, moyennant la somme de 150 francs par hectare.

Le 1er mai 1819, le voyer de la ville et des hospices d'Auxonne et le sous-inspecteur procèdent à la réception provisoire des travaux ; ils constatent qu'à cette date 25 hectares 40 ares sont repeuplés avec tous les soins désirables au moyen de :

Aulne	290.000
Marceau.	21.500
Charme.	2.200
Coudre.	600
Total. .	314.300

Et ils proposent le paiement au sieur Julien de la somme de 1432 fr. 86, premier tiers de son entreprise. Le conseil municipal tient à honneur de faire réussir cette question des repeuplements ; il demande à M. le Préfet de se réunir extraordinairement. L'autorisation est accordée et le 8 décembre 1819, M. Antoine Malot, maire, président, ouvre la séance et dit :

« La forêt des Crochères est une superbe propriété appartenant à la ville d'Auxonne, mais malheureusement elle a été négligée depuis nombre d'années et il y a beaucoup de vides qui en atténuent sensiblement le rapport.

« Mes prédécesseurs, pénétrés de l'importance de repeupler ces vides et ne pouvant y parvenir à raison du peu de ressources des finances de la ville, vous ont engagés à accepter la soumission faite par le sieur Macherat. »

Suit l'historique, puis :

« Il restera donc à repeupler les places vides de neuf coupes non compris celles du quart en réserve, lesquelles forment 145 hectares.

« Je vais donc vous entretenir d'un projet qui consiste à vous proposer de mettre en ferme, pour six années, toutes les places vides de la forêt et de consacrer les sommes qui en résulteront à son repeuplement, dont la ville ordonnera et fera diriger les

travaux par l'agence forestière. Pour vous mettre à
même de juger ma proposition, j'ai fait dresser, par
le voyer de la ville, un tableau général des vides
existant dans la forêt des Crochères, lequel comprend
la nomenclature des hectares de terre propres à être
affermés avec les prix approximatifs de leur produit
annuel; il en résulte qu'il y a 145 hectares qui peuvent être mis en ferme, lesquels on estime devoir
rapporter au plus bas 1438 fr. 25 par an. Je suppose
que ces amodiations pourront s'élever à la somme
de 1500 francs, laquelle cumulée pendant les six
années, fournira un capital de 9000 francs. »

A la suite de cet exposé le conseil municipal
choisit dans son sein une commission à l'effet de
prendre les renseignements les plus exacts sur le
mode le plus utile à employer pour le repeuplement
des places vides de la forêt des Crochères (1).

Sur le rapport de M. Garnier le conseil municipal, dans sa séance du 26 décembre 1819, émit à
l'unanimité le vœu suivant :

Les 145 hectares 56 ares 45 centiares, formant
places vides dans la forêt des Crochères et repré-
sentant 424 journaux (mesure ancienne), seront, à
la diligence de M. le maire d'Auxonne, affermés
pour six années consécutives en fixant l'entrée en
jouissance au 23 avril prochain 1820.

L'amodiation devra avoir lieu en plusieurs lots, et
l'adjudication faite au plus offrant à l'extinction des
feux par devant le notaire de la ville.

Le 24 février 1820, le sous-inspecteur envoie au

(1) Voir pièce annexe C.

conservateur son avis sur la délibération ci-dessus et sur les clauses et conditions qu'il croit utiles, mais le conservateur trouve le projet insuffisant et il invite l'inspecteur a étudier une rédaction bien combinée d'un cahier de charges.

Par décision du 10 octobre 1820, le Préfet autorise M. le maire d'Auxonne à faire sur-le-champ les dispositions convenables pour procéder par devant lui et en présence d'un agent forestier avec les formalités ordinaires à la chaleur des enchères et à l'extinction des feux à l'amodiation en plusieurs lots pour six années consécutives des places vagues existant dans la forêt.

Nous avons l'acte notarié passé par devant Me Garnier relatant la séance d'adjudication du 3 novembre 1820.

Cet acte commence par donner la composition des 15 lots, savoir un par coupe et un dans le quart en réserve, d'après l'état dont il a été question plus haut ; suivent les 30 articles du cahier des charges dont les principaux sont ainsi conçus :

« Art. 1er. — Les baux seront faits pour six années consécutives qui commenceront le 1er janvier 1821 et finiront le 31 décembre 1826.

« Art. 2. — Les preneurs seront tenus de jouir des terrains à eux amodiés, en bon père de famille et suivant leur destination, de les cultiver de tous coups de charrue en temps et saison convenables et de les ensemencer de bons grains, sans les surcharger, ni effruiter, d'entretenir les fossés, rigoles est voie séparatives, continuellement en bon état et de rendre le tout de même à leur sortie.

« Art. 3. — Les places ou terrains dont il s'agit étant incultes depuis longtemps et en jachères, les preneurs seront tenus de les mettre de suite en bon état de culture de terres labourables, et en conséquence, d'en extraire et extirper les troncs d'arbres, ronces, épines, broussailles, et généralement tout ce qui peut nuire à la destination qui leur est affectée. Les racines, buissons, etc., appartiendront aux fermiers. »

Les articles 4, 5, 6 sont relatifs à l'ouverture de rigoles autour des vides de chaque coupe pour former clôture et à l'ouverture de fossés d'assainissement partout où cela sera nécessaire.

L'article 7 impose aux preneurs l'obligation de veiller à la conservation des fonds affermés et l'article 8 ordonne qu'il sera fait chaque année un rapport d'une commission spéciale sur l'entretien des terres et l'exécution des charges.

« Art. 9. — Dans les troisième et cinquième années du bail, chaque preneur sera tenu d'engraisser les terres, et à cet effet fera conduire dans chaque 34 ares 28 centiares (un journal mesure ancienne) quatre voitures de fumier, formant ensemble environ trois mètres cubes.

« Art. 10. — A l'époque des semailles de la sixième et dernière année, il sera fourni, par la ville, les semences nécessaires de la proportion qui sera donnée par les agents forestiers et dans les espèces qui seront indiquées, à raison de la nature des terrains, les semis seront ensemencés avec les graines de la dernière récolte et le mélange sera fait, vérifié et reconnu préalablement par les agents forestiers, l'inspecteur du repeuplement et le membre du conseil désigné.

« Art. 11. — Les reteneurs ne pourront se livrer à la récolte de la sixième année, qu'après avoir obtenu par écrit des agents forestiers ou de M. le maire de l'avis de ces derniers, la hauteur à laquelle ils devront laisser les chaumes afin de ne pas couper les semis ou emplantations. »

Les articles 12 à 30 sont presque tous relatifs aux clauses de cession ou sous-amodiation, au paiement, aux frais, à la garantie, sauf les articles 23, 26 et 27.

« Art. 23. — Attendu que les terrains dont il s'agit font partie de la forêt de la Crochère et que l'intention de la ville est de les remettre en bois après l'expiration des baux, la surveillance pour toutes les clauses, charges et conditions appartiendra spécialement aux agents forestiers.

« Art. 26. — Les reteneurs pratiqueront autant qu'il sera possible les chemins déjà existant dans la forêt des Crochères et n'en ouvriront de nouveaux que ceux strictement nécessaires pour l'exploitation et la desserte des terrains cultivés.

« Art. 27. — Dans le cas où les reteneurs seraient obligés d'établir des hébergeages sur place, ou de former une espèce de métairie, ils ne pourraient le faire sans l'agrément de l'administration forestière et l'autorisation par écrit de M. le maire. »

Après la lecture du cahier des charges, on met le premier lot en adjudication, personne ne fait d'offres ; alors M. Noblecour, négociant à Auxonne, ayant pour caution M. Rude, propriétaire au même lieu, demande la réunion des lots (coupes 5, 6, 7, 8, 9, 10, 11, 23, 24), contenant ensemble 101 hect. 33 a. 80 c. et offre 10 francs de l'hectare, mais avec les conditions ci-après :

1° Qu'il lui sera loisible d'établir sur les terrains affermés, en tel lieu qu'il choisira, les bâtiments, hébergeages, écuries, logements et autres néces-saires à l'exploitation desdits biens fonds.

2° Que les bois nécessaires à la construction lui .seront livrés par la ville, ces bois seront pris dans les coupes suivantes et désignés nature de bois blanc par les agents forestiers dans la première année du bail, à la condition de laisser lesdits bâtiments à la fin du bail, à la ville qui en disposera à son profit.

3° Que le droit de parcours et de pacage sur les fonds affermés lui sera exclusivement réservé.

4° Qu'il pourra sous-louer à qui il voudra, tout en restant responsable.

Ces conditions ayant été acceptées et personne n'ayant enchéri, M. Noblecour fut déclaré locataire des lots ci-dessus désignés.

On essaya d'amodier les lots restants dans les coupes 16, 17, 20, 21, 22 et réserve formant ensemble 44 hect. 22 a. 65 c.; personne ne se présenta, alors M. Noblecour offrit du tout 37 francs par an et obtint qu'il lui serait remis et livré par la ville les pièces de bois nécessaires à la construction d'une ou plusieurs granges pour semer et battre ses grains, lesdites pièces de bois en nature de bois dur ou chêne.

Le préfet donna son approbation, le 15 novembre ;

le bail fut enregistré le 20, et dès le 9 décembre, M. Noblecour demandait la délivrance de 151 chênes, de 15 à 30 pieds de longueur sur 6 à 10 pieds d'équarrissage, 64 trembles, 330 grosses perches, 120 perches moyennes, 1000 petites perches de tremble, sans compter le bois pour les poteaux, les portes, les crèches et les mangeoires.

Il faisait d'autre part la proposition de fournir lui-même les bois, à charge par la ville de lui en rembourser le prix en les faisant estimer lorsqu'ils seraient employés.

Enfin une troisième proposition tendait à fournir tous les bois en s'en réservant la propriété à la fin du bail, mais à la condition de lui laisser la jouissance gratuite des 145 hectares deux années en sus des six ans de son bail, sous la condition que, pour faciliter les travaux de repeuplement, il laissera à la ville un tiers des terrains affermés après la sixième année, un tiers après la septième, enfin la totalité après les huit années révolues.

C'est cette troisième proposition qui fut agréée par délibération du 14 décembre 1820, approuvée par arrêté préfectoral du 26 du même mois.

Avant de poursuivre l'historique du bail Noblecour, il convient de placer, à sa date du 10 juin 1820, le procès-verbal de réception définitive des repeuplements dans les coupes nᵒˢ 2, 3 et 4, savoir :

Dans la coupe 2, déduction faite des buissons	8 h.	47 a.	87
— 3 —	16	98	19
— 4 —	15	32	11
	40 h.	78 a.	17

Il résulte de ce document que ces repeuplements ont coûté 5557 fr. 25 ; qu'ils ont bien réussi, qu'ils ont été faits avec tous les soins désirables et en employant les meilleures essences.

Un plan géométrique des vides de ces trois coupes, dressé le 6 juin 1820 par M. le voyer Scheffer, indique la forme des vides, nous le reproduisons sur le plan d'ensemble, car il montre, mieux que ne pourrait le faire aucune description, quel était à cette époque l'état de la forêt.

Des plantations avaient été également exécutées dans les coupes 17, 18, 19 et 20, et le conservateur, dans une tournée qu'il avait faite avec le garde à cheval Simon, avait recommandé leur recépage général. Le 12 août 1822, le sous-inspecteur Maratray constate que ces plantations, âgées de 8 et 9 ans, en essences aulne ou verne, charme et chêne, l'aulne dominant, s'étendent sur :

<pre>
  3 h. 57 a. 70 c. de la coupe n° 17
 21   42   40   —   18
 23   51   25   —   19
  8   56   50   —   20
</pre>

mais qu'il existe encore dans ces coupes environ 6 hectares de vides non replantés. Cet agent propose le recépage et l'ouverture de fossés d'un côté le long de la ferme de M. Noblecour, de l'autre du côté du grand bois, pour mettre les rejets hors de l'atteinte des bestiaux.

Un arrêté préfectoral du 18 septembre 1822 autorisa le maire à mettre en adjudication le recépage et les travaux de fossés.

L'adjudication du recépage eut lieu le 8 novembre suivant, elle fut tranchée au prix de 15 francs l'hectare pour 57 hectares ; l'exploitation devait commencer aussitôt après l'approbation du marché, être achevée le 25 avril suivant et la vidange complète au 15 mai. L'adjudicataire ne devait employer que des bûcherons exercés, lesquels devront se servir de la serpe pour les jeunes sujets et de la hache seulement pour les baliveaux. Il devait laisser 50 baliveaux chênes bien choisis (si toutefois cela se peut). M. Noblecour figure comme caution dans le procès-verbal d'adjudication.

Il prétendait sans doute monopoliser les terrains vagues de la forêt des Crochères et dicter ses conditions pour l'application des clauses du cahier des charges, comme il l'avait fait pour le bois des hébergeages et granges. En effet, il demande à être dispensé des obligations de fumure imposées par l'article 9, attendu qu'il aurait mis l'engrais par anticipation en amenant dans les terrains amodiés les boues de la ville. Par arrêté du 29 mars 1824, le préfet nomme des experts pour constater jusqu'à quel point les boues peuvent tenir lieu de fumier et donner toutes les explications nécessaires.

Le 26 décembre 1825, intervient un arrêt du conseil de préfecture, qui, homologuant en tant que besoin, le rapport des experts, déclare Noblecour redevable de 470 mètres cubes de fumier à déposer dans les terrains que les experts ont reconnu n'avoir reçu aucun engrais. Noblecour conduira en outre, avant l'époque des semailles 1826, 470 mètres cubes de fumier sur le premier tiers des terrains affermés, pareille quantité avant les semailles 1827, sur le deuxième tiers, et enfin pareille quantité avant les semailles 1828 sur le dernier tiers. Enfin, chaque labour d'hiver sera fait à raies plus étroites et plus profondes ou en passant deux fois de suite les charrues, si elles sont larges, dans la même raie.

Un arrêté préfectoral du 7 novembre 1826 autorise la mise en adjudication des travaux de repeuplement à exécuter dans les 32 h. 50 de vides compris dans la réserve et les coupes 23, 24 et 22, jusqu'au chemin. Cette adjudication doit avoir lieu le 10 novembre, sous les conditions principales suivantes :

Les chevelus seront placés en quinconce, à un mètre de distance en tous sens, dans un trou d'un pied carré fait à la bêche ;

Sur les hauteurs les plantations seront faites en chevelus de bois dur, essence de chêne, charme, hêtre, et dans les parties basses en orme et en bois blanc, essence d'aulne, tremble et bouleau ; ces chevelus devront être de l'âge de 2 à 3 ans ;

Dans les parties plantées en bois dur, au centre de chaque carré compris entre quatre plants, il sera fait un trou à la pioche dans lequel il sera enfoui des graines forestières, glands, faines et semences de charme ;

Les plants seront pris dans les forêts royales et communales ;

La durée de garantie est fixée au 1er juin 1828.

Un nouvel arrêté du 25 décembre 1827 approuve le procès-verbal d'adjudication du repeuplement des vides d'une contenance d'environ 50 hectares dans les coupes 17, 20, 21 et 22, moyennant 173 francs par hectare.

Le 21 novembre 1828, le préfet approuve l'adjudication, moyennant 133 francs par hectare, des travaux de repeuplement de 63 h. 65 a. 70 c. de vides dans les coupes 5, 6, 7.

Un plan de la forêt des Crochères avec indication des surfaces vides de cette forêt, remises à bail à M. Noblecour, donne la disposition exacte de ces vides et c'est grâce à ce plan que nous avons pu, en 1893, montrer à M. le Directeur de l'Ecole forestière et à la promotion d'élèves qu'il conduisait, la limite entre le vieux bois et les plantations de 1828 dans la coupe affouagère n° 6. Il eût été difficile, en effet, au forestier le plus exercé de saisir la différence des peuplements entre les vieux bois et les taillis provenant des plantations.

Il résulte, en effet, des comptages et mesurages que nous avons fait faire dans la partie de la coupe 6, provenant de la plantation exécutée en 1828, qu'on a pu réserver dans 25 h. 88 a. la quantité de 2349 arbres dont le détail est donné dans le tableau D. Ainsi donc, des plants de chêne mis en terre en 1828 ont pu, au bout de 65 ans (1893) donner des arbres de 1 m. à 1 m. 80 de circonférence à hauteur d'homme, soit un accroissement annuel de 15 à 27 millimètres.

D'autre part il convient de faire remarquer que l'exploitation avait fourni à l'hectare 9 mètres cubes de bois de service ou d'industrie, 140 stères de bois de chauffage et 1600 fagots, soit un produit net en argent de 1066 francs.

A la fin de 1828 la majeure partie des vides de la forêt des Crochères était repeuplée, la réussite des repeuplements était assurée. Il restait quelques vides à reboiser, mais on peut dire que la forêt était reconstituée et que les travaux restant à exécuter n'avaient plus qu'une importance secondaire.

Le 25 octobre 1833, on tente l'adjudication au rabais du repeuplement de deux hectares dans le quart en réserve et de quatre hectares dans les coupes 19 et 20 en exploitation ; personne ne s'étant présenté, l'adjudication a lieu le 24 janvier 1834 sur soumissions cachetées elle est tranchée au prix de 120 francs l'hectare.

Un arrêté préfectoral du 23 juin 1835 autorise la concession, à charge de repeuplement pendant l'hiver 1836-1837, de 50 ares de vides dans la coupe ordinaire de 1834.

Concurremment les gardes reboisaient quelques petits vides et un arrêté préfectoral du 23 juillet 1835 leur concédait la récolte à la main des herbes crues dans les parties repeuplées par eux et ce pour indemnité de leurs travaux.

La ville avait voulu faire opérer un nettoiement des repeuplements effectués dans les coupes 5, 6, 7, 23, 24 et 25, et partie de la réserve, mais les prétentions des ouvriers ayant été trouvées excessives, deux gardes proposent de se charger du nettoiement dans les coupes 5 et 25, moyennant l'abandon de l'herbe. Un arrêté préfectoral du 2 septembre 1835 autorisa l'acceptation de cette offre.

Un arrêté du 14 novembre de la même année

autorisa le repeuplement de cinq hectares dans la coupe n° 21 aux conditions ci-après :

L'entrepreneur sera tenu : 1° de préparer le terrain par un profond labour ; 2° d'opérer le repeuplement par voie de plantation de sujets de chêne, frêne et charme ; 3° de donner, pendant les années 1836, 1837 et 1838, deux coups de binage à la houe, l'un en mai, l'autre en août de chaque année, avec remplacement des plants manquants. Il pourra, pendant ces trois années, semer à son profit des pommes de terre, des haricots ou du maïs.

Un arrêté préfectoral du 9 juin 1836 ayant autorisé la mise en adjudication de la récolte de l'herbe dans les repeuplements des coupes 5, 6, 7 et partie de la réserve et du recépage des plantations de 1828 d'une contenance de 66 hectares 15 ares, l'adjudication a lieu en neuf lots, le 23 septembre 1836, pour le recépage qui devra être terminé le 15 avril 1837. Le produit de la vente en principal est de 6353 francs 45, ce qui remet en moyenne l'hectare à 96 francs. Ce seul chiffre suffit pour donner une idée très nette de la réussite des repeuplements, puisqu'au bout de 8 ans, ils produisent 96 francs par hectare.

A signaler en passant une décision préfectorale du 22 octobre 1852 autorisant la ville à concéder temporairement aux gardes la faculté d'ensemencer les fossés bordiers et de clôture et un terrain vide de 6 ares dans la coupe n° 24. Le repeuplement a été fait en chêne, aulne et peuplier, il a réussi et il est complet.

Nous relèverons encore l'adjudication faite à la mairie d'Auxonne, le 4 septembre 1874, des travaux de repeuplement et de mise en défends de 48 ares de la coupe n° 25, provenant d'une portion de l'ancien chemin de Chevigny devenu inutile par suite de la création du nouveau chemin de Peintre.

Rappelons enfin le reboisement, la soumission au régime forestier, et le recépage des terrains situés derrière la butte du tir de 1886 à 1889.

Aujourd'hui il n'existe plus aucun vide dans la forêt des Crochères, à l'exception des places aux carrefours des routes et des sommières où la ville fait installer la baraque du garde vente et que l'administration se garde de faire reboiser, puisqu'elles servent périodiquement au même usage ; leur contenance d'ailleurs n'excède pas 5 ou 6 ares.

On peut donc dire que tout le sol forestier des Crochères, défalcation faite des routes et chemins publics et des places à baraque d'utilité commune, est productif. Quelle est la production de cette forêt ?

Nous ne pouvons pas suivre année par année le relevé de chaque coupe depuis l'application de l'aménagement, et établir un contrôle des exploitations qui, pour ne pas manquer d'intérêt, sortirait par trop d'une étude historique.

Et tout d'abord il convient de faire observer que les coupes ordinaires ont été vendues jusqu'en 1836 et qu'à partir de 1837 jusqu'à nos jours elles ont été délivrées en affouage aux habitants.

Le 7 brumaire an X, le conseil municipal est d'avis que la 14e coupe des bois en usance qui doit fournir l'ordinaire de l'an X, contenant 40 hectares 63 ares,

soit vendue pour le prix en provenant être employé
aux besoins de la ville et à l'extinction de plusieurs
dettes et intérêts dont elle n'a pu jusqu'alors se libérer ; un arrêté préfectoral du 28 frimaire autorise
la vente pour le produit être employé comme il est
dit, sous réserve du prélèvement des impôts et des
frais de garde. Le 14 pluviôse la coupe, qui n'a en
réalité que 27 hectares 63 de plein bois, est adjugée au
prix de 9256 francs 05, soit à raison de 335 francs
l'hectare.

. Le cahier des charges en 16 articles en contient
9 relatifs à l'exploitation et à la vidange ; ils présentent un certain intérêt, parce qu'ils montrent
quels étaient à cette époque les usages suivis et
les abus à éviter.

« Art. 3. — La coupe sera faite à la cognée de manière que les souches ne soient ny éclatées, ni écuis-
sées, et le plus proche de terre que faire se pourra,
toutes les cépées abrouties, ronces, épines, vieilles
souches, estocs de bois, pillés et rabougris, seront
recépés et ravalés de suite et à fur et mesure de
l'exploitation, sans attendre qu'elle soit sur ses fins
ou parachevée.

« Art. 4.—Laissera l'adjudicataire dans lesdits bois
715 baliveaux, essence de chêne, marqués et réservés dans le procès-verbal de balivage du 28 fructidor an IX, ainsi que tous les modernes, futayes,
vieilles écorces, pieds corniers, arbres de parois,
tournants de lisières ou de limites et arbres fruitiers.

« Art. 5. — Toute la coupe ne sera exploitée que
par anciens bûcherons ou coupeurs de profession

qui seront établis et demeurant dans la coupe, et
les adjudicataires ne pourront faire couper par d'autres ou vendre par parcelles, soit places, soit cantons,
à aucuns particuliers, lesquels seront, le cas arri-
vant, arrêtés et empêchés par les gardes forestiers
de faire lesdites coupes particulières.

« Art. 6. — L'adjudicataire sera tenu, pour la traite
et vidange desdits bois, de se servir des anciennes
routes et charrières sans pouvoir en pratiquer de
nouvelles, et il ne pourra faire de nouvelles places
ou fosses à charbon à moins que ce ne soit dans les
endroits vides et éloignés des arbres et du recru, à
peine d'amende et de tous dommages et intérêts.

« Art. 7. — Les baraques des coupeurs seront construites où étaient les anciennes, sur la lizière joignant la quinzième coupe, et, dans tous les cas,
l'endroit où elles devront être placées sera désigné
par les maire ou adjoints.

« Art. 8 — L'adjudicataire, ses commis, coupeurs,
voituriers, et autres ne pourront tenir et nourrir
aucuns bestiaux dans lesdits bois, et lors de l'exploitation, le bétail qui sera employé à la traite et
vidange de la coupe ne pourra être dételé ni mis à
l'abandon, au contraire, il sera tenu de manière
qu'il ne puisse divaguer ni pâturer dans la coupe ;
il sera même permis aux gardes forestiers de s'em-
parer des chèvres que l'adjudicataire, ses commis
ou coupeurs pourroient se permettre de tenir dans
la coupe, lesquelles chèvres seront vendues et le
prix confisqué au profit de la ville.

« Art. 9. — L'adjudicataire ne pourra prendre des
harts pour lier ses fagots ailleurs que dans sa coupe.

« Art. 10. — L'adjudicataire commencera son exploitation et établira des baraques aussitôt que l'adjudication aura été approuvée par le Préfet de la Côte-d'Or ; il la continuera de suite, de manière qu'elle soit finie en entier le 15 ventôse et la traite et vidange le 1er du mois de messidor suivant.

« Art. 11. — La coupe sera vidée et netoyée dans le délai cy-dessus déterminé, de sorte que, lors du recolement qui sera fait aux frais de l'adjudicataire du 1er messidor au 1er thermidor an XI, il ne se trouve aucuns bois ou brondage qui puisse nuire à l'accroissement de la revenue, à peine de confiscation au profit de la commune, des bois qu'on seroit en retard d'enlever et de tous dommages-intérêts. »

Ce cahier des charges, d'ailleurs fort sage, avait été préparé et arrêté par le premier adjoint au maire d'Auxonne, les adjudications étaient faites à Auxonne à l'hôtel de ville, sans l'intervention du service forestier, comme en témoigne l'affiche que nous reproduisons ci-dessous.

Quand la coupe 14 revint en tour d'exploitation, un nouvel ordre de choses allait entrer en vigueur, le Code forestier avait été promulgué le 31 juillet 1827. Les dispositions de l'article 100 étaient formelles ; les ventes des coupes des bois des communes devaient être faites à la diligence des agents forestiers dans les mêmes formes que pour les bois de l'Etat.

La coupe 14 de la forêt des Crochères ne figurait pas au cahier d'affiches approuvé par le Préfet le 19 août 1826 pour la vente des coupes de bois de l'ordinaire 1827 ; elle fit l'objet d'une affiche supplémentaire, mais elle resta invendue. Par délibération du 18 juillet 1827 le conseil municipal demanda le partage en nature pour l'affouage des habitants, mais le Préfet, par décision du 31 août, ordonna que cette coupe serait mise en vente. Elle figure en conséquence au cahier d'affiche arrêté le 31 août 1827 pour la vente des coupes de bois royaux et communaux qui devait avoir lieu à Dijon le mercredi 10 octobre 1827.

COUPES ORDINAIRES COMMUNALES.

Commune d'Auxonne (taillis et futaies). Coupe invendue de l'ordinaire 1827.

Art. 31. — Contenant 39 hectares 40 ares, taillis de 26 ans, coupe n° 14, ayant pour limites quatre bornes à représenter ;

Sous la réserve de 1460 baliveaux de l'âge du taillis et de 557 arbres des précédentes exploitations, savoir : 157 chênes anciens, 396 chênes modernes et 4 fruitiers.

L'adjudicataire sera tenu d'ouvrir environ 1096 mètres de fossés sur le côté ouest de la coupe aboutissant sur les terres.

Cette coupe fut vendue au prix de 1200 francs l'hectare ; soit au total 47.280 francs.

Nous pouvons juger par ce prix de la réussite du repeuplement et des bienfaits de la surveillance exercée par l'administration forestière. En 25 ans, de 1802 à 1827, les 11 hectares 77 ares de vides sont devenus productifs et la valeur de la coupe a passé de 335 francs l'hectare à 1200 francs.

C'était la dernière fois que la coupe 14 allait être vendue, puisque, à la suite d'une délibération du conseil municipal de la ville d'Auxonne, du 4 juin 1836, le préfet, par décision du 8 juillet, autorise l'exploitation de la coupe affouagère exercice 1836 par un entrepreneur responsable, conformément aux dispositions de l'article 81 du code forestier, pour ensuite vendre les bois façonnés en détail aux habitants, au lieu de les faire vendre en bloc comme ci-devant.

D'ailleurs, quand la coupe 14 reviendra en 1851 en tour d'exploitation, la ville d'Auxonne aura déjà depuis longtemps adopté le mode de délivrance des coupes affouagères; la mise en lots et le tirage au sort des lots, moyennant le paiement d'une taxe; mode peut-être avantageux pour la partie de la population d'Auxonne habitant les Granges, mais à coup sûr tout à fait désavantageux pour les habitants de la ville même et pour les finances municipales.

En 1855, on réserve dans la coupe 14 : baliveaux : 2173 chênes et 98 divers; modernes : 562 chênes, 2 charmes; anciens : 110 chênes.

L'estimation est établie comme il suit :

367 mc. 65 de bois de service à 40 fr.	14.706 fr.	»
5805 stères de bois de feu à 4 fr.	23.220	»
64.605 fagots, à 12 fr. le cent	7.752	60
TOTAL.	45.678 fr. 60	

de laquelle il faut déduire :

pour frais d'exploitation : 7.758 fr. 48	8.654 fr. 48
pour travaux mis en charge : 896 »	
Reste.	37.024 fr. 12

En 1876, les agents forestiers, prévoyant la crise qui va se produire sur les bois de feu, tendent dans

leur martelage à faire prédominer les arbres de
futaie, dont la valeur assure, lors de l'exploitation,
l'équilibre du budget communal; ils réservent dans
cette même coupe 14 :

Baliveaux : 1823 chênes, 241 divers; modernes :
1242 chênes, 8 charmes, 1 peuplier, 3 fruitiers;
anciens : 203 chênes; et comme ils trouvent que
le balivage en chêne devient difficile, ils imposent
la plantation de 6000 plants de chêne.

L'estimation est établie comme il suit :

113 mc. 28 de bois de service à 90 fr. le mc.	10.195 fr. 20
94 mc. 58 de bois d'industrie à 70 fr. le mc.	6.620 60
2618 stères de bois de feu 1re qual. à 7 fr. 50	19.635 »
2364 stères de bois de feu 2e qual. à 5 fr. 50	13.002 »
43600 fagots à 15 fr. le cent.	6.540 »
TOTAL. . .	55.992 fr. 80

de laquelle somme il faut déduire :

pour frais d'exploitation 6.239 fr. 40 }
pour travaux mis en charge 918 » } 7.157 fr. 40

                            Reste. . . 48.835 fr. 40

On fera sans doute remarquer que cette coupe n'a
pas pris de valeur de 1827 à 1876, puisqu'elle a été
vendue 47.280 francs en 1827 et estimée 48.835
en 1876; mais nous ferons observer qu'en 1827,
elle a été adjugée à un maître de forges, alors que
les usines métallurgiques de la Côte-d'Or étaient en
pleine activité; tandis qu'en 1876, l'estimation est
basée sur la consommation locale pour les usages
domestiques. Il faut surtout noter que les agents
qui opéraient en 1876 voulaient, comme nous l'avons

dit, constituer une réserve de bois d'œuvre, ce qui diminuait nécessairement la valeur de la coupe.

Mais nous repassons aujourd'hui dans les coupes marquées par ces agents et, pourquoi ne pas le dire, nous avons la rare fortune de revenir, après vingt-cinq ans, marteler les coupes que nous avions déjà parcourues. Nous continuons à constituer le mieux possible la réserve de bois d'œuvre, comme le montreront les chiffres inscrits au tableau E, comprenant les dix premières coupes de la forêt des Crochères.

Et cependant, tout en améliorant le peuplement, la valeur des coupes délivrées aux affouagistes ne fait qu'augmenter ; nous retrouvons les arbres réservés il y a 25 ans, et en en abandonnant une certaine quantité à l'exploitation, nous avons pu, en 1897, estimer 63.995 fr. les 39 hectares 94 ares formant la coupe n° 10, que nos prédécesseurs de 1823 avaient estimée 27.152 fr.

Si le lecteur veut bien se reporter à la description de la forêt des Crochères faite par les agents de l'ex-maîtrise de Dijon en 1800 et considérer que cette forêt, sans aucun vide, présente aujourd'hui des peuplements réguliers pouvant fournir comme la coupe n° 10 : 22 mc. de bois de service, 156 stères de bois de feu et 1.800 fagots à l'hectare, tout en conservant une réserve d'une valeur de : 583 francs, il reconnaîtra tout le progrès accompli en moins d'un siècle de sage administration.

Les produits des coupes ordinaires sont partagés entre les affouagistes, sauf un certain nombre de stères et de fagots que la ville se réserve pour vendre à son profit ou pour les besoins municipaux.

C'est ainsi que la dernière coupe délivrée, dont l'exploitation, y compris les travaux imposés, avait coûté 9.349 francs, a fourni 3 stères 20 de bois de feu et 30 fagots à chacun des 1430 affouagistes, moyennant une taxe de 11 francs. Comme la vente d'une portion affouagère se négociait au prix de 20 francs, il s'ensuit que sur le parterre de la coupe en 1897, les habitants d'Auxonne estimaient 31 francs : un chauffage composé de 3 stères 20 et de 30 fagots.

La ville a, d'autre part, vendu à son profit 728 stères de bois de feu, 23.430 fagots ; les ételles, copeaux et ramilles estimés 1.050 francs ; enfin la futaie adjugée après abatage sur le parterre de la coupe a fourni une somme de 10.027 francs.

Outre ces produits vendus, la ville s'était réservé 400 stères de bois de branchage et 3.600 fagots.

En résumé, quelque puisse être la production d'une forêt, la commune propriétaire ne saurait tirer un revenu de la coupe ordinaire, quand il faut partager les produits entre 1430 affouagistes.

Le partage prévu par l'article 103 du Code forestier a sa raison d'être quand il s'applique à des populations rurales qui exploitent, façonnent et transportent les produits avec leurs propres moyens et les utilisent au mieux de leurs besoins ; il est désavantageux à la généralité des habitants quand la forêt appartient à une agglomération urbaine, quand les produits sont entièrement façonnés en chauffage suivant les types ordinaires du commerce. L'ouvrier de la ville n'a aucun intérêt à prendre sa part d'affouage ; le seul qui gagne au maintien du partage de la coupe en portions, c'est le cultivateur des faubourgs ayant les harnais suffisants pour exécuter les transports.

C'est d'ailleurs lui aussi qui tirera un profit immédiat des ventes de coupes extraordinaires du quart en réserve.

Le quart en réserve de la forêt communale d'Auxonne renferme, d'après les plans d'arpentage de la dernière révolution, 339 hect. 48 a. Il repose sur un sol profond et frais dont les éléments argileux et sableux appartiennent aux alluvions tertiaires, avec par places des dépôts de fer pisolithique. On y distingue trois régions naturelles ; au centre est la région basse arrosée par les deux ruisseaux de la Brize et de la Borne qui tous deux descendent des premiers contreforts du Jura et se réunissent dans la forêt même pour constituer la Brizotte, tributaire de la Saône. La composition du peuplement est sensiblement la suivante : chêne 1/10, charme 3/10, bois blancs 6/10. Dans les deux autres régions du massif qui s'étendent au nord et au sud de cette région centrale, le sol présente un peu plus de relief, il est plus sec ; on peut fixer comme il suit la composition du peuplement : chêne 2/10, charme 3/10, orme 1/10, bois blanc 4/10.

Dans son ensemble le quart en réserve d'Auxonne constitue un massif riche, sans vides ni clairières, dont le taillis est dense et la futaie assez abondante et saine. Il se trouve d'ailleurs, au point de vue de la desserte et de la consommation des produits, dans les conditions les plus favorables. On conçoit dès lors que l'exploitation d'un massif aussi important ne devrait pas se faire au hasard et par à coups.

Plus un quart en réserve est étendu, plus est impérieuse la nécessité d'y introduire de l'ordre. Or ce résultat ne peut être obtenu que si les coupes ont une assiette régulière, fixe, déterminée à l'avance par un plan de division.

Si on étudie les anciennes exploitations du quart en réserve d'Auxonne depuis le commencement du siècle, on voit, à la simple inspection du tableau F, que la méthode a fait défaut.

Pendant la première révolution (1799-1832), on a réalisé tout le quart en réserve en 12 coupes, variant de 9 hect. 92 à 150 hectares ; avec des âges de 31 à 47 ans. On conçoit combien sont désastreux de pareils procédés. Une commune qui jette, à un moment donné, 150 hect. de bois sur le marché, se fait à elle-même le plus grand tort en avilissant les prix. D'autre part l'équilibre d'un budget doit être impossible quand on répartit sur un aussi petit nombre d'exercices la réalisation d'étendues boisées considérables et quand aux années de pléthore succèdent si nombreuses les années de disette.

La ville d'Auxonne, après être restée pendant 12 ans sans ressources extraordinaires, recommença en 1843 une nouvelle exploitation de son quart en réserve qui ne s'acheva qu'en 1862. Pendant cette seconde révolution les coupes ont une tendance marquée à devenir plus fréquentes, partant moins étendues et à prendre une assiette plus régulière. Les contenances varièrent de 5 hect. 55 à 46 hect. 75, et les âges de 26 à 34 ans ; il y eut en tout 15 coupes.

Au cours de la troisième révolution (1868-1887),

des améliorations se produisirent dans le nombre et l'assiette des coupes. Le nombre des coupes fut de 20 avec un maximum de contenance de 22 hect. 88, et un minimum de 14 hect. 22 ; malheureusement les âges s'abaissèrent en oscillant entre 25 et 28 ans.

Or il est établi par le rendement des coupes des exercices 1850, 1852 et 1853 exploitées à l'âge précis de 30 ans qu'elles ont fourni à l'hectare 215 stères et 900 bourrées et que ces mêmes coupes exploitées en 1876, 1877 et 1878, à l'âge de 26 et 27 ans, n'ont donné que 155 stères et 1000 bourrées. Il y a donc avantage incontestable pour la commune propriétaire à allonger la révolution jusqu'à l'âge de 30 ans, âge auquel les bois durs du taillis donnent du moule en quantité considérable et les essences tendres n'ont point encore leur vitalité compromise. C'est en se basant sur cette donnée d'une révolution de 30 ans qu'un des derniers chefs du cantonnement d'Auxonne, M. le garde général Doé, a proposé de diviser le quart en réserve en 30 coupes sensiblement égales, savoir 9 coupes dans le massif central, 8 coupes dans le massif méridional et 13 coupes dans le massif septentrional. Les contenances oscilleront entre 10 hect. 23 et 12 hect. 80, et les âges à l'exploitation entre 24 et 33 ans pendant la première révolution, pour se maintenir ensuite uniformément à 30 ans. Ordre dans les exploitations, facilité de contrôle, ressources permanentes de travail pour les populations voisines de la forêt, avantages économiques incontestables, ressources budgétaires faciles à prévoir, possibilité de parer à des besoins urgents et imprévus, le projet de division du quart

en réserve satisfait à tous les besoins de la municipalité et des habitants.

Si on compare l'état dans lequel se trouvait la forêt
des Crochères quand les armées ennemies firent le
blocus d'Auxonne en 1814 et l'état dans lequel ce
massif se trouve à la fin du siècle, on ne peut qu'applaudir à la sagesse des municipalités qui ont tenu à
honneur de seconder les efforts de l'administration
forestière et de se créer les ressources nécessaires
pour le démantèlement d'une partie de ses fortifications et l'extension de la ville à l'est dans la riche
plaine qui la sépare de la forêt.

Si la ville d'Auxonne s'enorgueillit d'avoir été une
place forte où tint garnison le lieutenant d'artillerie
Bonaparte, le quart en réserve des bois communaux a dû fournir à plusieurs reprises aux dépenses
militaires. Sans remonter au delà du siècle, l'ordonnance royale du 17 mai 1829 qui accordait une coupe
extraordinaire de 150 hectares au canton de la Feuillée, visait une délibération du conseil municipal du
9 mai 1828 qui avait demandé cette exploitation pour
en employer le produit à payer à l'Etat une somme de
300.000 francs pour l'augmentation des établisse-
ments d'artillerie. En 1843 la demande d'une coupe
extraordinaire de 147 hectares est motivée sur ce que
la ville s'est engagée à fournir un subside de 200.000
francs pour contribuer à la dépense des constructions que l'autorité militaire doit faire exécuter pour
le complément du casernement de deux bataillons
d'infanterie, deux compagnies d'ouvriers d'artillerie
et quatre escadrons ainsi que de l'état major d'un régiment de cavalerie. Aujourd'hui le produit des

coupes extraordinaires a servi à gager l'amortisse-
ment de l'emprunt contracté pour le démantèlement
de la place. Espérons qu'une fois les remparts abattus, la forêt des Crochères n'aura plus, au point de
vue militaire, qu'à fournir un écran de protection
contre les balles tirées dans les exercices de tir, à
livrer des piquets pour la confection des obstacles
du champ de manœuvre de la cavalerie, ou des
bâtons pour les exercices de gymnastique de l'infanterie, mais que son revenu, toujours croissant et
assuré pourra enfin servir au développement des mesures hygiéniques indispensables à l'agglomération
urbaine, à l'amélioration des chemins ruraux utiles
aux habitants des Granges et au soulagement des
pauvres.

La forêt d'ailleurs, en l'état actuel, joue déjà son
rôle dans l'adoucissement de la condition des pauvres
gens; 110 ménages pauvres ont obtenu des cartes
de ramassage de bois mort dans les bois des Crochères et profitent des jours de chômage pour rapporter à domicile le fagot de bois sec qui permet de
faire bouillir la marmite. Cette tolérance ne donne
d'ailleurs lieu à aucun abus, grâce au bon esprit de
la population.

D'autre part les petits cultivateurs trouvent dans
l'herbe du bois la ressource nécessaire pour nourrir
pendant quelques semaines leur bétail en attendant
les récoltes et l'ouverture du pâturage dans la prairie. La liste du bétail admis au parcours en 1897 comprenait 195 têtes, nombre déclaré, mais c'est à peine
si la moitié de ces bêtes vont au bois. Il faut des
années de disette comme 1893 pour que les popu-

lations rurales usent de leur droit de parcours et nous sommes heureux que le président du comice agricole d'Auxonne ait bien voulu reconnaître et proclamer l'importance des ressources fournies par la forêt pendant cette année néfaste pour l'entretien du bétail. Or ce ne sont pas seulement les vaches des Granges d'Auxonne qui ont pâturé dans les Crochères ; en vertu de leurs droits régulièrement établis et reconnus, les habitants de Billey ont pu demander à introduire au parcours dans la forêt des Crochères en 1897 : 102 têtes de bétail, ceux de Villers-Rotin : 76 têtes et ceux de Chevigny (Jura), 163 têtes.

La forêt des Crochères nourrit encore quelques lièvres dont la chasse est louée au profit de la caisse communale depuis le 6 septembre 1806. Cette première adjudication eut lieu avec un cahier des charges dont la teneur suit :

« Conditions de l'amodiation du droit de chasse dans les bois communaux de la ville d'Auxonne, appellés les Crochères, dressés pour l'exécution du décret impérial du 25 prairial an XIII et en conséquence de la circulaire de M. le préfet de la Côte-d'Or du 29 thermidor dernier et soumises à l'approbation de M. le préfet de la Côte-d'Or et de Son Excellence Monseigneur le Ministre de l'intérieur.

EXERCICE DU DROIT DE CHASSE

Art. 1er

« La chasse ne sera permise dans la forêt des Crochères appartenant à la ville d'Auxonne que pendant sept mois de l'année, à savoir du 15 fructidor (1ᵉʳ septembre) au 10 germinal (1ᵉʳ avril) de chaque année, exclusivement.

Art. 2

« Elle ne sera permise en aucun temps dans les jeunes revenues, recrus, semis ou nouvelles plantations, avant la cinquième feuille, sous peine de cinquante francs d'indemnité envers la ville, pour la première fois, du double en cas de récidive dans l'année et même de tous dommages et intérêts résultant des dégâts qui pourraient avoir été occasionnés.

Art. 3.

« Il ne sera pas permis d'établir aucune garenne dans toute l'étendue de ladite forêt communale, ny d'y détruire ou prendre aucunes aires ou nids d'oiseaux. Il ne pourra non plus y être établi aucune pippée.

Art. 4.

« Il est défendu de détruire aucune espèce de gibier avec engins, tirasses, traineaux, tonnelles, etc., de chasser la nuit; de chasser masqué ou déguisé, et avec d'autres armes que des fusils simples ou doubles, interdisant notamment l'usage des fusils brisés par la crosse, de l'arquebuse, de l'espingole et autres armes, sous peine de vingt francs d'indemnité envers la ville et du double en cas de récidive dans l'année, sans préjudice des poursuites de la police pour l'amende encourue.

Art. 5.

« On ne pourra chasser à cheval ni en voiture dans ladite forêt des Crochères, attendu qu'elle n'est pas routée, ny avec une meute au-dessus de six chiens ; on ne pourra suivre le gibier hors de la forêt dans les terres en culture ou non dépouillées, quand même le fonds en appartiendrait à la commune.

Art. 6.

« L'adjudicataire du droit de chasse ne pourra en aucun temps s'opposer aux tracs de loups, bêtes fauves et autres animaux, lorsque lesdits tracs seront ordonnés par l'autorité administrative ou forestière.

Art. 7.

« Il ne pourra mettre aucunes entraves ou opposition à l'exercice du droit de parcours dont jouissent ou peuvent jouir les habitans de cette ville et des granges d'icelle ou les communes voisines ; mais au contraire les adjudicataires ne pourront chasser autour des troupeaux, ny s'en approcher plus près de trois portées de fusil ordinaires.

Art. 8.

« Ne pourra pareillement l'adjudicataire mettre aucun obstacle à l'amodiation de la glandée dans ladite forêt au profit de la ville.

Art. 9.

« L'adjudicataire ne pourra céder ou faire partager

son droit de chasse à plus de six personnes domici-
liées dans le canton, connues pour être de bonnes
mœurs, de solvabilité notoire et dans le cas de jouir
de la faculté du port d'armes, du nom desquelles il
fera la déclaration au secrétariat de la mairie, où il
fera déposer leurs soumissions de se conformer à
toutes les précédentes conditions, et si lesdites personnes sont agréées par le maire et reconnues pour
avoir les conditions susdites, l'adjudicataire et les
gardes forestiers et champêtres seront prévenus
qu'elles ont été acceptées pour jouir de l'exercice
du droit de chasse.

Art. 10.

« Il sera loisible à l'adjudicataire d'avoir un ou deux
gardes particuliers pour la conservation de ses droits :
ces gardes ne pourront être pris parmi ceux déjà
préposés à la conservation de la forêt, chargés de
surveiller l'exécution des articles précédents contre
l'adjudicataire du droit de chasse.

« Ces gardes-chasse seront gagés par l'adjudicataire, par lui présentés au maire qui pourra les refuser et demander nouvelle présentation ; en cas de
maraudage ou dégradation de la part de ces gardes, le
maire pourra exiger les destitutions et l'adjudicataire
faire nouvelle présentation d'autres gardes.

« Lesdits gardes-chasse seront assermentés en justice et ne pourront porter dans l'exercice de leurs
fonctions que des pistolets et un sabre : il leur est
interdit de chasser quand même ce serait pour le

compte de l'adjudicataire et de paraître dans la forêt
armés d'aucuns fusils.

Art. 11.

« Les gardes généraux et particuliers de la forêt des
Crochères sont chargés de surveiller l'exécution des
dix articles précédents et de dénoncer, par rapport,
toutes contraventions.

CONDITIONS DE LA DÉLIVRANCE

Art. 1er.

« Le droit de chasse dans la forêt patrimoniale
d'Auxonne sera affermé pour trois années consécutives qui seront censées avoir commencé au 15 fructidor an XIII et finiront au 10 germinal an XVI.

Art. 2.

« La délivrance en sera faite par devant notaire
étant en la grande salle de la mairie, en présence du
maire ou de l'un de ses adjoints, à la chaleur des
enchères et à l'extinction des feux sur la première
mise qui ne pourra être au-dessous de trois cents
francs.

Art. 3.

« Nul ne sera admis à enchérir qu'il ne justifie par
lui ou par sa caution être imposé à cinquante francs

19*

de contribution foncière ou à cent francs de contribution personnelle ou de patentes réunies.

Art. 4.

« Le prix de la délivrance sera payé aux derniers
jours complémentaires des années quatorze, quinze,
et seize en numéraire et en francs entre les mains
du receveur municipal et sur quittance d'icelui.

Art. 5.

« L'adjudicataire payera comptant les frais de la
délivrance et ceux faits pour y parvenir. »

Les prétentions de la municipalité, en ce qui concerne la mise à prix, étaient excessives; elle dut en
rabattre et se contenter du prix de 166 francs. Le
bail fut résilié en 1808 et la réadjudication eut lieu
au prix de 104 francs.

Le droit de chasse a donc été amodié depuis 1806,
et il l'a été sans interruption aux époques et aux
prix ci-après :

1806 : 166 fr. — 1808 : 104 fr. — 1817 : 250 fr. —
1825 : 250 fr. — 1834 : 310 fr. — 1838 : 580 fr. —
1847 : 1610 fr. — 1856 : 600 fr. — 1865 : 700 fr. —
1874 : 670 fr. — 1883 : 1550 fr. — 1892 : 600 fr.

La location de la chasse est le plus important des
produits accessoires de la forêt des Crochères, ainsi
que le montre le tableau G des produits en matière
et en argent depuis 1891, c'est-à-dire depuis que la
ville d'Auxonne exploite régulièrement chaque année

en sus de la coupe ordinaire, une coupe extraordinaire de contenance sensiblement fixe.

Il ressort des données de ce tableau que le produit brut annuel de la forêt des Crochères est de 64226 fr., mais il faut en déduire le montant des charges, 11423 fr. pour avoir le produit net soit 52803 fr., ce qui donne par hectare un revenu net annuel de 38 fr. 57.

Nous avons recherché les mêmes renseignements pour la période de 1862 à 1869, c'est-à-dire en remontant 30 ans en arrière ; le produit brut était alors de 61241 fr., les charges étaient de 8601 fr., le produit net ressortait à 52640 fr. et le revenu annuel à 38 fr. 88.

Avec un produit brut plus élevé, nous arrivons à un revenu légèrement moindre à l'hectare et cependant les frais de régie calculés au maximum de un franc par hectare restent fixes, les frais de garde ont été réduits de 2500 à 1900, soit une économie de 600 francs du fait de l'administration forestière.

Il est facile d'indiquer la cause de la diminution de revenu, en produisant l'état comparatif des impôts grevant cette propriété communale en 1871 et en 1895.

ANNÉES	PRINCIPAL de la contribution foncière	DROITS de main-morte	CENTIMES généraux	CENTIMES départementaux et communaux	TOTAL
1871	2168	1355	1084,00	260,16	4867,16
1895	2889	2500	341,77	2424,98	8155,75

Les impôts ont donc augmenté depuis 1871 de 2 fr. 40 par hectare et par an.

Pour compléter ces renseignements, nous donnons également (tableau H) le contrôle des exploitations pour la même période de 1891 à 1897. Il résulte de la comparaison de ces différents états, que tout en réalisant 4 mc. 27 par hectare et par an, les agents forestiers sont loin d'appauvrir la forêt, puisqu'ils réservent dans les coupes par hectare : 77 baliveaux, 16 modernes, 6 anciens et 3 vieilles écorces d'une valeur de 517 fr.; soit d'une valeur totale de 187.879 francs pour les 363 hect. 42 exploités de 1891 à 1897.

La forêt des Crochères est actuellement productive sur toute son étendue ; son revenu brut augmente et son revenu net tend à se maintenir fixe malgré l'accroissement continu des impôts ; les martelages et les balivages constituent une réserve de 517 fr. à l'hectare, et, ainsi le patrimoine forestier de la ville d'Auxonne s'enrichit chaque année.

En écrivant l'histoire de la forêt communale d'Auxonne, nous n'avons pas songé à soutenir une thèse ; mais nous pouvons cependant tirer des conclusions de l'exposé des faits.

La prospérité des communes concourant au bien général de la grande communauté qui les réunit toutes pour former la France, il importe au gouvernement d'imprimer une bonne direction à la gestion de leur fortune et de les préserver des conséquences dangereuses d'une administration trop indépendante.

En refusant l'intervention tutélaire des officiers des eaux et forêts, les magistrats de la ville d'Auxonne avaient laissé leur forêt tomber en ruine, et quand le roi Louis XVI reconnaissait leur privilège de veiller seuls à la conservation du bois des Crochères, ces bois ne sont plus que des taillis rabougris, surmontés de futaies dépérissantes et parsemés de vides et de clairières.

La loi du 14 décembre 1789, qui définit les fonctions propres au pouvoir municipal, a déclaré qu'elles consistent à régir, sous la surveillance et l'inspection des assemblées administratives, les biens et revenus communs. La législation spéciale établie par la loi du 29 septembre 1791 s'est conformée à ces principes qui n'ont point été oubliés dans la préparation du Code forestier. Tout en élargissant, autant qu'ils ont cru pouvoir le faire, la part qu'il est convenable de laisser prendre aux représentants des communes dans la gestion de leurs biens communaux, les législateurs de 1827 ont proclamé la nécessité de surveiller la régie et l'exploitation des forêts communales. Grâce à l'entente aujourd'hui plus que séculaire entre l'administration municipale de la ville d'Auxonne et l'administration forestière, la forêt des Crochères est devenue un des plus beaux massifs de taillis sous futaie de France, robuste et vivace exemple des bienfaits du régime forestier.

Annexe *A*

Tableau d'exploitation des coupes ordinaires

Nos des coupes	AVANT l'application de l'aménagement	A PARTIR DE L'APPLICATION DE L'AMÉNAGEMENT.				
		1º révolution in-complète	2º révolution complète	3º révolution complète	4º révolution complète	5º révolution en cours
1	1796-1801	—	1814	1838	1863	1888
2	1796-1798	—	1815	1839	1864	1889
3	1795	—	1816	1840	1865	1890
4	1794	—	1817	1841	1866	1891
5	1794	—	1818	1842	1867	1892
6	1792	—	1819	1843	1868	1893
7	1792	—	1820	1844	1869	1894
8	1791	—	1821	1845	1870	1895
9	1789	—	1822	1846	1871	1896
10	1789	—	1823	1847	1872	1897
11	1789	—	1824	1848	1873	
12	1789	—	1825	1849	1874	
13	1789	—	1826	1850	1875	
14	1789	1802	1827	1851	1876	
15	1789	1803	1828	1852	1877	
16	1789	1804	1829	1853	1878	
17	1791	1805	1830	1854	1879	
18	1791	1806	1831	1855	1880	
19	1793	1807	1832	1856	1881	
20	1797	1808	1833	1857	1882	
21	1797	1809	1834	1858	1883	
22	1799	1810	1835	1859	1884	
23	1799	1811	1836	1860	1885	
24	1798	1812	1837	1861	1886	
25	1801	1813	1838	1862	1887	

Annexe *B*

LÉGENDE DES COUPES

Conformément à l'arrêté de M. le préfet du département de la Côte-d'Or du trente messidor an XIII, en procédant au routement des vingt-cinq coupes dans le courant de mars 1808, nous avons vérilié et coté, sur le présent plan, la longueur des principales lignes de chaque coupe, ensuite des mesures qui en ont été prises et déterminé la contenance desdites coupes ainsi qu'il suit :

Nº 1	44, 97
2	37, 45
3	40, 63
4	38, 71
5	40, 63
6	40, 91
7	39, 88
8	41, 87
9	41, 38
10	39, 94
11	41, 14
12	41, 34
13 ⟩ Bande orientale 10, 85 ⟨ Bande occidentale 29, 67	40, 52
14	39, 40
15	39, 93
16	38, 67
17	39, 33
18	46, 44
19	39, 45
20	39, 52
21	40, 40
22	40, 61
23	40, 63
24	40, 09
25	41, 99
Total .	1015, 83

Terme moyen, 40 hectares 63 ares.

Anne

TABLEAU de la surface des vides cultivés et à cultiver dans cha-
de la contenance du plein bois de

SURF

Nᵒˢ des coupes	SURFACE des terrains cultivés à l'époque du lever			Nᵒˢ des coupes	SURFACE des terrains vides qui doivent encore être cultivés			Nᵒˢ des coupes	Du terrain vide non cultivé et à repeupler seulement		
	H.	A.	C.		H.	A.	C.		H.	A.	C.
1	»	»	»	1	»	»	»	1	»	»	»
2	»	»	»	2	»	»	»	2	»	»	»
3	»	»	»	3	»	»	»	3	»	»	»
4	»	»	»	4	»	»	»	4	»	»	»
5	13	15	09	5	1	84	02	5	»	»	»
6	25	66	10	6	»	21	87	6	»	»	»
7	18	59	78	7	3	22	07	7	»	»	»
8	»	»	»	8	»	»	»	8	»	»	»
9	»	»	»	9	4	88	81	9	»	»	»
10	»	»	»	10	4	36	39	10	»	»	»
11	»	»	»	11	»	»	»	11	»	»	»
12	»	»	»	12	»	»	»	12	»	»	»
13	»	»	»	13	»	»	»	13	»	»	»
14	»	»	»	14	»	»	»	14	»	»	»
15	»	»	»	15	»	»	»	15	»	»	»
16	»	»	»	16	»	23	26	16	»	55	77
17	2	48	88	17	3	65	01	17	»	»	»
18	»	»	»	18	»	»	»	18	»	»	»
19	»	»	»	19	»	»	»	19	»	»	»
20	8	23	86	20	1	26	89	20	»	»	»
21	13	41	76	21	9	43	68	21	»	»	»
22	22	88	49	22	»	35	05	22	»	»	»
23	11	37	55	23	4	69	71	23	»	»	»
24	6	45	22	24	»	»	»	24	»	»	»
25	»	»	»	25	»	»	»	25	»	»	»
Réserve	3	99	81	Réserve	»	49	53	Réserve	3	6	23
	126	26	54		34	66	29		3	62	00

xe *C*

cune des coupes et de la réserve de la forêt des Crochères, ainsi que chaque coupe et de la dite réserve.

ACES

N^os des coupes	De tous les vides de la forêt cultivés ou non et à repeupler à l'expiration du bail			N^os des coupes	Du plein bois de chaque coupe de la forêt des Crochères			N^os des coupes	SURFACE TOTALE de chaque coupe et de la réserve de la forêt des Crochères		
	H.	A.	C.		H.	A.	C.		H.	A.	C.
1	»	»	»	1	44	97	»	1	44	97	»
2	»	»	»	2	37	45	»	2	37	45	»
3	»	»	»	3	40	63	»	3	40	63	»
4	»	»	»	4	38	71	»	4	38	71	»
5	14	99	11	5	25	63	89	5	40	63	»
6	25	87	97	6	15	03	03	6	40	91	»
7	21	81	85	7	18	06	15	7	39	88	»
8	»	»	»	8	41	87	»	8	41	87	»
9	4	88	81	9	36	49	19	9	41	38	»
10	4	36	39	10	35	57	61	10	39	94	»
11	»	»	»	11	41	14	»	11	41	14	»
12	»	»	»	12	41	34	»	12	41	34	»
13	»	»	»	13	40	52	»	13	40	52	»
14	»	»	»	14	39	40	»	14	39	40	»
15	»	»	»	15	39	93	»	15	39	93	»
16	»	79	03	16	37	87	97	16	38	67	»
17	6	13	89	17	33	19	11	17	39	33	»
18	»	»	»	18	46	44	»	18	46	44	»
19	»	»	»	19	39	45	»	19	39	45	»
20	9	50	75	20	30	01	25	20	39	52	»
21	22	85	44	21	17	54	56	21	40	40	»
22	23	23	54	22	17	37	46	22	40	61	»
23	16	07	26	23	24	55	74	23	40	63	»
24	6	45	22	24	33	63	78	24	40	09	»
25	»	»	»	25	41	99	»	25	41	99	»
Réserve	7	55	57	Réserve	331	06	43	Réserve	338	62	»
	164	54	83		1189	90	17		1354	45	»

Annexe *D*

RENSEIGNEMENTS SUR LA COUPE N° 6

Contenance : 40 h. 91, dont 25 h. 88 a., reboisés en 1828 et recépés en 1836-37.

1843. On n'exploite que les 15 h. 03 a. de plein bois.

Réserves : 520 baliveaux chênes, 78 baliveaux divers ; modernes : 215 chênes ; anciens : 82 chênes.

Estimation : 67 mc. de bois de service, 109 mc. de bois d'industrie, 2950 stères de bois de chauffage, 21500 fagots, 36000 bourrées : 25065 francs.

1868. On exploite la coupe entière ; 25 h. 88 ont 31 ans.

Réserves : baliveaux : 1000 chênes, 1720 divers ; modernes : 325 chênes, 20 charmes, 1 orme, 15 bouleaux ; anciens : 71 chênes.

Estimation : 440 mc. de bois de service, 20 mc. de bois d'industrie, 6576 stères de bois de chauffage, 78200 fagots : 59456 fr. 80.

1893. On exploite la coupe entière.

Réserves : baliveaux : 1459 chênes, 1001 divers ; modernes : 527 chênes, 1 charme, 1 bouleau, 1 merisier, 1 pommier, 1 poirier ; anciens : 265 chênes.

Estimation : 361 mc. de bois de service, 294 mc. de bois d'industrie, 5766 stères de bois de chauffage, 63800 fagots : 44955 francs.

Dimensions en 1894 des arbres réservés dans les 25 h. 88 provenant des plantations de 1828.

ESSENCES	au-dessous de 0,40 de tour	0,40	0,50	0,60	0,70	0,80	0,90	1,00	1,10	1,20	1,30	1,40	1,50	1,60	1,70	1,80	TOTAL
Chêne .	616	370	154	58	31	74	102	124	98	63	31	32	23	5	3	1	1785
Aulne .	108	123	11	7													249
Bouleau .	38	51	117	51	15	3											275
Charme .	17																17
Frêne .	9	4	4			1											18
Orme .	1																1
Fruitiers.	2					2											4
																	2349

Annexe *E*

Balivage et martelage des coupes 1 à 10.

Nos des coupes	Contenances	Années des exploitations	Baliveaux	Modernes	Anciens	Années des exploitations	Baliveaux	Modernes	Anciens
1	44,97	1863	1898	546	81	1888	2339	890	443
2	37,45	1864	2022	491	73	1889	2123	541	398
3	40,63	1865	2547	456	44	1890	3273	476	358
4	38,71	1866	2192	628	120	1891	2351	552	338
5	40,63	1867	2676	394	92	1892	2399	824	397
6	40,91	1868	2898	379	73	1893	2460	532	265
7	39,88	1869	2808	530	57	1894	2745	712	391
8	41,87	1870	2327	663	154	1895	2442	680	403
9	41,38	1871	2110	532	161	1896	2356	636	278
10	39,94	1872	2167	745	184	1897	1854	789	424

Annexe *F*

Exploitation du quart en réserve
1799-1887.

Années	Con-tenances	Ages	Années	Con-tenances	Ages	Années	Con-tenances	Ages
1799	150.00		1843	22.36	33-34	1868	20.14	25
1809	13.25		1844	23.19	34-31	1869	21.63	25
1815	61.28	43	1845	24.17	30	1870	22 46	25
1816	24.68	46	1846	20.39	30	1871	21.61	25
1817	25.53	47	1847	18 67	30	1872	21.54	25
1819	35.48	32	1849	18.18	32	1875	15.37	26
1823	9.92	32	1850	18.08	30	1876	15.99	26
1824	30 15		1851	13.23	31	1877	15.65	26
1829	50.00	34	1852	13.07	30	1878	15.63	28
1830	50.00	32	1853	13.61	30	1880	14.22	27
1831	50 00	33	1856	32.17	26	1881	22.64	25
			1857	39.27	26	1882	22.26	25
			1858	46.75	26	1883	22.07	26
			1859	33.54	27	1884	22.33	26-27
			1862	5.55	27	1885	22.88	27
						1886	22.60	27-28
						1887	20.46	28-25

Annexe *G*

Produits en matière et en argent

1891-1897.

| ANNÉES | COUPES PRINCIPALES | | | | | | CHABLIS bois secs, bois dépérissants bois d'urgence non précomptés | | Autres produits vendus ou cédés à prix d'argent y compris la chasse VALEUR | TOTAUX | | |
| | ORDINAIRES | | | EXTRAORDINAIRES | | | | | | | | |
	Contenance	Volume en mètres cubes (grume)	Valeur	Contenance	Volume en mètres cubes (grume)	Valeur	Volume en mètres cubes (grume)	Valeur		Contenance	Volume en mètres cubes (grume)	Valeur
1891	38.71	6066	46373	10.21	1629	14600	37	463	1550	48.92	7732	62986
1892	40.63	6283	45077	10.40	1737	13950	20	89	675	51.03	8040	59791
1893	40.91	6205	45051	9.77	1324	10950	24	184	651	50.66	7553	56836
1894	39.88	5981	36625	11.07	1821	13200	7	44	599	50.95	7809	50468
1895	41.87	6657	56560	14.05	2097	12750	20	117	946	55.92	8774	70373
1896	41.38	6962	55329	14.23	1926	15000	35	437	1000	55.61	8923	71766
1897	39.94	8146	63995	10.47	1496	12300	22	410	661	50.21	9664	77366

Année

CONTROLE DES

1891

EXERCICE	NUMÉRO de la coupe	CANTON	CONSISTANCE		ARBRES ABANDONNÉS de :			VOLUME ESTIMÉ		
			ÉTENDUE	AGE	$0^m 20$ à $0^m 30$	$0^m 35$ à $0^m 45$	$0^m 50$ et plus	Œuvre m. c.	Stères nombre	TOTAL m. c.
1891	4	Crochères	38.71	25	952	233	161	718	8678	5057
1891	Réserve	id.	10.21	23	271	72	70	287	2341	1417
1892	5	id.	40.63	25	1176	133	102	562	9228	9790
1892	Réserve	id.	5.01	24	133	21	39	131	1195	1326
1892	id.	id.	5.39	24	126	21	39	126	1244	1370
1893	6	id.	40.91	25	1540	150	101	652	8956	9608
1893	Réserve	id.	4.88	24	125	37	26	113	916	1029
1893	id.	id.	4.89	24	102	45	25	112	1014	1146
1894	7	id.	39.88	25	1531	120	72	537	9881	10418
1894	Réserve	id.	5.57	25	119	19	49	147	1249	1396
1894	id.	id.	5.50	25	113	26	46	156	1246	1402
1895	8	id.	41.87	25	1245	140	153	693	5964	6657
1895	Réserve	id.	7.18	25	196	56	46	147	973	1120
1895	id.	id.	6.87	25	119	89	45	111	866	977
1896	9	id.	41.38	25	1181	129	161	536	10364	6962
1896	Réserve	id.	6.99	24	242	31	20	100	1357	941
1896	id.	id.	7.24	24	167	30	24	102	1425	985
1897	10	id.	39.04	25	952	204	320	881	6268	7269
1897	Réserve	id.	10.47	25	269	66	68	180	2095	1475

xe *H*

EXPLOITATIONS

1897

VALEUR de la COUPE (Vendue ou estimée)	ARBRES RÉSERVÉS				VALEUR de la RÉSERVE	VALEUR des TRAVAUX	OBSERVATIONS
	Baliveaux de l'âge	Modernes 0m 20 à 0m 30	Anciens 0m 35 à 0m 45	Vieilles ÉCORCES			
46373	2351	552	216	122	26660	520. »	Les fagots et bourrées sont convertis en stères à raison de 500 kilogrammes pour un stère, et les stères, tant charbonnette que rondin, en mètres cubes, à raison de 2 stères pour un mètre cube.
14600	659	192	77	37	6545	21.30	
45077	2399	824	285	112	22579	637.35	
6900	317	61	40	30	4024	»	
7050	303	70	41	19	4542	68. »	
45051	2460	532	179	86	16463	503.60	
5400	262	71	27	24	2530	84. »	
5550	285	82	38	16	2398	45. »	
36625	2745	712	270	121	17846	616.45	
5850	326	47	26	21	3461	31. »	
7350	267	50	26	23	2954	62.75	
56560	2442	680	267	135	20257	466. «	
7350	524	107	40	26	3709	79.55	
5400	519	102	29	20	2965	90.95	
55329	2356	636	148	130	16986	582.60	
6900	546	166	46	17	3009	75.95	
8100	579	155	56	28	3758	116.80	
63995	1854	789	229	195	23329	579. »	
12300	735	167	29	30	3864	109.35	

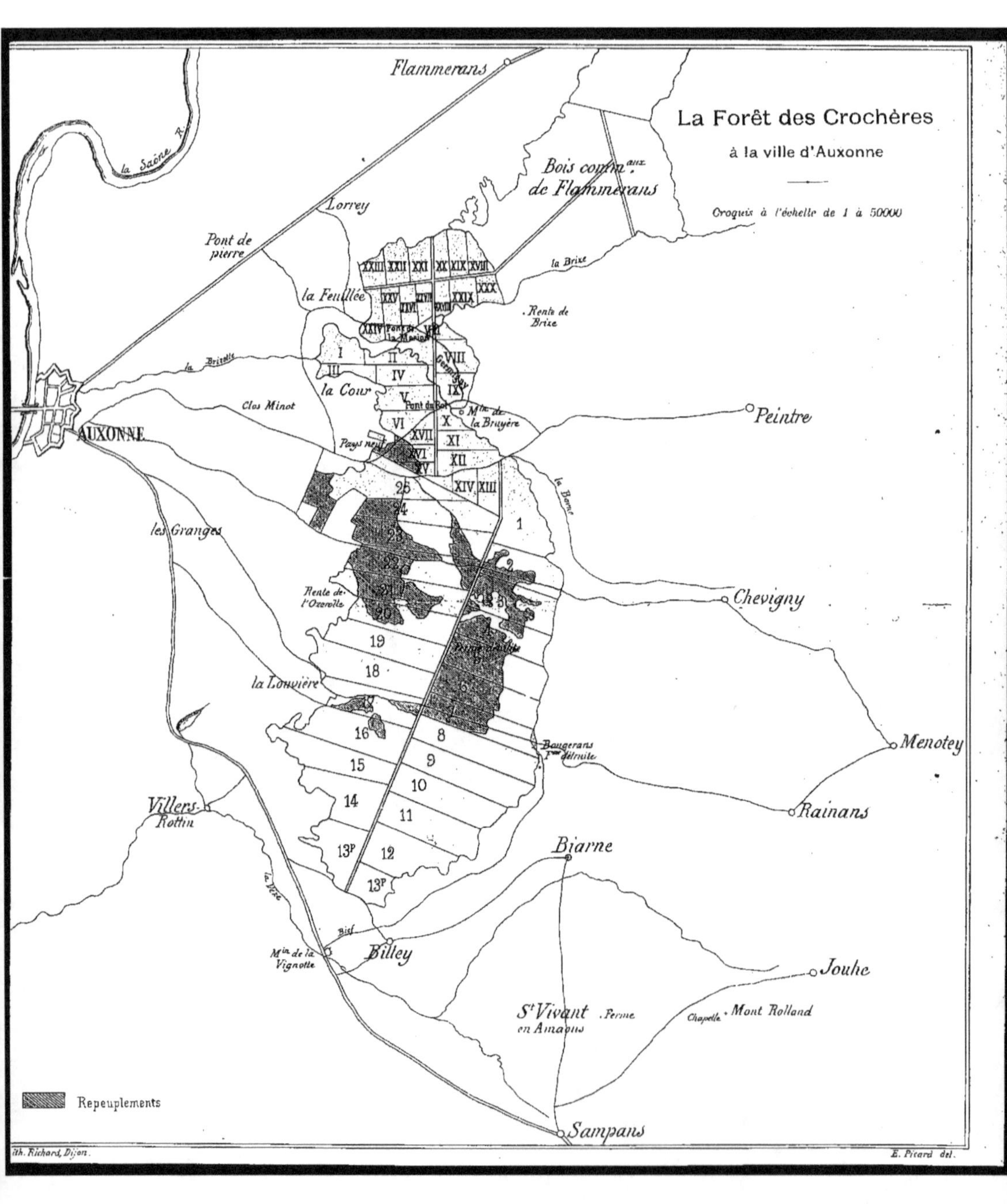

La Forêt des Crochères
à la ville d'Auxonne
Croquis à l'échelle de 1 à 50000
Flammerans
la Saône R.
Bois commaux
de Flammerans
Lorrey
Pont de
pierre
la Brix
la Feuillée
Rente de
Brize
la Brizelle
I
II
VII
la Cour
III
IV
IX
Clos Minot
V
Pont du Roi
Auxonne
VI
X
Mon de
la Bruyère
Peintre
Pays neuf
XVII
XI
XVI
XII
XV
25
XIV XIII
les Granges
24
1
23
22
la Borne
Rente de
l'Ozerolle
21
20
Chevigny
19
18
la Louvière
6
16
8
Bougerans
Fe détruite
Menotey
15
9
14
10
Rainans
11
Villers-
Rottin
13P
12
Biarne
13P
la Vèze
Bief
Min de la
Vignotte
Billey
Jouhe
St Vivant
en Amaous
Ferme
Chapelle
Mont Rolland
Sampans
Repeuplements
Lith. Richard, Dijon.
E. Picard del.

MRAT PAIOT